# 갈라디아서/
# 데살로니가전·후서 강해

# A COMMENTARY ON
# THE EPISTLES TO THE GALATIANS
# AND TO THE THESSALONIANS

BY
DR. YONGGI CHO

Printed in Republic of Korea
Seoul Logos Co., Inc.

# 갈라디아서/
# 데살로니가전·후서 강해

조용기 목사 지음

서울말씀사

# 갈라디아서/
# 데살로니가전 · 후서 강해

조용기 목사 지음

초판 1쇄 발행 2008년 5월 2일
초판 4쇄 발행 2017년 6월 15일

편 집 인 김상길
발 행 처 서울말씀사

출판등록 제2016-000172호
주 소 서울시 영등포구 은행로 55, 나동 9층
전 화 02-846-9222
팩 스 02-846-9225

# 머리말
Foreword

갈라디아서와 데살로니가 전·후서 강해집을 간행하게 하신 하나님께 감사와 영광을 돌립니다.

갈라디아서는 바울의 서신 중 상당히 논박적인 어조로 기록된 서신입니다. 그 이유는 당시 갈라디아 교회에서 일부 유대 그리스도인들이 잘못된 구원론, 즉 이방인 회심자들이 구원을 얻기 위해서는 할례를 받고 율법을 지켜야 한다는 주장을 하여 문제가 생겼기 때문입니다. 이러므로 바울은 어느 서신에서보다 강한 어조로 구원은 오직 믿음을 통해서만 얻는 것이라고 말하였습니다. 그런 이유로 그는 서신의 결론 부분에서 자신은 그리스도의 십자가 외에 결코 자랑할 것이 없다고 강조하고 있습니다.

저는 약 30년 전인 1979년에 갈라디아서 강해서를 냈고, 그 후 2003년 10월부터 2004년 3월 초까지 약 5개월간 다시 이 책에 대한 강해 설교를 하였습니다. 본 서는 기존에 출간된 갈라디아서 강해서의 내용에 재강해한 설교 내용을 추가 보완하여 편집한 것입니다.

데살로니가 전·후서는 예수 그리스도의 재림에 대한 교훈과 이를 기다리는 성도의 올바른 자세에 대해 말하고 있습니다. 사도 바울은 빌립보 감옥에서 모진 고초를 당하였지만 또다시 근처의 데살로니가에 가서 복음을 전했으며, 하나님의 도우심으로 그곳에 교회를 세웠습니다. 그런데 데살로니가 교인들이 고난 중에도 굳건히 믿음을 지킨다는 소식을 듣고 그들을 칭찬하고 격려하기 위하여 두 차례에 걸쳐 서신을 보냈습니다. 그것이 바로 데살로니가 전·후서입니다. 그 안에는 잘못된 종말관으로 인하여 현실을 등지는 일부 교인들을 가르치는 내용도 있는데 이것은 세상 끝 날을 살아가는 오늘의 우리들에게 좋은 교훈이 되리라 생각합니다.

저는 데살로니가 전·후서를 두 번 강해하였는데 먼저 1980년에 강해 설교한 내용을 편집하여 데살로니가전서 강해서를 발간한 후, 데살로니가전서는 2005년부터 2006년에, 데살로니가후서는 2006년에 다시 강해하였습니다. 본 서는 기존 강해서의 내용을 근간으로 하여 재강해한 내용을 추가하여 보완한 것입니다.

아무쪼록 본 서를 읽는 성도 여러분 모두가 예수 그리스도의 전인적인 복음을 통해 모든 죄와 저주에서 벗어나 예수의 흔적을 지닌 자로 살고,

사도 바울과 같이 성령님의 인도하심을 따라 승리의 삶을 살아가시기를 기원합니다.

2008. 5.

여의도순복음교회

당회장 목사 조용기

조용기

# 목 차

*Contents*

A COMMENTARY ON THE
EPISTLES TO THE
GALATIANS AND TO THE
THESSALONIANS

## 2 사도 바울이 전한 복음



## 3 율법과 믿음



## 4 유업을 얻을 자



## 5 성령으로 자유하라

## 데살로니가후서

# A COMMENTARY ON THE EPISTLES TO THE GALATIANS AND TO THE THESSALONIANS

갈라디아서
데살로니가전서
데살로니가후서

# A Commentary on the Epistle to the Galatians

# 갈라디아서

# 서론 | 갈라디아서

Preface

## 1. 기록 목적 및 주제

신약의 서신들 중에 유대교와의 마찰을 직접 언급한 서신이 갈라디아서와 히브리서입니다. 히브리서가 보다 변증적인데 반하여 갈라디아서는 공격적인 서신입니다. 사도 바울이 갈라디아 지방에 가서 복음을 전했을 때 갈라디아 교인들은 그를 환영했으며 많은 사람이 사도 바울이 전한 복음을 영접했습니다.

그런데 사도 바울이 갈라디아 지방을 떠난 후 얼마 안 되어 율법주의를 주장하는 유대인들이 갈라디아 교인들에게 잘못된 교리를 전함으로써 갈라디아 교인들을 현혹시켰습니다. 바울의 사도권을 부정하고 십자가의 도를 반대함으로 복음의 본질을 왜곡시키기까지 했습니다. 그들은 예수 그리스도를 믿어도 율법을 지켜야 하며 유대교의 전통인 할례를 받아야만 온전한 구원에 이른다고 주장합니다.

이러한 소식을 접한 사도 바울은 갈라디아 교회의 위급함을 깨닫고 그들이 미혹에 빠지지 않도록 하기 위하여 붓을 들었습니다. 갈라디아서의 목적은 크게 두 가지로 볼 수 있습니다. 그 첫 번째 목적은 바울의 사도권을 부정하는 사람들의 주장에 대하여 자신의 사도직의 정당성을 변증하기 위함입니다.

두 번째 목적은 구원은 믿음과 율법의 행위가 있어야만 이루어진다는 잘못된 가르침에 대하여 '오직 믿음으로만 구원을 얻는다' 는 참복음을 전하기 위함입니다. 본 서의 주제는 주 예수 그리스도를 믿음으로만 구원을 얻는다는 복음의 진리와 이로 인한 그리스도인의 자유입니다. 갈라디아서 전체의 내용을 요약할 수 있는 구절로는 본 서 2장 16절과 5장 1절을 들 수 있습니다.

"사람이 의롭게 되는 것은 율법의 행위로 말미암음이 아니요 오직 예수 그리스도를 믿음으로 말미암는 줄 알므로 우리도 그리스도 예수를 믿나니 이는 우리가 율법의 행위로써가 아니고 그리스도를 믿음으로써 의롭다 함을 얻으려 함이라 율법의 행위로써는 의롭다 함을 얻을 육체가 없느니라" (2:16).

"그리스도께서 우리를 자유롭게 하려고 자유를 주셨으니 그러므로 굳건하게 서서 다시는 종의 멍에를 메지 말라" (5:1).

## 2. 기록자 및 수신자

본 서를 기록한 사람은 사도 바울이며(1:1; 5:2) 수신자는 갈라디아 교회들입니다(1:2; 3:1).

## 3. 기록 연대 및 집필 장소

본 서는 주후 약 55-56년경, 마게도냐에서 기록된 서신입니다.

## 4. 본 서의 특징

본 서는 단순하면서도 성격이 뚜렷한 책입니다. 본 서의 중심 문제는 율법이냐, 믿음이냐 하는 것인데 사도 바울은 본 서에서 뜨거운 열정으로 복음과 믿음을 강조하고 있습니다. 사도 바울이 아니었다면 기독교는 유대교의 한 종파에 불과했을 것이라고 하여 본 서를 유대교에 대한 기독교의 독립선언서라고 부르는 학자도 있습니다. 마틴 루터가 '갈라디아서는 내 편지' 라고 했을 만큼 본 서는 인류의 정신적 해방을 가져온 귀한 성경이며 기독교의 대헌장이라고 할 수 있습니다.

또한 본 서는 사도 바울의 자서전적 성격을 나타낸 책으로 위기에 직면한 복음과 위기에 처한 자신의 사도권의 확립을 위해 전력을 다하는 사도 바울의 모습을 볼 수 있습니다. 또한 본 서 전체에 넘쳐흐르고 있는 사도 바울의 의기와 순정과 사랑을 찾아볼 수 있습니다.

## 5. 갈라디아와 갈라디아 교회에 대하여

바울 시대에는 갈라디아라고 불린 곳이 두 곳이었습니다. 주전 3세기에 유럽 남쪽에 살던 켈트족이 소아시아로 들어와 브루기아 동북쪽에 갈라디아 왕국을 세우고 안카라(현재 터키의 수도 앙카라)를 수도로 삼았습니다. 그런데 갈라디아 마지막 왕 아인타쓰가 죽자(주전 25년) 로마 정부가 북쪽의 갈라디아 왕국과 남쪽의 브루기아, 비시디아, 루가디아를 갈라디아라고 불렀습니다.

따라서 갈라디아라고 하면 켈트인이 정착한 본래의 민속학적인 갈라디아도, 로마의 행정구역인 갈라디아도 됩니다. 바울이 1차 전도 여행길에 심방한 이고니온, 루스드라, 더베, 비시디아, 안디옥 등의 여러 성은 모두 남쪽지방 안에 있었습니다.

바울의 갈라디아 전도는 1차 전도 여행의 중요한 부분을 차지했고 2차 전도 여행 때에도 이곳을 돌아보았습니다. 바울과 바나바는 1차 전도 여행 때 이고니온, 루스드라, 더베, 비시디아, 안디옥 등 남갈라디아 여러 성을 심방하고 교회를 세웠습니다(행 13:3-14:28). 그 후 바울은 실라와 함께 2차 전도 여행에 나섰는데 육로로 옛 전도지(傳道地)인 더베와 루스드라에 이르렀습니다. 바울은 그때 얻은 성도들을 처음 익은 열매라 하여 특별한 관심을 가지고 그들에게 편지를 보냈습니다.

2차 여행을 마치고 안디옥으로 돌아온 바울은 곧장 3차 여행을 떠났는데, 3차 전도 여행 때에는 2차 전도 여행 때의 노정(路程)을 따라 갈라디아 지방을 심방하는 정도로 그쳤습니다. 이와 같이 갈라디아 교회는 사도 바울의 열심 있는 선교로 말미암아 탄생된 교회입니다. 그렇기 때문에 사도 바울은 갈라디아 교회를 잊을 수가 없었고 주님의 이름으로 붙잡아 주려고 했습니다.

# 제 1 장

# 복음의 신적 권위

| | |
|---|---|
| 바울의 사도직에 대한 신적 권위 | 1:1 |
| 문안 인사 | 1:2-3 |
| 그리스도께 대한 찬양 | 1:4-5 |
| 미혹하게 하는 다른 복음 | 1:6-7 |
| 다른 복음을 전하는 자에 대한 저주 | 1:8-10 |
| 바울이 전한 복음의 진실성 | 1:11-12 |
| 사도 바울을 택하신 하나님 | 1:13-17 |
| 예루살렘의 사도들에게 배운 복음이 아님 | 1:18-19 |
| 다른 교회나 성도들에게 들은 복음이 아님 | 1:20-24 |

A COMMENTARY ON THE
EPISTLE TO THE GALATIANS

갈라디아 지방의 유대주의자들은 십자가의 도(道)보다는 율법을 더 중시하면서 사도 바울이 전한 그리스도의 복음을 변질시켰습니다. 또한 그들은 사도 바울의 사도권까지도 부정했습니다. 갈라디아 교회에 있어서 사도 바울이 전한 그리스도의 복음과 바울의 사도권은 긴밀한 관계에 있었습니다. 만약에 바울의 사도권이 부인된다면 바울이 전한 복음도 부인될 수가 있었습니다. 이에 사도 바울은 자신이 전한 복음과 자신의 사도권이 하나님과 예수 그리스도로부터 주어졌다고 강조하면서 이 복음 외에는 참복음이 없다고 말합니다. 그리고 그리스도의 복음 이외에 잘못된 교리를 퍼뜨린 사람을 향하여 하나님의 이름으로 경고합니다. 본 장을 통하여 사도 바울의 사도적 권위가 하나님께로부터 온 것이며 오직 예수 그리스도의 복음만이 참된 진리라는 것을 깨달을 수 있습니다.

## 1. 바울의 사도직에 대한 신적 권위(1:1)

**1. 사람들에게서 난 것도 아니요 사람으로 말미암은 것도 아니요 오직 예수 그리스도와 그를 죽은 자 가운데서 살리신 하나님 아버지로 말미암아 사도 된 바울은**

**1절** 사람들에게서 난 것도 아니요 사람으로 말미암은 것도 아니요 오직 예수 그리스도와 그를 죽은 자 가운데서 살리신 하나님 아버지로 말미암아 사도 된 바울은

이 세상에서 사람에게 난 것이나 사람으로 말미암은 것, 즉 창조물은 시간과 공간의 제한을 받습니다. 인간의 일은 영원한 것도 또 절대적인 것도 없고 오직 유한하고 상대적인 것뿐입니다. 사도 바울은 갈라디아 교회에게 편지를 쓰면서 "사람들에게서 난 것도 아니요 사람으로 말미암은 것도 아니요" 라고 말함으로 그가 하나님 앞에서 받은 사도의 절대적

인 권위를 알리고 있습니다.

이 편지를 쓸 때 갈라디아 교인들은 이단 사설에 빠져서 바울이 전한 복음을 의심하고 있었습니다. 그래서 바울은 그가 전한 하나님의 말씀이 하나님의 보좌에서 직접 주어진 말씀이며 추호도 하나님의 뜻에 어긋나는 것이 아니라는 것과 그의 사도적인 직분이 하나님께서 주신 신적(神的) 권위임을 증명할 필요가 있었던 것입니다.

바울의 사도직은 "오직 예수 그리스도와 그를 죽은 자 가운데서 살리신 하나님 아버지로 말미암아" 된 것이었습니다. 사도는 원래 침례 요한 때부터 주님과 같이 한 자 중에서 주님께서 친히 임명하신 자이며(막 3:13-14), 이적을 행하였고(마 10:1), 주의 부활을 친히 목격한 자(행 1:22)인 열두 제자에 제한하였습니다. 그 뒤에 차차 범위가 넓어져서 바울과 바나바(행 14:4,14), 야고보와 주의 형제(고전 15:7; 갈 1:19), 실루아노(살전 1:1), 그 외의 사람에게도 적용되었습니다(롬 16:7).

바울은 언제나 자신을 이방인의 사도라고 주장하였습니다(갈 2:8; 고전 15:8-9). 사도 바울이 사도가 된 것은 그리스도와 하나님 아버지로 말미암은 것입니다. 바울은 다메섹으로 가는 길에서 직접 예수 그리스도를 만남으로 사도로 택함을 입었습니다. 바울의 사도직은 예수님이 직접 부르셨고 또 예수님을 죽은 자 가운데서 살리신 아버지 하나님께로부터 난 것이므로 그 위에 더 능가할 권세나 예언이 없습니다. 바울이 사람으로 말미암아 사도가 되었다면 사람들이 거기에 대해 대적하거나 반대를 하겠지만 예수 그리스도와 아버지 하나님께로부터 말미암았기 때문에 갈라디아 교회 교인들에게 진리를 전파할 수 있었던 것입니다.

오늘날 하나님의 말씀을 전파하는 주의 종들도 이러한 확신이 없이는 담대한 마음으로 복음을 전할 수 없습니다. 많은 사람들이 신학교에 가는 문제 때문에 많은 고민을 합니다. 자신의 마음속에 주의 종에 대한 소명 의식이 없으면서 주위의 환경과 사람들에 의하여 고민하고 방황합니다. 그런 사람들에게 저는 이렇게 말합니다. "자신에게 주의 종으로서의 소명 의식이 없는 사람은 아직 하나님께서 부르시지 않은 사람입니다." 정말 주의 종으로서 부르심을 받았다면 다른 사람이 무슨 말을 하기 전에 자신에게 먼저 확신이 와야 되기 때문입니다.

소명 받은 사람은 예수 그리스도께서 자신을 주의 종으로 부르셨다는 확실한 소명 의식이 있으며, 그 때문에 살든지 죽든지, 먹든지 못 먹든지, 사람들에게 칭찬을 받든지 못 받든지 복음을 전하겠다는 뜨거운 마음의 사명감을 갖게 됩니다.

자신의 소명 의식이 뚜렷하지 않은 채 주위 환경이나 주위 사람들의 권유에 의해서 신학교에 들어간 후 목사가 된 사람은 예수 그리스도께서 자신을 주의 종으로 부르셨다는 확신이 없기 때문에 소명감 없이 일생을 보내는 경우가 많습니다. 주의 종은 하나님께서 직접 부르시기 때문에 인간적인 마음으로 지원해서는 안 됩니다. 아무리 지원해서 열심히 뛴다 해도 하나님께서 받지 않으시면 성령의 기름부음이 없기 때문에 소용이 없습니다. 하나님의 일은 부탁한다고 되는 것도 아니고 시킨다고 되는 것도 아니고 마음속에서 끓어올라야 되는 것인데, 그것을 끓어오르게 하는 분은 바로 성령이십니다.

그래서 나는 늘 강단에 서기 전 기도할 때 "성령님, 내 마음이 흥분되게 하여 주시옵소서. 내가 서서 말씀을 가르치거나 설교할 때 내 마음이 흥분되게 하여 주시옵소서. 성령의 불이 끓어오르게 도와주시고 마음이 홍분되게 해 주셔야 말씀을 능력 있게 전파할 수 있습니다. 내가 홍분이 사라지는 날은 내가 죽는 날입니다. 내 마음이 성령으로 홍분되게 해 주십시오." 그렇게 늘 기도합니다. 그리고 나서 강단에 서면 가슴이 두근두근하며 마음이 홍분됩니다. 마음이 홍분되니까 말씀 선포하는 데에 즐거움이 따라오고 기쁨이 다가옵니다.

구역을 인도하거나 전도하러 갈 때 꼭 성령께 부탁을 해야 합니다. "성령님, 내 마음이 뜨거워지고 홍분되게 하여 주시옵소서." 내 마음이 뜨거워지고 홍분되어야 전도도 할 수 있고, 가르칠 수 있고, 다른 사람들에게 관심을 기울이게 됩니다. 내 마음이 홍분되지 않고 뜨거움이 없으면 내가 무슨 말을 해도 상대에게 아무런 설득력도 없고 감동도 없게 됩니다.

성령님은 우리 연약함을 도와주십니다. 성령의 불이 임하면 우리 마음이 뜨거워져서 홍분하게 됩니다. 내가 뜨거워져야 한다고 해서 뜨거워지지 않습니다. 성령이 오셔야 불이 임하여 뜨거워지게 됩니다.

여의도순복음교회가 다른 교회보다 더 뜨거워진 이유는 우리가 성령님을 인정하고 환영하고 모셔 들이기 때문입니다. 성령이 없으면 마음이 뜨거워지지 않습니다. 그러므로 우리는 늘 '성령님, 내 마음에 불같이 임하여 주시옵소서. 불같은 성령이 임하여 주셔서 내 마음을 뜨겁게 하시고 내 마음이 홍분되고 감화 감동이 되게 도와주시옵소서.' 라고 기도해야 합니다.

바울은 예수 그리스도와 아버지 하나님께로부터 부르심을 받은 사도의 소명이 분명했습니다. 거기에 따른 성령의 기름부음이 있어 그는 마음이 뜨겁고 열렬하고 홍분된 사람이었습니다. 그렇기 때문에 아무도 그를 막을 수 없었습니다. 그는 사도직의 신적인 권위를 말함으로 갈라디아 교인들이 이 편지를 읽을 때 경외와 순종의 자세로 읽게 했습니다.

## 2. 문안 인사(1:2-3)

**2. 함께 있는 모든 형제와 더불어 갈라디아 여러 교회들에게 3. 우리 하나님 아버지와 주 예수 그리스도로부터 은혜와 평강이 있기를 원하노라**

**2절** 함께 있는 모든 형제와 더불어 갈라디아 여러 교회들에게

바울은 본 서를 쓸 때 마게도냐에 있었는데, 자신의 사도직의 권위를 말한 후, 그곳에 있는 많은 형제들과 더불어 갈라디아 여러 교회들에게 문안을 드립니다.

그가 모든 형제로 인사를 나누었다는 것은 바울 외에도 많은 주의 종들이 함께 마음을 합하여 사랑과 권위를 가지고 갈라디아 교인들의 신앙을 교정하고 도우려는 의지가 내포되어 있습니다. 똑같은 말이라도 한 사람이 하는 것보다 두 사람이 하면 그 말에 더 권위가 있습니다. 구약 시대에도 사람을 재판할 때 두 사람 이상의 증인이 있을 때 재판을 했습니다. 바울은 자기 혼자서만 이러한 편지를 쓰는 것이 아니라 그와 함께 복

음을 전하는 전도자들과 뜻을 합하여 권면의 편지를 썼습니다.

**3절** 우리 하나님 아버지와 주 예수 그리스도로부터 은혜와 평강이 있기를 원하노라

바울이 갈라디아 교회를 위하여 했던 축복 기도 안에는 그리스도의 복음의 모든 것이 포함되어 있습니다. 신앙에는 언제나 은혜와 평강이 따릅니다. '은혜'란 나 자신에게 공로를 돌릴 만한 아무런 행위가 없음에도 불구하고 하나님께서 일방적으로 값없이 우리에게 축복해 주시는 것을 말합니다. 의로운 행위로 말미암아 내가 공로를 세워서 하나님의 복을 받으려는 것은 은혜가 아니고 율법입니다. 우리의 의로움이 아니라 하나님께서 주시는 의로움을 선물로 받아서 구원받는 것이 은혜입니다. 은혜에는 조건이 없습니다. 무조건 그냥 받는 것입니다. 그러므로 은혜로 구원받는다는 말의 의미는 예수 그리스도께서 우리 대신 십자가에 못 박혀 몸 찢기시고 피 흘려서 우리 죄를 다 용서하셨기 때문에 아무 조건 없이 우리가 구원을 받았다는 것입니다.

우리가 은혜를 받고 나면 마음속에 '평강'이 다가옵니다. 마음에 평강이 있으면 모든 것이 행복해집니다. 음식 먹는 것도 감사하고 사는 것도 감사하고 주위 환경이 다 감사합니다. 하나님 아버지와 예수 그리스도로 말미암아 우리가 올바른 관계를 맺으면 은혜가 오고 평강이 오는 것입니다. 그러므로 우리가 하나님 앞에 늘 기도할 때, "하나님, 성령으로 은혜를 체험하게 하여 주시옵소서."라고 해야 합니다. 이론적으로 아는데 그치는 것이 아니라 실제 체험을 해야 합니다. 은혜가 오면 내 마음속의 불안과 공포, 좌절과 절망이 다 사라지고, 마음이 믿음 안에서 부드러워지

고 평안해집니다.

마귀는 언제나 마음속에 불안과 초조를 가지고 옵니다. 그러나 성령이 오시면 언제나 마음속에 평안을 가져다 주십니다. 우리 마음에 평안이 없고, 기쁨이 없고, 마음이 불안하고 신경질이 나고 화가 나면 그때 다른 일 하지 말고 엎드려서 마귀를 쫓아내야 합니다. 회개하고 난 다음 "예수 그리스도의 이름으로 원수 마귀야 물러가라" 고 선포하고 찬송하며 마음속에 은혜와 평강이 오기까지 마귀와 싸워야 합니다. 자는 동안에도 마음속에 마귀가 들어올 수 있습니다. 자고 일어났는데 마음이 불안하고 기쁨이 없으면 마귀가 들어온 것입니다. 이때 그대로 있으면 사람들과 싸우게 되고 원망, 불평이 나옵니다. 그러므로 당장 엎드려서 회개하고 예수 그리스도의 이름과 그 보혈로 마귀를 물리치고 찬송하고 기도하면 마음에 은혜가 임하고 평화가 임합니다.

우리는 항상 은혜와 평안으로 채워지도록 늘 기도해야 합니다. 은혜와 평안이 사라지는 즉시 마귀가 왔다는 것을 알아야 합니다. 마귀를 대적하고 쫓아버리고 물리치고 성령께 마음의 은혜와 평화를 회복해 달라고 기도해야 합니다.

바울은 갈라디아 교인들에게 우리 하나님 아버지와 주 예수 그리스도로부터 은혜와 평강이 있기를 원한다고 말했습니다. 참 귀한 축복의 인사입니다.

# 3. 그리스도께 대한 찬양(1:4-5)

**4. 그리스도께서 하나님 곧 우리 아버지의 뜻을 따라 이 악한 세대에서 우리를 건지시려고 우리 죄를 대속하기 위하여 자기 몸을 주셨으니 5. 영광이 그에게 세세토록 있을지어다 아멘**

**4절** 그리스도께서 하나님 곧 우리 아버지의 뜻을 따라 이 악한 세대에서 우리를 건지시려고 우리 죄를 대속하기 위하여 자기 몸을 주셨으니

본문을 통해 우리는 사도 바울의 신앙이 예수 그리스도로 가득 차 있음을 알 수 있습니다. 하나님 아버지께서는 모든 구원의 원천이 되시고 예수 그리스도는 그 모든 구원을 우리에게 실천하여 주신 분이십니다. 예수님께서 동정녀 마리아에게 나시고 33년 동안 이 땅에서 사시다 본디오 빌라도에게 고난을 받으사 십자가에 못 박혀 죽으신 것은 우연히 된 것이 아닙니다. 악한 세대에서 우리를 건지시려는 하나님 아버지의 뜻을 따라 된 것입니다.

'악한 세대' 란 아담과 하와가 타락하고 난 다음 마귀의 지배 아래에 들어간 세대를 말합니다. 인간이 죄를 지은 뒤, 온 세상은 악한 자에게 속하게 되었고 모든 사람은 다 마귀의 종이 되었습니다.

그러나 하나님의 일방적인 은혜로 우리가 그중에서 구원을 받았습니다. 나의 행위로 의롭다 함을 얻지 못했지만 예수님이 오셔서 나의 일생의 죄를 청산해 주셨기 때문에 예수로 말미암아 용서받은 의인이 된 것입니다.

우리는 예수 그리스도로 말미암아 하나님 앞에 설 수 있고 천국에 갈 수 있습니다. 죄의 값은 사망이지만 의의 값은 영생입니다. 우리는 의로 말미암아 영생을 얻습니다. 그 의는 예수 그리스도를 믿음으로 말미암아 얻습니다. 악이란 무엇입니까? 하나님을 버리고 인본주의에 서는 것이 악입니다. 오늘날 세상은 하나님을 버렸습니다. 하나님에 대한 생각을 전혀 하지 않습니다. 하나님께 등을 지고 모든 것을 인간 중심으로 사는 것이 바로 악입니다.

그러나 주님께서는 악한 세대에서 하나님을 아버지로 모시고 믿고 의지하고 사는 우리를 선한 세계로 옮겨 주셨습니다. 골로새서 1장 13절에 보면 "그가 우리를 흑암의 권세에서 건져 내사 그의 사랑의 아들의 나라로 옮기셨으니"라고 하셨습니다. 세상 시민권이 사라지고 이제는 하늘나라의 시민권을 얻게 되었습니다. 그리스도를 통하여 세상에서 죽고 장사지낸 바 되고 다시 그리스도 안에서 새로운 피조물로 살아나서 하나님의 자녀가 되었습니다.

이제 우리는 예수님을 믿음으로 말미암아 영원히 용서받고 구원을 얻은 하나님의 자녀들입니다. 사도 바울은 본 절을 통하여 그리스도가 자기 몸을 버려 죽으신 것은 첫째로 우리의 죄를 위한 것이고, 둘째로 이 악한 세대에서 우리를 건지시기 위함이라고 강조합니다.

**5절** 영광이 그에게 세세토록 있을지어다 아멘

예수 그리스도가 우리의 죄를 위하여 자기 몸을 드리셨으니 우리는 끊임없이 예수 그리스도께 영광과 찬송을 드려야 할 것을 말하고 있습니다. 사람은 자랑할 것이 아무것도 없습니다. 모든 자랑은 예수 그리스도와 아버지께 드려야 합니다. 뒤에 '아멘' 까지 쓴 것은 '틀림없이 그렇다' 는 뜻입니다. '아멘' 은 히브리어로 '확언하다', '신뢰하다' 의 뜻을 가지고 있는데, 구약에서 서약이나 선언을 확인할 때 사용되다가 신약 시대 이후에는 예배 때에 기도의 응답을 믿음으로 확신하기 위하여 사용되었습니다.

## 4. 미혹하게 하는 다른 복음(1:6-7)

**6. 그리스도의 은혜로 너희를 부르신 이를 이같이 속히 떠나 다른 복음을 따르는 것을 내가 이상하게 여기노라 7. 다른 복음은 없나니 다만 어떤 사람들이 너희를 교란하여 그리스도의 복음을 변하게 하려 함이라**

**6절** 그리스도의 은혜로 너희를 부르신 이를 이같이 속히 떠나 다른

### 복음을 따르는 것을 내가 이상하게 여기노라

우리가 구원받은 것은 하나님께서 예수 그리스도를 통해 우리의 죄를 사하시고, 그 은혜로 우리를 불러 주셨기 때문입니다. 우리의 영혼은 죄로 말미암아 죽었기 때문에 우리 스스로는 하나님을 알 도리가 없습니다. 오직 구원은 하나님의 부르심에 대해서 우리가 믿음으로 응답할 때 얻게 됩니다. 그러나 비록 하나님이 부르시고 택하셨어도 우리는 자유의지를 가진 존재이기 때문에 하나님을 떠날 수가 있습니다. 갈라디아 교인들도 하나님이 택하여 부르심을 입고 구원을 받았으나 그들 중에는 하나님을 떠난 사람들도 있었습니다.

하나님께서 처음부터 부르시지 않은 사람은 구원을 얻지 못하지만 부르셔서 택한 사람도 배도(背道)할 수 있습니다. 그래서 사도 바울은 그들이 버림받을 것을 안타깝게 생각하고 그들을 돌이키기 위해서 애를 썼습니다. 바울은 그들이 복음을 듣고 예수님의 이름으로 구원을 받은 후 이단 사설에 현혹되어 복음을 속히 떠난 것을 이해할 수 없었습니다.

여기서 언급한 '다른 복음' 이란 예수 그리스도의 복음과는 완전히 질(質)이 다른 복음입니다. 예수님의 이름만 형식적으로 이용할 뿐 완전히 마귀의 교리로 끌고 가는 잘못된 가르침을 의미합니다. '다르다' 는 말은 헬라어로 두 개의 뜻을 가지고 있습니다. 하나는 헤테로스(ἕτερος)라고 해서 책상과 마이크같이 서로 전혀 다른 것을 의미하며, 다른 하나는 알로스(ἄλλος)라고 하는데 이는 똑같은 모양과 질(質)로 된 같은 종류 가운데 다른 것을 뜻합니다. 본문의 '다른' 은 헤테로스의 뜻으로 사용되었습니다. 즉, 그리스도의 복음과는 완전히 질이 다른 복음을 의미합니다. 그리스도의 복음은 예수님의 피의 대속과 또 그것을 믿는 것이지만 율법주의자들이 전하는 복음은 율법과 의식을 지키고 행하는 것이었습니다.

우리는 예수를 믿고 구원을 받았기 때문에 주님 앞에서 부끄럽지 않게 살기 위해서 율법을 지키며 살려고 합니다. 그러나 이것은 성화이지 구원의 조건은 아닙니다. 예수를 믿음으로 구원받은 자가 율법을 지키는 것은 하나님의 뜻을 받들어 더 성결하게 되고 하나님께 가까이 나가기 위함입니다. 그런데 이 유대주의자들은 예수를 믿어도 율법과 계명을 다 지키고 할례도 받아야 하며 모든 율법의 의식을 따라야 한다고 주장했습니다. 바울에 의하면 그것은 다른 복음입니다. 우리가 극히 경계해야 될 것은 예수 그리스도의 복음 이외에 다른 복음입니다. 십자가에 못 박혀 죽었다가 부활한 예수님을 믿는 것 이외에 어떠한 가르침도 복음이 아닙니다.

**7절 다른 복음은 없나니 다만 어떤 사람들이 너희를 교란하여 그리스도의 복음을 변하게 하려 함이라**

바울은 본 절에서 그리스도의 복음의 유일성을 선언함으로써 그리스도의 복음이 오직 한 가지뿐임을 강조하고 있습니다. 실로 예수 그리스도께서 우리들을 위해 죽으시고 부활하신 참복음 외에는 다른 복음이 없습니다. 사도 바울은, 율법주의자나 거짓 선생이 그들에게 복음이라고 가르친 교훈은 거짓 교훈이며 죽이는 교훈이라고 경고합니다. 오직 그들은 갈라디아 교인들의 마음을 어지럽게 하여 그리스도의 복음을 변질시켜 놓으려고 했습니다.

오늘날도 이단과 사설은 참된 그리스도인을 미혹합니다. 그리스도의 사람들을 빼앗으려고 합니다. 그러므로 우리는 이단 사설의 가르침은 아예 듣지도 말고 그런 사람과 상대도 하지 말아야 합니다. 예수님을 믿고 구원받은 후 마음이 편안하다가도 이단과 사설을 전하는 자들을 대하면 곧 마음이 어지러워지고 말씀에 의심이 생겨 그들의 유혹에 넘어가기 쉽습니다. 그러므로 성경에 대해 완전히 자신이 없는 한 그들과 논쟁을 하는 것도 피해야 합니다. 우리에게는 오직 예수님만이 길이요, 진리요, 생명이 되십니다(요 14:6).

## 5. 다른 복음을 전하는 자에 대한 저주(1:8-10)

**8. 그러나 우리나 혹은 하늘로부터 온 천사라도 우리가 너희에게 전한 복음 외에 다른 복음을 전하면 저주를 받을지어다 9. 우리가 전에 말하였거니와 내가 지금 다시 말하노니 만일 누구든지 너희가 받은 것 외에 다른 복음을 전하면 저주를 받을지어다 10. 이제 내가 사람들에게 좋게 하랴 하나님께 좋게 하랴 사람들에게 기쁨을 구하랴 내가 지금까지 사람들의 기쁨을 구하였다면 그리스도의 종이 아니니라**

**8절** 그러나 우리나 혹은 하늘로부터 온 천사라도 우리가 너희에게 전한 복음 외에 다른 복음을 전하면 저주를 받을지어다

본 절에서도 사도 바울은 다른 복음을 전하는 자에 대한 하나님의 무서운 심판을 경고하고 있습니다. 바울은 거짓 선생뿐만 아니라 '우리', 즉 바울 자신과 함께 복음을 전하는 자라 할지라도, 혹은 그보다 더 높은 하늘의 천사라 할지라도 하나님의 복음 외에 다른 것을 전하면 저주를 받는다고 단호하게 선언하고 있습니다. 바울이 그들에게 전한 복음은 하나님이 주신 사도적 권위로 전한 복음입니다. 그 핵심 내용은 예수 그리스도를 통해서만 구원을 얻을 수 있다는 것입니다. 그러므로 그리스도께서 계시해 주신 복음 이외에 다른 것을 전하는 자는 어떠한 자라도 이미 죽은 자요, 저주받은 자입니다.

또한 다른 복음을 전하는 자는 그가 아무리 높은 위치에 있고 심지어 하늘의 천사라 할지라도 그리스도 중심의 복음 이외에 다른 것을 가르치면 사탄이요, 마귀입니다. 어떠한 사도나 주의 종이라고 할지라도 하나님의 피조물로서 하나님의 복음을 변질시킬 권한이 없기 때문에 하나님의 심판을 받게 됩니다.

**9절** 우리가 전에 말하였거니와 내가 지금 다시 말하노니 만일 누구든지 너희가 받은 것 외에 다른 복음을 전하면 저주를 받을지어다

사도 바울은 그 누구라 할지라도 자신들이 전한 복음 이외의 다른 교훈을 전하면 저주받을 것을 선언한 후에 갈라디아 교회에서 성도들을 미혹하게 하는 자들을 향해 꾸짖고 있습니다. '누구든지' 란 바로 그들, 즉

갈라디아 교인들을 유혹하는 거짓 교사들을 말합니다. '전에 말하였다'는 것은 바울이 이 서신을 보내기 전 갈라디아를 방문했을 때 갈라디아 교인들에게 말하였다는 것을 가리킵니다. 그 때에도 바울은 다른 복음을 전하면 저주를 받을 것이라고 경고했었는데 이제 이 편지를 쓰면서 다시 강조합니다. 두 번을 계속해서 말한 것은 중요한 의미가 있습니다. 구약 시대에 우상을 섬기다가 그것이 발각되었을 때 증인으로 두 사람이 나서면 돌로 쳐 죽였습니다. 그러므로 두 번 계속해서 말했다는 것은 틀림없다는 뜻입니다. 이 세상의 다른 종교가 설령 종교 자체로서 훌륭하고 또 윤리와 도덕과 철학적으로 뛰어나다고 할지라도 구원 문제에 있어서는 이미 하나님께로부터 저주받았습니다. 그러므로 그리스도의 복음 이외에 다른 교훈을 믿든지 전하든지 하면 그 사람은 이미 저주를 받은 사람입니다. 오직 예수 그리스도만을 믿고 구원받은 우리들이 진정으로 축복받은 사람들입니다.

**10절** 이제 내가 사람들에게 좋게 하랴 하나님께 좋게 하랴 사람들에게 기쁨을 구하랴 내가 지금까지 사람들의 기쁨을 구하였다면 그리스도의 종이 아니니라

바울을 대적하는 유대인 교사들은 바울이 사람들에게 아첨하기 위해서 율법을 전하지 않는것을 비난했습니다. 이에 대해 바울은 자신의 사도직과 인품을 들어 그것을 부인하고 있습니다. 사도 바울의 유일한 관심은 오직 하나님께 인정받는 것이었습니다. 따라서 그는 하는 일마다 사람을 기쁘게 하려는 것보다 하나님을 기쁘시게 하는 데 주력했습니다. 신앙에는 타협이란 없습니다. 사람을 기쁘게 하기 위해서 신앙을 타

협할 수 없습니다. 바울은 사람을 기쁘게 하기 위해서 하나님이 지시한 사항을 다르게 해석하여 말하지 않았습니다. 오직 바울의 목적은 하나님의 일을 하여 하나님께 영광을 돌리는 것이었습니다.

바울은 자신을 오해하고 질책하는 자들에게 "내가 누구에게 좋게 하랴?" 고 반문함으로써 강하게 그들의 비난을 부정했습니다. '사람의 기쁨을 구하는 것' 이란 율법을 지키라고 권하는 것을 말합니다. 바울이 만일 율법을 지킬 것을 권했다면 그는 율법에 열심인 바리새인에 지나지 않으며 그리스도의 종은 아니었을 것입니다. 바울은 사람을 기쁘게 하는 일과 하나님을 기쁘시게 하는 일을 병행할 수 없다는 사실을 잘 알고 있었습니다. 그래서 그는 사람을 기쁘게 하는 일보다는 그리스도의 종이 되어 하나님을 기쁘시게 하는 일을 택했습니다. 바울은 그리스도의 종으로서 오직 하나님의 말씀만 전한 사도입니다. 그는 일생 동안 사람의 환심을 사기 위해 복음의 진리를 왜곡시키거나 희생시키는 일은 하지 않았습니다.

## 6. 바울이 전한 복음의 진실성(1:11-12)

**11. 형제들아 내가 너희에게 알게 하노니 내가 전한 복음은 사람의 뜻**
**을 따라 된 것이 아니니라 12. 이는 내가 사람에게서 받은 것도 아니**

요 배운 것도 아니요 오직 예수 그리스도의 계시로 말미암은 것이라

**11절** 형제들아 내가 너희에게 알게 하노니 내가 전한 복음은 사람의 뜻을 따라 된 것이 아니니라

이 세상에는 여러 가지 종교가 많은데 많은 종교가 사람의 뜻을 따라 만들어집니다. 일반적으로 종교는 사람들이 그들 스스로 수양을 쌓고 명상을 통해서 만들어낸 인간적 산물입니다. 바울이 전한 하나님의 복음은 그가 만들어냈거나 아니면 다른 사람이 만들어낸 것이 아닙니다. 예수 그리스도의 복음은 하나님이 직접 육신의 몸을 입고 이 세상에 오신 성육신 사건을 통하여 이루어진 것으로 결코 사람의 뜻을 따라 된 것이 아닙니다.

구원이란 사람이 머리로 만들어 놓은 것이 아닙니다. 이는 하늘에서 계시되었습니다. 예수 그리스도의 몸을 통해서 하나님이 이 땅에 찾아오셔서 이 땅에서 천국의 영광을 말씀하시고 결국엔 우리가 천국 갈 수 있는 길을 열어 놓으셨습니다. 예수 그리스도께서 십자가에 못 박혀 몸 찢고 피 흘리심으로 우리의 죄를 다 청산하셨으므로 누구든지 예수를 믿기만 하면 남녀노유, 빈부귀천, 동·서양을 가리지 않고 용서와 의와 영광을 얻고 구원의 길에 들어서서 천국에 갈 수 있게 되었습니다.

우리 한 사람 한 사람이 예수 믿는 것은 다 성령으로 말미암아 그 아들이 마음속에 계시 되어서 믿은 것이지 우리가 머리가 좋아 예수님을 연구해서 믿은 것이 아닙니다. 불가항력적인 하나님의 역사에 의해서 예수를 믿게 됩니다. 이 믿음은 성령의 계시 외에는 절대로 안 됩니다. 아무

리 가르친다고 해서 되는 것이 아닙니다.

**12절** 이는 내가 사람에게서 받은 것도 아니요 배운 것도 아니요 오직 예수 그리스도의 계시로 말미암은 것이라

또한 바울이 전한 복음은 사람에게 받은 것이 아닙니다. 바울은 예수님의 열두 제자 중의 한 사람이 아니었습니다. 예수 그리스도의 설교를 직접 들어본 적도 없고 예수 그리스도를 직접 따라다니지도 않았습니다. 바울은 예수님이 죽으시고 부활하시고 난 다음에 사도가 되었지만 예루살렘에 있는 열두 제자들에게서 복음을 배운 다음에 전한 것이 아닙니다.

바울이 다메섹으로 가는 길에서 그리스도로부터 부름 받은 그 즉시로 복음을 전한 것도 아닙니다. 그가 다메섹으로 가는 길에서 그리스도의 부름을 받고 성령 충만함을 받아 아라비아에 가서 3년 동안 기도할 때 예수님께서 그에게 복음의 모든 진수를 직접 가르쳐 주셨습니다. 직접 부활하신 예수님께로부터 성령의 능력으로 받았기 때문에 바울은 담대하게 그가 전한 복음에 대해서 하나님의 권위를 가지고 말할 수 있었습니다. 바울이 전한 복음의 권위는 하나님의 영원하고도 절대적인 권위였습니다.

## 7. 사도 바울을 택하신 하나님(1:13-17)

**13. 내가 이전에 유대교에 있을 때에 행한 일을 너희가 들었거니와**

**하나님의 교회를 심히 박해하여 멸하고 14. 내가 내 동족 중 여러 연갑자보다 유대교를 지나치게 믿어 내 조상의 전통에 대하여 더욱 열심이 있었으나 15. 그러나 내 어머니의 태로부터 나를 택정하시고 그의 은혜로 나를 부르신 이가 16. 그의 아들을 이방에 전하기 위하여 그를 내 속에 나타내시기를 기뻐하셨을 때에 내가 곧 혈육과 의논하지 아니하고 17. 또 나보다 먼저 사도 된 자들을 만나려고 예루살렘으로 가지 아니하고 아라비아로 갔다가 다시 다메섹으로 돌아갔노라**

**13절** 내가 이전에 유대교에 있을 때에 행한 일을 너희가 들었거니와 하나님의 교회를 심히 박해하여 멸하고

이제 사도 바울은 하나님께서 자신을 택정하신 과정에 대하여 간증하고 있습니다. 바울은 그가 예수님을 믿게 된 것이 기적 중의 기적임을 말하고 그가 증언하는 복음이 틀림없다는 것을 다시 성경적으로 강조하고 있습니다.

우선 사도 바울은 예수님을 만나기 전 자신의 행동에 대해서 말하였습니다. 그는 회심하기 이전 유대교를 믿을 때에 누구보다도 열심히 그리스도인을 박해했으며 하나님의 교회를 박해했습니다. '하나님의 교회'는 교회의 주권이나 소유권이 하나님께 있으므로 그 교회를 박해한 것은 곧 하나님을 대적한 것과 같습니다.

**14절** 내가 내 동족 중 여러 연갑자보다 유대교를 지나치게 믿어 내 조상의 전통에 대하여 더욱 열심이 있었으나

유대교란 모세오경을 중심으로 한 구약 성경에 기록되어 있는 여러 가지 전통과 관습을 중심으로 믿고 실천하려는 유대인의 종교를 말합니다. 바울은 이 유대교에 열심이었습니다. '연갑자' 란 바울과 나이가 비슷한 또래의 많은 사람들을 말합니다. 바울은 그의 동시대인들보다 더욱 열심이었고 유대인들 사이에 내려오는 전통도 아주 열심히 지켰습니다. 그는 율법에 충성한 나머지 로마에 대한 폭력 행위에도 가담했을 정도였습니다. 바울은 자신에 대해 "유대교 중에서 가장 엄격한 바리새파이고 율법에 비추어 흠이 없다."라고까지 말한 바 있습니다(행 26:5; 빌 3:6).

**15절** 그러나 내 어머니의 태로부터 나를 택정하시고 그의 은혜로 나를 부르신 이가

13절과 14절에서 유대교인이었을 때의 행동에 대해 기술하여 사람으로부터 복음을 받을 가능성이 없다고 밝힌 바울은 15절부터 17절을 통하여 자신의 소명과 그 직후의 행동에 대해서 말합니다. 바울이 유대교에 열심이었고 그 열심이 지나쳐 그리스도인들을 박해까지 하였으나 하나님께서는 이미 그를 택하시고 하나님의 일을 시키실 것을 계획하고 계셨습니다. 우리가 구원받은 것도 마찬가지입니다. 우리의 구원은 이미 영세전부터 하나님에 의해 계획되고 예정되어 있습니다. 우리가 이 세상에 나기 전부터, 또한 무슨 선한 일을 했거나 악한 일을 하기 이전에, 하나님의 계획에 의해 예정되어 있습니다. 로마서 9장 11절부터 13절에는 "그 자식들이 아직 나지도 아니하고 무슨 선이나 악을 행하지 아니한 때에 택하심을 따라 되는 하나님의 뜻이 행위로 말미암지 않고 오직 부르시는 이로 말미암아 서게 하려 하사 리브가에게 이르시되 큰 자가 어린 자를 섬

기리라 하셨나니 기록된바 내가 야곱은 사랑하고 에서는 미워하였다 하심과 같으니라" 고 기록되어 있습니다.

인간적으로 볼 때 바울은 유대교를 믿었을 뿐만 아니라 예수님을 믿는 교인들을 감옥에 가두고 박해한 사람이었습니다. 그럼에도 불구하고 그는 하나님께서 절대 주권적으로 자신이 어머니의 배 속에 있을 때부터 하나님의 사도로 택하시고 주의 일꾼으로 부르셨다고 담대하게 고백하고 있습니다. 이렇게 사도 바울이 갈라디아 교회에게 자신의 소명을 말하는 것은 그의 사도직이 사람에게 받은 것이 아니라 하나님께로부터 받았다는 것을 강조하기 위함입니다.

사도 바울은 에베소서에서도 하나님의 절대적 예정에 대해서 다음과 같이 증거하고 있습니다. "곧 창세전에 그리스도 안에서 우리를 택하사 우리로 사랑 안에서 그 앞에 거룩하고 흠이 없게 하시려고 그 기쁘신 뜻대로 우리를 예정하사 예수 그리스도로 말미암아 자기의 아들들이 되게 하셨으니"(엡 1:4-5). 이와 같은 하나님의 택하심과 부르심을 우리는 예레미야서 1장 5절에서도 볼 수 있습니다. "내가 너를 모태에 짓기 전에 너를 알았고 네가 배에서 나오기 전에 너를 성별하였고". 그러므로 우리 성도들은 우리가 하나님의 영원하신 섭리와 절대 주권적인 예정하심에 따라 된 것임을 확실히 알아야 합니다. 그리고 만나는 사람마다 그가 하나님의 택하신 자인 줄로 일단 믿고 복음을 전하여야 합니다.

어떤 사람은 학창 시절에, 어떤 사람은 나이 40세에, 어떤 사람은 나이 60세에 부르시기도 합니다. 그러면 어떤 사람은 세상에서 재미를 실컷 보고, 나중에 죽을 때 예수님을 믿고 천당에 가서 살면 좋지 않겠느냐고 생각할지도 모르겠습니다. 그러나 그러한 생각은 잘못된 것입니다. 왜냐하면 하나님께서 일찍 불러 주셔서 하나님의 은혜를 오래 누리고 하나님의 말씀의 능력을 체험하면 할수록 우리의 영혼이 더욱 자라기 때문입니다. 육신의 장막집에 있을 동안에 하나님의 은혜와 말씀으로 장성한 영혼이 하나님께 나아갑니다. 그러므로 할 수만 있다면 하루 빨리 예수님을 믿어야 합니다. 그리고 말씀을 잘 먹고 기도도 많이 하고 전도도 많이 해서 영혼도 장성하고 하나님 앞에 나아가 받을 상급과 칭찬도 쌓아야 합니다.

하나님께서 주신 이 세상에서의 귀한 시간을 육신의 정욕과 안목의 정욕과 이 세상의 자랑을 위해서만 쓰는 사람은 참으로 어리석은 사람입니다. 그러나 그 귀한 시간들을 주님을 위해서 쓰는 사람은 참으로 지혜로운 사람입니다. 왜냐하면 주님을 위해서 많은 일을 하면 하나님 앞에 설 때 영광과 찬양과 칭찬이 있기 때문입니다. 영광의 부활의 날에 해의 영광, 달의 영광, 별의 영광이 있습니다. 하나님의 자녀로서 이 땅에서 하나님을 위하여 얼마나 충실하게 열심히 살았느냐에 따라 영광이 다릅니다. 그러므로 될 수 있으면 빨리 믿고, 늦게 믿었으면 그 잃어버린 세월을 채우기 위해서라도 열심히 믿으십시오. 열심히 일하십시오. 구원은 예수 그리스도를 믿는 믿음으로 받지만 하늘에서 받을 상급은 이 땅에서 하나님을 위해 행한 일에 따라 다르다는 것을 잊지 마십시오.

**16절 그의 아들을 이방에 전하기 위하여 그를 내 속에 나타내시기를 기뻐하셨을 때에 내가 곧 혈육과 의논하지 아니하고**

우리가 예수님을 믿고 예수님께서 우리 속에 계시게 된 것은 우리만 구원받고 끝나는 것이 아니라, 그리스도를 모르는 이방인들에게 주님의 복음을 전하도록 하기 위함입니다. 그리스도인은 그 마음속에 그리스도의 계시가 깨달아지는 순간부터 다른 사람에게 그것을 전해야 하는 책임이 있습니다. 예수님의 계시가 깨달아진 사람이 그리스도를 전하지 않으면 그의 계시는 약해지고 소멸되기가 쉽습니다. 복음을 전해 받은 사람이 주님을 믿든 안 믿든 그것은 우리의 상관할 바가 못 됩니다. 그러나 그들에게 분명하고도 확실한 예수 그리스도의 복음을 전하는 것은 우리 신자들의 절대적인 책임이며 의무입니다. 이 복음을 제대로 전하기 위해서는 성령의 도우심이 필요합니다. 예수 믿는 사람은 첫째도 성령, 둘째도 성령, 셋째도 성령 충만함을 받아야 합니다. 우리가 예수를 믿으면 무엇보다 성령이 충만해야 합니다. 성령이 충만해서 성령으로 말하게 하심을 따라 다른 방언으로 기도하고 성령의 여러 가지 은사가 우리에게 나타나야 우리가 참으로 하나님이 사용하시는 그릇이 됩니다.

바울은 예수님의 복음과 그 복음 전파의 사명이라는 놀라운 하나님의 계시를 받고 난 후 그것에 대해서 사람과 의논하지 않았습니다. 자신이 체험한 복음의 진실 여부를 가리기 위해 예루살렘에 올라가서 사도들과 의논하거나 다시 배우지도 않았습니다. 왜냐하면 그가 하나님께로부터 직접 받은 영적 체험과 소명은 너무도 확실하여 다른 사람의 보충 설명이 필요 없었기 때문입니다. '혈육' 이란 성경에서 항상 인간의 부족을 의미합니다. 고린도전서 15장 50절을 보면 "혈과 육은 하나님 나라를 이어받을 수 없고 또한 썩는 것은 썩지 아니하는 것을 유업으로 받지 못하느니라" 고 기록되어 있습니다. 하나님의 계시는 혈육으로는 깨달을 수가 없습니다(마 16:17).

**17절** 또 나보다 먼저 사도 된 자들을 만나려고 예루살렘으로 가지 아니하고 아라비아로 갔다가 다시 다메섹으로 돌아갔노라

바울은 사람들과 의논하지 않았을 뿐만 아니라, 그보다 먼저 사도 된 선배 사도들과도 자기의 영적 체험에 대해서 의논하지 않았습니다. 이것은 바울이 선배 사도를 업신여기는 교만한 마음에서 비롯된 것이 아닙니다. 하나님께서 직접 허락하신 계시를 온전하게 믿는 믿음이 그로 하여금 하늘의 계시를 인위적인 논란에 빠뜨리지 않도록 역사했습니다.

하나님의 놀랍고 충격적인 계시를 받은 바울은 이 계시를 정리하고 묵상하는 훈련을 위해 인적이 끊어진 아라비아 사막으로 갔습니다. 성경에서 추정해 볼 때 그가 아라비아에서 하나님과 교제하며 훈련을 쌓은 기간은 약 3년이 됩니다. 예수님의 제자들이 3년 동안 주님을 따라 다니면서 훈련을 받은 것처럼 바울도 약 3년 동안 훈련을 쌓은 뒤 다시 다메섹으로 돌아가 그가 옛날에 박해했던 도시의 시민들에게 복음을 전하게 되었습니다.

바울은 이같이 복음의 능력을 체험한 후의 행적을 말함으로써 그가 받은 복음이 하나님의 보좌에서 직접 허락하신 절대적인 권위가 있음을 재삼 확인하고 있습니다. 바울이 자신의 사도 됨과 복음 전파에 대한 소명의 권위를 이처럼 강조한 것은 어찌하든지 이단에 빠져가는 갈라디아 교인들의 마음을 바로잡기 위함이었습니다.

## 8. 예루살렘의 사도들에게 배운 복음이 아님(1:18-19)

**18. 그 후 삼 년 만에 내가 게바를 방문하려고 예루살렘에 올라가서 그와 함께 십오 일을 머무는 동안 19. 주의 형제 야고보 외에 다른 사도들을 보지 못하였노라**

**18절** 그 후 삼 년 만에 내가 게바를 방문하려고 예루살렘에 올라가서 그와 함께 십오 일을 머무는 동안

아라비아에서의 3년간의 수련이 끝난 후 바울은 사도들과 친교를 위해서 예루살렘으로 올라갔습니다. 계시를 받고 난 후 즉시 사도들을 만나지 않았던 바울은 하나님께로부터 절대적이고 완전한 훈련을 받고 난 후 복음 전파를 위해 사도들과의 교제가 필요했습니다. 그래서 먼저 게바를 만나러 예루살렘에 갔습니다. 게바는 베드로의 다른 이름입니다(요 1:42). '게바' 란 예수님께서 시몬이라는 이름 대신에 새로 지어 주신 이름으로 '반석' 이란 뜻을 가지고 있습니다.

바울이 베드로와 교제를 나누기 위해 만난 15일은 너무 짧았기 때문에 베드로와 같은 선배 사도들에게 복음에 대해 가르침을 받을 수 없었음을 보여 줍니다. 그들의 만남은 단지 이방인의 사도가 된 바울이 유대인의 사도인 게바와 주의 사역에 있어서 함께 교제를 나누기 위함이었을

뿐입니다. 우리가 생각해 보건대 바울과 베드로의 만남은 초기 기독교 역사와 신학 정립에 있어 획기적인 사건이 되었습니다. 베드로는 지상에서 같이 생활한 예수 그리스도에 대해서 간증했으며, 바울도 다메섹과 아라비아에서 체험한 예수 그리스도에 대해 간증했습니다.

**19절 주의 형제 야고보 외에 다른 사도들을 보지 못하였노라**

게바를 심방한 15일 동안 바울은 베드로와 야고보 사도 외에는 다른 사도들을 만나지 못했습니다. 이 절에 나오는 야고보는 주님의 친동생입니다. 마리아가 동정녀로 성령에 의해 잉태하여 예수님을 낳은 후 남편인 요셉과의 사이에서 여러 자녀를 낳았는데 그 중의 첫 형제가 바로 야고보입니다(마 13:55). 야고보는 처음에 주님을 확고하게 믿지 않았으나 (요 7:5), 예수님이 부활하신 것을 본 후에는 크게 변화되어 다른 사도들과 함께 초대 교회 부흥에 열심히 참여했습니다. 야고보 선생은 그 후 열심과 능력으로 교회의 지도자가 되어 바울이 게바를 방문할 때에는 예루살렘 공의회 기독교 총회 의장으로 있었습니다. 그는 헌신적으로 주님과 주의 백성들을 위해 수고하다가 주후 62년경 돌에 맞아 순교했다고 하는데, 죽을 때에 주님께서 하신 것처럼 자신을 돌로 치는 원수들을 위해 기도했다고 전해 오고 있습니다.

바울이 이와 같이 게바와 야고보 외에 다른 사도를 만나지 못했다는 것은 그의 사도직이 사도들에게 받은 것이 아니라, 하나님에 의해 직접 주어졌다는 사도직의 신적 권위와 독립성을 다시 강조하는 것입니다.

## 9. 다른 교회나 성도들에게 들은 복음이 아님(1:20-24)

20. 보라 내가 너희에게 쓰는 것은 하나님 앞에서 거짓말이 아니로
다 21. 그 후에 내가 수리아와 길리기아 지방에 이르렀으나 22. 그
리스도 안에 있는 유대의 교회들이 나를 얼굴로는 알지 못하고 23.
다만 우리를 박해하던 자가 전에 멸하려던 그 믿음을 지금 전한다 함
을 듣고 24. 나로 말미암아 하나님께 영광을 돌리니라

**20절** 보라 내가 너희에게 쓰는 것은 하나님 앞에서 거짓말이 아니로다

바울은 자신이 전하는 복음이 하나님께 직접 계시를 받았다는 주장이 결코 거짓말이 아님을 확실히 밝힙니다. 그것은 바울이 예루살렘에서 베드로와 야고보 외에는 다른 사도를 만나지 않았다는 사실을 확실히 다짐하는 말이기도 합니다.

**21-22절** 그 후에 내가 수리아와 길리기아 지방에 이르렀으나 그리스도 안에 있는 유대의 교회들이 나를 얼굴로는 알지 못하고

바울은 게바와 야고보를 만난 후에 수리아와 길리기아 지방에서 상당한 기간 동안 복음을 전했습니다. 그러나 그곳 사람들은 바울의 얼굴을

알지 못했습니다. 만약 그 당시 바울이 그곳의 교회에 출석하여 사도들의 가르침을 받았다면 그들은 바울을 알아볼 수 있었을 것입니다. 그러나 수리아와 길리기아 지방에서도 유대의 교회와 성도들은 바울을 알지 못했으며 그것은 바울이 다른 사람에게서 복음을 전달받지 않았다는 것을 증명해 줍니다. 그러나 유대의 교회들은 바울의 얼굴은 몰라도 그가 다메섹 도상에서 예수님을 만남으로 180도 변한 사실은 이미 들어서 알고 있었습니다.

**23절** 다만 우리를 박해하던 자가 전에 멸하려던 그 믿음을 지금 전한다 함을 듣고

'박해하던 자' 란 전에 유대의 교회를 박해하고 교인들을 잡아 가두고 죽이기까지 한 사울(바울 이전의 이름)을 가리킵니다. 수리아와 길리기아 지방의 유대 교회들은 그리스도를 박해하던 사울이 변하여 바울이 된 후 지금은 복음 전파하는 사람이 되었다는 말을 들었습니다.

**24절** 나로 말미암아 하나님께 영광을 돌리니라

바울의 얼굴을 직접 보지 못해 알지 못했지만 그리스도의 교회를 박해하던 자가 이제는 오히려 그리스도의 복음을 전하는 사도가 되었다는 소식에 유대의 교인들이 하나님께 감사와 영광을 돌렸다는 말씀입니다.

사도 바울은 본 장을 통해 갈라디아 교인들에게 예수 그리스도의 복음 외에는 다른 복음이 없고, 다른 복음인 이단 사설을 전하는 자들은 저주를 받을 것이며, 복음을 전하는 바울의 사도직은 하나님과 주님께 직접

받은 것이므로 그 복음은 영원하고 절대적인 것이라는 사실을 전하고 있습니다. 예수 그리스도의 복음은 죽어가는 죄인의 영혼과 몸과 범사를 구원하는 위대한 복음입니다. 이 위대한 복음이 우리를 살리며 이웃을 살립니다. 우리는 이 복음을 위하여 살고 죽으며, 땅 끝까지 이 복음을 전하는 자들이 되어야겠습니다.

제 2 장

# 사도 바울이 전한 복음

A COMMENTARY ON THE
EPISTLE TO THE GALATIANS

1장에서 사도직과 복음의 신적 권위를 주장한 사도 바울은 본 장에서는 그러한 사실에 대하여 하나님뿐만 아니라 예루살렘 교회도 그의 사도직의 권위를 인정했다고 말합니다. 본 장 뒷부분에서는 '예수 그리스도를 믿음으로 말미암아 의롭게 된다'는 그가 전한 복음의 주제에 관하여 간단히 요약하여 기록합니다.

## 1. 예루살렘 방문과 복음의 제시(2:1-2)

**1. 십사 년 후에 내가 바나바와 함께 디도를 데리고 다시 예루살렘에 올라갔나니 2. 계시를 따라 올라가 내가 이방 가운데서 전파하는 복음을 그들에게 제시하되 유력한 자들에게 사사로이 한 것은 내가 달음질하는 것이나 달음질한 것이 헛되지 않게 하려 함이라**

**1절** 십사 년 후에 내가 바나바와 함께 디도를 데리고 다시 예루살렘에 올라갔나니

'십사 년 후' 라는 것은 그가 다메섹으로 가는 길에서 예수 그리스도를 만나고 회심한 뒤에, 다시 바나바와 함께 디도를 데리고 예루살렘으로 올라갔을 때까지의 시간을 말해 줍니다. 그는 이방에서 그리스도의 복음을 전파하다가 14년 뒤에, 다시 예루살렘에 올라가서 사도들을 만나 친목과 교제를 하고 그가 증언한 복음을 다시 한번 그들과 함께 확인

하려고 하였습니다.

바나바는 '권면의 아들' 또는 '위로자' 라는 뜻을 가진 바울의 동역자입니다. 바나바는 초대 교회에서 바울과 마가 등의 다른 전도자들을 옹호하고 많은 도움을 준 주의 종이었습니다. 디도는 바울의 헬라인 제자로 디도서의 수신자이기도 합니다. 고린도 교회에 문제가 있을 때 바울이 에베소에서 디도를 파송한 일이 있었는데, 디도는 이 사명을 성공적으로 수행하기도 했습니다(고후 7:6). 바울은 이 충실한 주의 일꾼들과 함께 하나님의 또 다른 계시를 받고 예루살렘에 올라갔습니다.

**2절** 계시를 따라 올라가 내가 이방 가운데서 전파하는 복음을 그들에게 제시하되 유력한 자들에게 사사로이 한 것은 내가 달음질하는 것이나 달음질한 것이 헛되지 않게 하려 함이라

'유력한 자들' 이란 예루살렘 교회에서 기둥같이 여기는 사도 게바(베드로)와 요한, 그리고 주님의 동생 야고보 선생 등을 가리킵니다. 사도 바울이 예루살렘에 가서 그가 전한 복음을 내놓게 된 것은 바울이 전한 복음이 베드로와 요한이 예수님께 직접 배운 복음보다 못하기 때문이 아니었습니다. 또 바울이 하나님께로부터 직접 받은 계시의 복음이 예루살렘 사도들의 인준을 받아야만 효과가 있기 때문에 제출한 것도 아니었습니다. 바울이 그의 복음을 예루살렘 교회에 내놓은 이유는 그의 계시의 복음이 주님의 밑에서 배운 다른 사도들의 복음과 그 내용 면에서 조금도 틀림이 없다는 것을 다시 한번 확증하기 위함이었습니다.

또 사도 바울이 대중들 앞에 하지 않고 유력한 자들에게 사사로이 한 것은 대중들은 유대주의에 빠져 복음을 제대로 이해하지 못했기 때문입

니다. 대중들은 유대주의에 복음을 혼합하려고 했습니다. 그들은 예수를 믿되 할례를 받아야 된다고 주장했습니다. 예수님은 십계명도, 할례도 십자가 위에서 다 완성하셨습니다. 예수님 자체가 바로 계명이요, 할례요, 날을 지키는 것입니다. 예수님께서 "내가 다 이루었다." 고 하셨기 때문에 바울은 하나님께 직접 계시를 받아서 예수 그리스도 이외에는 구원의 조건이 없다는 것을 확실히 알고 전했습니다.

바울은 유력한 자들의 확증을 통해서 자신이 이방 사회에서 전한 복음이 예루살렘 사도들이 전하는 복음과는 다르며, 바울 자신이 스스로 만든 잘못된 복음을 전한다는 헛된 소문을 미리 막으려고 했습니다. 또한 그러한 헛된 소문 때문에 이미 바울의 전도를 받은 성도들이 믿음 가운데서 흔들려 무너지는 일이 없도록 하기 위해서 복음을 확증하였습니다. 바울은 그와 같은 예루살렘 교회에서 확증을 통해 그가 이방 지역에서 열심히 달음질한 것, 즉 복음을 전하고 교회를 세우는 일에 훼방을 놓는 사탄의 세력을 미리 막았습니다. 만일 예루살렘에 있는 사도들이 바울이 전한 복음의 본질을 이해하지 않고 그에게서 듣고 믿는 이방인 그리스도인들에게 율법 준수나 할례를 요구한다면 바울의 이방인 전도는 중대한 곤란에 부딪치게 됩니다. 사도 바울은 이것을 피하고 싶었습니다. 또한 그가 예루살렘에 가게 된 이유는 전 교회적인 교제를 확립하는 것이 그의 이방인 전도에 매우 중요하다고 확신했기 때문입니다. 이를 위해서도 이방인에 대한 복음의 진수를 예루살렘에 있는 사도들이 확인할 필요가 있었습니다.

## 2. 예루살렘 교회의 인정(2:3-10)

3. 그러나 나와 함께 있는 헬라인 디도까지도 억지로 할례를 받게 하지 아니하였으니 4. 이는 가만히 들어온 거짓 형제들 때문이라 그들이 가만히 들어온 것은 그리스도 예수 안에서 우리가 가진 자유를 엿보고 우리를 종으로 삼고자 함이로되 5. 그들에게 우리가 한시도 복종하지 아니하였으니 이는 복음의 진리가 항상 너희 가운데 있게 하려 함이라 6. 유력하다는 이들 중에 (본래 어떤 이들이든지 내게 상관이 없으며 하나님은 사람을 외모로 취하지 아니하시나니) 저 유력한 이들은 내게 의무를 더하여 준 것이 없고 7. 도리어 그들은 내가 무할례자에게 복음 전함을 맡은 것이 베드로가 할례자에게 맡음과 같은 것을 보았고 8. 베드로에게 역사하사 그를 할례자의 사도로 삼으신 이가 또한 내게 역사하사 나를 이방인의 사도로 삼으셨느니라 9. 또 기둥같이 여기는 야고보와 게바와 요한도 내게 주신 은혜를 알므로 나와 바나바에게 친교의 악수를 하였으니 우리는 이방인에게로, 그들은 할례자에게로 가게 하려 함이라 10. 다만 우리에게 가난한 자들을 기억하도록 부탁하였으니 이것은 나도 본래부터 힘써 행하여 왔노라

**3절** 그러나 나와 함께 있는 헬라인 디도까지도 억지로 할례를 받게 하지 아니하였으니

본 절부터 10절까지는 '구원은 오직 은혜로 말미암아 믿음으로 받는

다' 는 복음의 핵심이 강조되어 있습니다. 당시 갈라디아 교회에서는 유대 그리스도인 중에서 헬라파 사람들이 그릇된 구원론을 주장하고 있었습니다. 즉, 믿음으로만 구원받는 교리에서 떠나 아무리 열심히 믿더라도 할례를 받지 않으면 구원을 받을 수 없다는 주장이었습니다. 그러나 바울은 예수 그리스도의 십자가의 피 공로 외에 어느 것도 더하거나 뺄 수 없다고 강력하게 반박하고 있습니다.

바울은 예루살렘에 올라갈 때 헬라인 디도를 데리고 갔는데, 디도는 앞에서 설명했던 것처럼 바울의 전도로 복음을 믿음으로 받아들이고 구원받은 사람입니다. 이방인 제자로 디도서의 수신자였던 그는 고린도 교회 문제 해결에 있어 큰 공헌을 하기도 했으며(고후 7:6), 뒤에 그레데 교회의 감독으로 목회하다가 그곳에서 세상을 떠났습니다. 바울은 당시 유대인 그리스도인들이 예수님을 믿어도 할례를 받지 않으면 구원을 받을 수 없다는 요란스러운 반대에도 불구하고 디도로 하여금 억지로 할례받게 하지 않았습니다. 바울은 그의 신앙과 복음 신조를 끝까지 단호하게 지켰습니다. 여기서 할례란 단순히 남자의 양피를 베는 의식만을 말하는 것이 아니라 율법 전체를 말하기도 합니다. 당시 율법주의자들이 주장한 구원의 절대 조건은 율법의 대표인 할례에 있었습니다.

**4절** **이는 가만히 들어온 거짓 형제들 때문이라 그들이 가만히 들어온 것은 그리스도 예수 안에서 우리가 가진 자유를 엿보고 우리를 종으로 삼고자 함이로되**

'가만히 들어온 거짓 형제들' 은 할례를 받아야 구원을 받는다고 주장하는 유대 율법주의자들을 말합니다. '가만히 들어온다' 는 말은 겉으로는 믿는 체하며 무리 속에 섞여 들어와서 사람들을 미혹하는 위선이 가득 찬 신앙을 뜻합니다. 이들은 그리스도의 십자가의 도(道)에 인간의 무슨 행위를 더해야 된다고 그릇 주장함으로써 복음의 참된 자유를 빼앗으려는 음모를 가지고 있었습니다.

바울은 이러한 무리들을 거침없이 거짓 형제라고 부르고 있습니다. 오늘날에도 거짓 형제들이 적지 않습니다. 구원의 순수성 대신에 어느 누가 세운 천 년 성(城)을 통과해야 한다느니, 또 다른 어린양을 통해야만 구원된다는 등의 잘못된 이단과 사설이 횡행하고 있습니다.

그러나 예수 그리스도와 우리 사이의 관계는 믿음뿐입니다. 죄를 짓고 불의하고 추악하며 버림을 받아야 마땅함에도 불구하고 예수님께서 우리를 위한 온전한 제물이 되셔서 영원한 제사를 드림으로 우리의 구원의 길이 열리게 되었습니다. 그러므로 우리의 할 일이란 우리가 죄인임을 먼저 고백한 후에 하나님의 은혜를 믿음으로 받아들이는 일뿐입니다. 옛날이나 오늘날이나 주께서 이루신 완전한 구원에 인간적인 것을 보태거나 감하면 주님께서 우리에게 베푸신 구원의 은혜를 모욕하는 것이 되고 맙니다. 그러므로 우리는 믿는 척하면서 미혹하는 거짓 형제의 무리들을 사도 바울과 같이 단호하게 물리쳐야 하겠습니다.

거짓 형제들이 교회 안에 들어온 것은 그리스도인들의 자유를 빼앗기 위함입니다. 그리스도 안에는 무한한 자유가 있습니다. 그리스도인은 어떤 특정한 날이나 의식이나 규칙을 지켜야만 구원받는다고 믿지 않습니다. 오직 예수 그리스도를 믿는 한 가지 사실이 우리의 유일한 구원 조건이 됩니다.

예수님을 믿는 자유보다 더 완전하고 즐거운 자유는 없습니다. 믿는 자들은 심지어 주일을 지키는 문제에 있어서도 자유롭습니다. 우리가 주일에 예배를 드리는 것은 율법 시대에 안식일을 지키는 것과는 다릅니다. 오늘날 사회가 산업화되고 복잡해지며 사회 기능이 다양해짐에 따라 주일에도 일해야 하는 직업이 많아졌습니다. 이를테면 수많은 사람이 살아가는 데 필요한 발전소, 병원, 교통기관 등의 직업이 그렇습니다. 이러한 종류의 직업에 종사하는 분들이 예수님을 믿음에도 불구하고 주일을 지키지 못한다고 해서 구원을 못 받게 될까요? 절대로 그렇지는 않습니다.

성경은 안식일 문제에 대하여 다음과 같이 말씀하고 있습니다.

"어떤 사람은 이 날을 저 날보다 낫게 여기고 어떤 사람은 모든 날을 같게 여기나니 각각 자기 마음으로 확정할지니라 날을 중히 여기는 자도 주를 위하여 중히 여기고 먹는 자도 주를 위하여 먹으니 이는 하나님께 감사함이요 먹지 않는 자도 주를 위하여 먹지 아니하며 하나님께 감사하느니라"(롬 14:5-6).

"그러므로 먹고 마시는 것과 절기나 초하루나 안식일을 이유로 누구든지 너희를 비판하지 못하게 하라 이것들은 장래 일의 그림자이나 몸은 그리스도의 것이니라"(골 2:16-17).

그러므로 주일에 일을 해야 하는 사람은 일주일 중 다른 쉬는 날에 조용한 시간을 택해 하나님 말씀을 읽고 기도하고 찬송함으로 하나님을 영화롭게 하고 자기 영을 살리는 귀한 날로 삼을 수도 있습니다. 우리는 '어떤 날' 을 지킴으로 구원을 받는 것이 결코 아닙니다. 그러나 특별한 경우를 제외하고는 최선을 다하여 주일을 거룩하게 지키려고 노력해야 합니다. 이와 같이 오직 예수님을 믿음으로 구원을 얻으면 구원받은 자도 예수님 안에서 무한하고 완전하고 영원한 자유를 누릴 수 있습니다. 그런데 거짓 형제들이 주님께서 주신 참다운 자유를 훼방하려고 우리의 구원에 인간적인 여러 조건을 붙이려고 합니다. 그러므로 우리는 어떤 종교적인 율법이나 규칙에 묶여 종 노릇 하지 말아야 합니다.

**5절** 그들에게 우리가 한시도 복종하지 아니하였으니 이는 복음의 진리가 항상 너희 가운데 있게 하려 함이라

본 절은 사도 바울 일행이 그리스도가 주신 구원의 진리 외에 거짓 형제들이 주장하는 그릇된 조건에 단 한 번도 복종하지 아니하였다는 뜻입니다. '복음의 진리' 란 예수 그리스도께서 계시해 주려고 깨닫게 해 주신 진실된 복음을 말합니다. 바울은 갈라디아 교인들과 오늘날 우리들에게 진실된 복음이 항상 지켜지기를 원하고 있습니다. 우리는 어떤 날짜와 의식과 율법을 지켜야 구원받는 복음이 아닌 오직 예수 그리스도를 믿어야만 구원을 받는 복음을 우리 가운데 항상 있게 해야 합니다.

**6절** 유력하다는 이들 중에 (본래 어떤 이들이든지 내게 상관이 없으며 하나님은 사람을 외모로 취하지 아니하시나니) 저 유력한 이들은 내게 의무를 더하여 준 것이 없고

유대 기독교 신자들에게 영향력을 미쳤던 '유력하다는 이들' 은 베드로, 요한, 야고보를 가리킵니다. 이들은 예수님을 직접 따라 다녔고, 초대 교회를 세우고, 많은 기적을 세운 유명한 사도들이지만 바울이 예수님께로부터 직접 세움을 받게 된 사도직과는 관계가 없습니다. 즉, 베드로와 요한과 야고보 등이 유명한 사도들이기는 하지만 사도직에 있어서 바울

이 그들보다 못하지 않다는 말입니다. 원래 바울은 예루살렘 공회에서 인준을 받거나 사도로 임명된 자가 아니라, 예수님께 직접 계시를 받은 자이기 때문에 예루살렘 사도들과는 사도권의 계승에 있어서 직접적인 관계가 없었습니다.

하나님께서는 사람을 보실 때 명성이나 지위 같은 외적 사항을 보시는 것이 아니라, 먼저 그 속사람을 보시는 분이십니다. 유력하다는 것은 하나님께서 그들에게 주신 직분 때문이지 사람 자체의 힘을 의미하지 않습니다. 사람들은 하나님께서 주신 직분을 보고 존경합니다. 물론 성경은 우리가 존경할 사람은 존경하고 두려워할 사람은 두려워해야 한다고 말씀하고 있습니다(롬 13:7). 이 사회에서 우리는 부모님을 존경하고 지도자를 위해 기도하며 순종해야 합니다.

그러나 바울이 여기서 말하는 것은 사회 계층을 말하는 것이 아닙니다. 사도 바울은 이 세상에서 유력한 주의 종이나 신령한 사도라는 외부적 칭찬에 상관하지 않았습니다. 오늘날에는 다른 사람들 앞에서 자랑하기 위해 자신의 이름을 널리 알리려는 신앙인들이 있는데 그것은 하늘나라에서 한 푼의 가치도 없습니다.

물론 바울이 베드로와 요한 같은 위대한 사도들을 무시해서 이렇게 말한 것은 아닙니다. 단지 인간적인 명성에 앞서 하나님 앞에서 참된 인정이 먼저 있어야 함을 강조하는 것입니다. 실로 바울은 인간들에게보다는 하나님 앞에서 얼마나 성실한가 하는 문제가 중요하다고 생각했습니다.

유대인들이 유력하다고 말하는 예루살렘의 사도들인 베드로, 요한 , 야고보는 바울에게 신앙적으로 어떤 결정적인 도움을 주지 않았습니다.

즉, 유명한 사도들이 전한 복음과 바울이 전한 복음의 내용을 비교해 볼 때, 유명한 사도들이 바울에게 모르는 것을 깨닫게 하거나 새로 더해 준 것이 없다는 뜻입니다. 이 말씀은 사도 바울의 사도직이 예수님께로부터 직접 부여된 것을 말해 주는 것이 됩니다. 동시에 사도 바울이 하나님께로부터 직접 받은 복음이 유명한 사도들이 전한 복음과 아무런 차이가 없음을 확증시켜 줍니다.

**7절** 도리어 그들은 내가 무할례자에게 복음 전함을 맡은 것이 베드로가 할례자에게 맡음과 같은 것을 보았고

무할례자는 이방인을 가리키고 할례자는 유대인을 가리킵니다. 유대인 남자는 태어난 지 8일 만에 할례를 받아야 합니다. 그러므로 유대인은 모두 할례자입니다. 그런데 베드로는 하나님께로부터 할례자 유대인들에게 복음 전하는 직책을 받았고 사도 바울은 무할례자인 이방인들에게 복음 전하는 직책을 받았습니다. 하나님께서는 베드로에게 할례받은 유대인에게 나가서 복음을 전파하라고 사명을 주셨고, 바울 사도에게는 할례 없는 무할례자인 이방인에게 나가서 복음을 전파하라고 사명을 주셨습니다.

하나님께서 사람을 부르실 때는 다 사명을 주십니다. 사명이 없는 사람은 없습니다. 그러나 사명은 사람마다 다릅니다. 똑같이 하나님이 부르셔도 하나님이 주시는 사명이 다릅니다. 베드로에게는 유대인에게 복음을 전하는 것을, 바울에게는 이방인에게 복음을 전하는 것을 주된 사명으로 주셨습니다. 그렇다고 베드로가 전한 복음과 바울이 전한 복음의 종류가 다른 것은 아닙니다. 단지 복음을 전하는 대상이 다를 뿐이었습

니다.

**8절** **베드로에게 역사하사 그를 할례자의 사도로 삼으신 이가 또한 내게 역사하사 나를 이방인의 사도로 삼으셨느니라**

본 절은 성령이 베드로의 내부에서 역사하여 할례자, 즉 유대인에게 복음을 전하는 사도의 능력을 주신 것을 말하고 있습니다. 베드로로 하여금 유대인들을 위하여 복음을 전하게 하신 성령님께서 바울 자신에게도 동일하게 역사하셨습니다. 똑같은 하나님께서 똑같은 성령을 통하여 베드로와 바울에게 각각 다르게 역사하신 것을 말해주고 있습니다. 즉, 베드로와 바울에게 사명과 능력을 주신 한 성령께서 바울을 특별히 이방인에게 복음을 전하는 사도로 세우시고 그에게 특별한 소명과 능력을 허락하셨습니다.

오늘날에도 우리가 일하는 일터와 직무와 환경은 다를지라도 우리 가운데서 활동하시는 성령님의 역사는 같습니다. 베드로와 바울의 경우와 같이 모든 성도는 똑같은 하나님의 부르심을 받아 똑같은 은혜 속에서 일합니다. 단지 일하는 장소와 시간과 대상이 다를 뿐입니다.

**9절** **또 기둥같이 여기는 야고보와 게바와 요한도 내게 주신 은혜를 알므로 나와 바나바에게 친교의 악수를 하였으니 우리는 이방인에게로, 그들은 할례자에게로 가게 하려 함이라**

기둥같이 여긴다는 것은 초대 교회의 지도자 위치에 있다는 것을 뜻합니다. 바울은 교회를 건물에 비유하고 교회의 지도자를 그 건물을 지탱하는 기둥으로 보았습니다. 이 절에서 바울이 야고보와 요한을 만난 장면은 14년 전에 처음 만난 것(갈 1:18) 못지않게 역사적인 사건이라고 할 수 있습니다. 왜냐하면 바울을 포함한 베드로, 야고보, 요한과 같은 사도들이 신약 성경의 대부분을 기록했으며 초대 교회를 세운 지도자들이었기 때문입니다. 어떤 성경 연구가는 야고보는 모세부터 그리스도까지를 연결해 주는 과거의 대표자요, 사상과 행동에 정열적이고 낙관적인 베드로는 현재의 인물이요, 장래 일을 판단하고 장차 이루어질 미래의 하나님 나라를 위하여 열심히 뛰었던 바울은 미래의 사람이며, 요한은 과거와 현재와 미래를 종합하고 우리를 영원한 생명과 사랑의 세계로 인도하는 인물의 대표가 된다고 비유했습니다. 실로 이들은 초대 교회를 세우는데 있어서 기둥의 역할을 했습니다.

그들은 바울에게 주신 은혜를 알았습니다. 왜냐하면 사도 바울이 14년 동안 이방인에게 가서 복음을 전하는 도시마다 기적의 역사가 일어난 것을 알았기 때문입니다. 사도 바울이 전한 복음은 마치 전염병같이 강하게 온 도시를 뒤흔들었습니다. 하나님께서 은혜를 주셨기 때문입니다. 성령의 역사입니다. 우리가 예수를 믿고 난 다음에 기도해서 성령 충만하면 성령이 은혜의 역사를 베풀어 주십니다.

내가 오늘날 한국과 온 천하를 다니며 복음을 전파한 것은 내가 한 것이 아니요 내 안에 계신 성령님께서 하셨습니다. 그러므로 매일같이 성령님을 인정하고 환영하고 모셔 들이고 의지하여 성령으로 충만하게 해달라고 기도합니다. 이렇게 성령님을 의지하는 이유는 성령을 떠나면 인간은 아무것도 아니기 때문입니다. 마치 메마른 단풍잎과 한가지입니다.

바울과 바울의 동역자로 따라간 바나바는 예루살렘 사도들과 친목과 교제의 인사를 나누게 되었습니다. 주님의 일꾼으로 함께 일하자는 표시로써 서로 악수를 나누었던 것입니다. 악수는 그들이 전도자로서의 대등한 위치에 있다는 것을 인정하는 것이고 사도 바울의 사도권을 공인한다는 것을 나타내기도 합니다. 친목과 우정의 표시로써 악수를 하는 관습은 구약 시대와 고대 로마 시대로부터 있어온 풍습입니다. 베드로와 요한과 주님의 동생 야고보는 유대인에게 복음을 전하고 바울과 바나바는 이방인을 위해 복음을 전하기로 원칙을 세운다는 뜻으로 악수를 나누었던 것입니다.

하나님께서 똑같은 복음 선포자들에게 똑같은 성령으로 은혜를 주시고 똑같은 복음을 전하게 하신다 해도 그 보내신 장소와 직분은 각기 다릅니다. 에베소서 4장 11절을 보면 하나님께서 교회에 사도를, 어떤 사람은 선지자로, 어떤 사람은 복음 전하는 자로, 어떤 사람은 목사와 교사로 세운 것을 알 수 있습니다. 사도로 부르심을 받은 자는 지식과 지혜의 말씀의 은사를 받아 말씀을 중심으로 사람들의 문제를 해결해 주는 사람입니다. 복음 전하는 자는 오늘날의 부흥사와 같은 주의 종이고, 목사는 성도들을 돌보고 양육하는 사명이 있는 자이고, 교사는 하나님의 말씀을 체계 있게 가르치는 사람입니다. 똑같은 하나님께서 똑같은 성령으로 역사하시되 교회라고 하는 영적인 공동체에서 그 직분은 다르게 허락하시는 것입니다. 이와 같이 하는 이유는 성도들을 효과적으로 인도하고 도와주며 올바로 교육하여 하나님의 백성답게 양육하고자 함입니다(엡 4:12). 그러므로 우리는 맡은 바 직분이 다르더라도 자기 맡은 일에 충성해야 하며 다른 직분을 맡은 사람을 존중해야 합니다.

**10절** 다만 우리에게 가난한 자들을 기억하도록 부탁하였으니 이것

은 나도 본래부터 힘써 행하여 왔노라

하나님께서는 우리의 영적인 문제뿐만 아니라 물질적인 문제에도 깊은 관심을 가지고 계십니다. 그 사실은 초대 교회 시대 때 바울 사도가 기록한 본 절과 같은 말씀에 확실하게 나타나 있습니다. 하나님께서는 우리의 물질생활이 풍부해지는 것을 원하십니다. 그런데 문제는 우리가 물질의 축복을 받을 때 잘못하면 하나님을 멀리할 수 있다는 사실입니다. 그렇기 때문에 하나님께서는 물질 축복을 주시기 전에 우리로 하여금 시련과 환난을 통하게 하십니다. 그 이유는 우리가 하나님의 축복을 받기에 합당한 그릇이 되어서 물질로 말미암아 넘어지지 않도록 하기 위함입니다.

예루살렘 사도들은 가난한 사람들을 위해 바울에게 도움을 요청했습니다. 당시 예루살렘에는 큰 흉년이 들어 많은 사람들이 헐벗고 굶주리고 있었습니다. 그래서 사도들은 이방 각지에 교회를 세우고 있는 바울에게 구제를 요청했습니다. 바울은 이미 오래 전부터 그의 선교 사업과 더불어 구제 사업에도 힘을 쓰고 있었습니다. 각지의 교회를 방문하고 인도하면서 연보를 거두어 총회 본부가 있는 예루살렘 교회로 보내곤 했습니다(행 11:29-30; 롬 15:26-27).

바울의 선교 방법을 본받아 우리 믿는 자들은 첫째로 복음을 전하고, 그다음으로는 가난하고 소외된 불쌍한 자들을 돌보는 일에 힘써야 합니다. 참된 복음은 영(靈)과 육(肉)이 조화 있게 구원되는 역사를 나타냅니다. 예수님께서도 굶주린 대중을 그냥 돌려보내지 않으셨습니다. 먼저 생명의 말씀을 증거하신 뒤에 육신의 떡도 배불리 먹도록 하셨습니다(마 15:32-39).

## 3. 베드로의 위선과 바울의 책망(2:11-14)

11. 게바가 안디옥에 이르렀을 때에 책망받을 일이 있기로 내가 그를 대면하여 책망하였노라 12. 야고보에게서 온 어떤 이들이 이르기 전에 게바가 이방인과 함께 먹다가 그들이 오매 그가 할례자들을 두려워하여 떠나 물러가매 13. 남은 유대인들도 그와 같이 외식하므로 바나바도 그들의 외식에 유혹되었느니라 14. 그러므로 나는 그들이 복음의 진리를 따라 바르게 행하지 아니함을 보고 모든 자 앞에서 게바에게 이르되 네가 유대인으로서 이방인을 따르고 유대인답게 살지 아니하면서 어찌하여 억지로 이방인을 유대인답게 살게 하려느냐 하였노라

**11절** 게바가 안디옥에 이르렀을 때에 책망받을 일이 있기로 내가 그를 대면하여 책망하였노라

본 절부터 14절까지 바울은 베드로의 잘못을 책망하고 있는데 그것은 곧 바울이 베드로보다 못하다는 헛된 소문을 부인하는 증거가 됩니다. 여기 베드로가 바울에게 꾸중을 듣고 순종하는 것을 통해 바울의 사도로서의 권위는 절대적이며 독립적인 것임을 다시 한번 깨달을 수 있습니다.

초대 교회는 예루살렘 교회와 안디옥 교회가 기둥이었습니다. 예루살렘 교회는 유대인 중심의 교회였고, 안디옥 교회는 이방인 중심의 교회

였습니다. 안디옥 교회는 예수 그리스도를 믿는 이방인들이 유대인과 함께 합쳐서 세운 교회로서 그곳에는 헬라인, 로마인, 유대인 등 모든 사람들이 모여서 함께 이룬 교회입니다. 안디옥 교회는 바울의 모교회이기도 합니다. 이 안디옥 교회를 게바가 방문하였습니다. 게바는 베드로의 유대식 이름입니다. 베드로는 예수님의 제자로 있을 때에도 예수님의 수제자로서 훌륭한 일을 많이 했지만 그의 급한 성격 때문에 실수도 적지 않았습니다. 그런데 사도가 된 지 상당히 오래 되었음에도 불구하고 베드로의 급한 성격은 완전하게 고쳐지지 않았습니다.

구원은 우리가 믿을 때 하나님의 은혜로 순간적으로 받지만 사람의 성격은 당장 변화되지 않습니다. 많은 시련과 연단을 거치는 과정을 통해서 그리스도의 성품으로 더 가까이 변화될 수 있습니다. 베드로와 같은 위대한 사도도 예수님과 3년 반 동안 동고동락하고 오순절 성령을 체험했음에도 불구하고 인간적인 연약함을 보일 때가 있었습니다. 그중에 하나의 사건이 바로 안디옥에서 일어났습니다.

안디옥은 당시 이방 교회의 중심지로서 유대주의와 헬라 문화와 로마의 정치가 복합적으로 융화된 문화의 중심지였습니다. 바울이 교회의 일로 이 안디옥이라는 도시를 방문했을 때 게바를 만나 면책하였습니다. 대개 책망은 윗사람이 아랫사람을 나무라는 것이 보통입니다. 그런데도 게바가 잘못했을 때 바울이 군중 앞에서 담대하게 책망했습니다.

'책망받을 일' 이란 이방인 그리스도인을 유대인처럼 살도록 한 베드로의 비복음적(非福音的)인 일이었습니다(14절). 바울은 비록 신앙의 후배였지만 선배가 복음의 정도(正道)에서 떠나 잘못을 저지르자, 사도로서 베드로와 동등한 위치에서 단호하게 잘못한 점을 지적하고 책망했습니다. 바울은 복음을 전하는 데 있어서 타협이 없는 강직한 태도로 일관했습니다.

**12절** 야고보에게서 온 어떤 이들이 이르기 전에 게바가 이방인과 함께 먹다가 그들이 오매 그가 할례자들을 두려워하여 떠나 물러가매

야고보는 예수 그리스도의 친동생으로서 예루살렘 교회의 감독이요, 의장이었습니다. 야고보가 보낸 사람들은 예루살렘에서 온 율법주의자 유대인들입니다. 유대인들은 전통적으로 이방인과 한 자리에서 식사를 하지 않습니다. 예수를 믿고 난 다음에도 유대인의 관습을 그대로 지킨 것입니다.

그러나 게바 곧 베드로는 이방인을 속되다거나 부정하다고 여기지 말라는 주님의 환상(행 10:9-28)을 본 후로는 이방인과도 함께 어울리며 또 그들에게 복음을 전했습니다. 야고보가 보낸 사람들이 오기 전에 이방인과 함께 아무 거리낌 없이 식사를 하던 베드로는 그들이 오자 이방인과 함께 어울린다는 오해를 받는 것이 두려워 이방인들을 떠나 그들과 교제를 끊었습니다. 여기에 베드로의 약점과 위선이 있습니다. 하나님보다는 사람에게 잘 보이려는 모습이 위대한 사도 베드로에게서 나타난 것입니다.

**13절** 남은 유대인들도 그와 같이 외식하므로 바나바도 그들의 외식에 유혹되었느니라

큰 사도인 베드로가 앞장을 서서 이방인을 멸시하고 가까이 하지 않자

율법주의를 주장하던 유대인 그리스도인들도 이방인들을 피하는 위선을 행하게 되었습니다. 복음의 참자유를 전하고 바울과 함께 율법주의를 타파하며 복음을 전했던 바나바까지도 미혹을 받아 위선을 행했습니다. 이방 교회의 중심지인 안디옥에서 복음의 자유가 무너지자 율법주의자들은 기다렸다는 듯이 갈라디아 교회에서 복음을 교란시켰습니다. 이것이 바로 바울이 갈라디아 교회에 편지를 쓴 이유입니다.

믿음의 지도자인 베드로가 잘못함으로 말미암아 많은 사람들이 실족하고 시험에 빠졌습니다. 실로 믿음의 선배이자 지도자의 위치에 있는 사람의 신앙과 생활태도는 매우 중요합니다.

**14절** 그러므로 나는 그들이 복음의 진리를 따라 바르게 행하지 아니함을 보고 모든 자 앞에서 게바에게 이르되 네가 유대인으로서 이방인을 따르고 유대인답게 살지 아니하면서 어찌하여 억지로 이방인을 유대인답게 살게 하려느냐 하였노라

본 절은 바울이 야고보가 보낸 사람들이 오기 전에는 이방인들과 스스럼없이 어울리다가 그들이 도착하자 사람을 두려워하여 유대인의 율법을 좇은 베드로를 꾸짖는 장면입니다. 바울은 베드로에게 복음의 진리대로 살지 않고, 유대의 관습을 다시 주장하는 등 위선적이고 지조 없는 신앙을 보이면서 어찌 이방인에게 유대인의 율법과 의식을 지키라고 강요할 수 있느냐고 꾸짖었습니다.

예수를 믿으면 그리스도 안에서 거듭나므로 하늘나라 사람이 됩니다. 거기에는 유대인도 없고 이방인도 없습니다. 구약은 하나님이 철폐해 버리시고 예수 그리스도께서 갈보리 언덕에서 새로운 언약을 맺으셨습니

다. 예수 그리스도의 살을 먹고 피를 마시고 그리스도가 내 안에 내가 그리스도 안에 있는 새로운 언약을 맺어 새사람이 되었는데, 베드로는 새사람으로 살지 않고 옛날 유대인식으로 외식을 하였습니다. 그래서 바울이 단호하게 복음의 진리를 위해서 꾸짖었습니다. 복음이란 타협이 있을 수 없습니다.

바울은 베드로가 그의 믿음의 대선배였지만 그가 복음의 진리에서 떠나는 것을 보고 바로 그 잘못을 공개적으로 지적했습니다. 오늘날도 우리의 영적 선배나 주의 종을 존경하고 섬겨야 되지만 복음의 근본적인 진리에 위배되는 일을 저지르면 바로 잡아줄 줄 아는 신앙적 용기가 필요합니다.

그런데 베드로는 신앙의 후배인 바울로부터 면책을 받았음에도 불구하고 개인적인 감정도 표시하지 않았고, 후에는 바울의 사도권을 높이 천거한 바 있습니다(벧후 3:15). 베드로는 바울의 교훈을 겸손하게 받아들이고 깨어지고 잘못을 회개하고 돌아선 사람입니다. 모든 사람은 잘못을 합니다. 그러나 꾸중을 들을 때 깨어져 회개하고 돌아오는 것이 중요합니다.

## 4. 믿음으로 의롭게 됨(2:15-19)

**15. 우리는 본래 유대인이요 이방 죄인이 아니로되 16. 사람이 의롭게 되는 것은 율법의 행위로 말미암음이 아니요 오직 예수 그리스도를 믿음으로 말미암는 줄 알므로 우리도 그리스도 예수를 믿나니 이는 우리가 율법의 행위로써가 아니고 그리스도를 믿음으로써 의롭다 함을 얻으려 함이라 율법의 행위로써는 의롭다 함을 얻을 육체가 없느니라 17. 만일 우리가 그리스도 안에서 의롭게 되려 하다가 죄인으로 드러나면 그리스도께서 죄를 짓게 하는 자냐 결코 그럴 수 없느니라 18. 만일 내가 헐었던 것을 다시 세우면 내가 나를 범법한 자로 만드는 것이라 19. 내가 율법으로 말미암아 율법에 대하여 죽었나니 이는 하나님에 대하여 살려 함이라**

**15절** 우리는 본래 유대인이요 이방 죄인이 아니로되

이 말은 바울을 포함한 사도들이 예수님을 믿기 전에 처했던 형편을 가리키는 말입니다. 유대인들은 자기들만이 하나님의 선민(選民)이요, 이방인은 모두 죄인이라는 의식을 철저하게 가지고 있었습니다. '본래'라는 말은 나면서부터 유대인이라는 뜻이고, '이방 죄인' 이란 유대인들이 이방인들을 죄인으로 생각한 것을 바울이 인용하였습니다.

**16절** 사람이 의롭게 되는 것은 율법의 행위로 말미암음이 아니요 오

직 예수 그리스도를 믿음으로 말미암는 줄 알므로 우리도 그리스도 예수를 믿나니 이는 우리가 율법의 행위로써가 아니고 그리스도를 믿음으로써 의롭다 함을 얻으려 함이라 율법의 행위로써는 의롭다 함을 얻을 육체가 없느니라

이 말씀은 예수 그리스도의 복음의 핵심이요, 바울 신학의 요점입니다. 바울은 그의 전 생애를 통해 의롭다 함, 즉 구원은 '행함이 아닌 믿음' 이라는 사실을 복음의 핵심으로 증거하였습니다. 이 세상에는 착한 행위로써 의롭게 될 사람이 한 사람도 없습니다. 유대인의 율법은 인간의 행위를 통해서는 구원을 받을 수 없다는 사실을 더 확실히 깨닫게 해줄 뿐입니다.

우리의 의로움은 하나님께서 예수님을 통해 허락하신 선물입니다. 그리스도 안에서 얻는 인과응보(因果應報)의 의가 아닙니다. 주님께서 우리에게 주신 의는 착한 일을 많이 하느냐에 달린 의가 아닌 '사랑의 의' 입니다. 우리는 죄인임에도 불구하고 하나님의 크신 사랑으로 의롭다 함을 입어 예수님 안에서 의인이 된 사람들입니다.

"우리도 그리스도 예수를 믿나니 이는 우리가 율법의 행위로써가 아니고 그리스도를 믿음으로써 의롭다 함을 얻으려 함이라 율법의 행위로써는 의롭다 함을 얻을 육체가 없느니라"는 말씀은 율법을 지키거나 착한 행위를 해서 구원받는 것이 아니라 예수님을 믿음으로 구원을 받는다는 바울의 고백입니다. 이 말씀은 복음의 내용과 방법을 한 마디로 압축시켜 표현합니다. 우리가 예수님을 믿는 것은 의롭다 함을 받기 위함입니다. 이 말씀은 갈라디아 교인들에게 구원을 얻으려면 믿음 외에 율법의 행위가 필요하다고 가르치는 거짓 교사들을 강력하게 반박합니다.

본 절은 복음을 영접하는 목적에 관해 말해 주고 있습니다. 믿음의 의를 구하고 율법의 의를 구하지 않는 것은 율법으로 의를 얻을 사람이 없기 때문입니다. 아담과 하와 이후로 모든 사람은 죄를 지어 하나님의 영광에 이르지 못하게 되었습니다. 시편 143편 2절에는 "주의 눈앞에는 의로운 인생이 하나도 없나이다"라고 기록되어 있습니다. 이 세상을 사는 동안 인간은 율법을 다 지키지 못합니다. 그렇기 때문에 인간의 행위로써는 의롭다 함을 얻을 사람이 한 사람도 없는 것입니다.

**17절** 만일 우리가 그리스도 안에서 의롭게 되려 하다가 죄인으로 드러나면 그리스도께서 죄를 짓게 하는 자냐 결코 그럴 수 없느니라

성도들 중에는 '그리스도 안에서 의롭게 되어 예수님을 믿는 생활을 계속했는데도 나중에 죽어서 천당에 가는 대신 지옥에 떨어지면 어떻게 할 것인가?' 라고 의심을 품는 사람들이 있습니다. 이와 같은 의심은 쓸데없는 의심입니다. 왜냐하면 주님께서는 말씀하시고 약속하시면 그대로 지키시기 때문입니다(말 3:6).

그런데 유대인들은 '예수님을 믿음으로 의롭게 되려면 율법을 버려야 하는데, 율법을 버리고 예수님을 믿었다가 나중에 구원을 못 받게 되어 지옥에 가면 어떻게 할 것인가' 하는 쓸데없는 의문을 가지고 있었습니다. 만약에 그들의 의심대로라면 결과적으로 예수 그리스도는 거짓말하는 자가 되므로 바울은 단호하게 결코 그렇지 않다고 선언했습니다.

**18절** 만일 내가 헐었던 것을 다시 세우면 내가 나를 범법한 자로 만드

는 것이라

사도 바울은 율법을 헐어낸 사람입니다. 율법을 헐어냈다 함은 행위로 구원을 얻지 못하고 오직 믿음으로만 구원을 얻는다고 말함으로써 율법을 인정하지 않고 버린 것을 건물이나 가옥을 헐어버리는 행위에 비유한 표현입니다. 그런데 율법을 헐고, 할례와 같은 의식을 없앤 사도 바울이 오히려 예수님을 믿는 자에게 다시 율법과 의식을 지키라고 말한다면 앞뒤가 맞지 않는 위선자요, 죄를 범하는 자가 되고 맙니다.

헐어버린 것을 다시 세우라고 강요하는 것은 진리를 전하는 사도로서 있을 수 없는 일입니다. 실로 사도 바울은 율법을 헐어 버리고 일편단심 그리스도 안에서 믿음으로 신앙의 집을 지었습니다.

**19절** 내가 율법으로 말미암아 율법에 대하여 죽었나니 이는 하나님에 대하여 살려 함이라

율법은 아무리 노력해도 완전하게 지킬 수가 없습니다. 인간의 타락한 모습으로는 하나님의 완전한 율법을 감당할 수 없기 때문입니다. 오직 율법은 죄를 깨닫게 하며 우리를 심판에 이르게 할 뿐입니다. 바울은 이러한 율법을 지키려고 온갖 노력을 했습니다. 그러나 지킬 수가 없었습니다. 결국 그는 율법의 속박에서 헤어나지 못하고 율법에 대해서 죽어 버리고 말았습니다. '율법에 대하여 죽었다' 는 것은 그리스도와 함께 십자가에 못 박혀 죽음으로(20절) 율법과는 완전히 관계를 끊었다는 뜻입니다. '율법으로 말미암았다' 는 것은 율법을 지키려고 애쓴 결과, 율법을 지킬 수 없으며 율법으로써는 구원에 이를 수 없다는 사실을 깨달았다는 말입니다.

바울이 율법에 대하여 죽어 그 관계를 청산한 이유와 목적은 '하나님을 향하여 살기 위함' 이었습니다. 사도 바울은 율법 대신에 예수 그리스도를 믿음으로 말미암아 구원을 얻는 하나님의 은혜를 선택하였습니다. '하나님에 대하여 살려 함' 이라는 것은 믿음으로 의롭다 함을 입고 영생을 얻게 되었다는 사실을 포함합니다.

실로 그리스도인은 율법과는 상관이 없는 사람입니다. 그러므로 은혜를 믿음으로 받고 나서도 율법을 다시 생각하거나 지키려고 애를 쓰는 것은 차지도 않고 덥지도 않은 신앙을 가지는 것이 됩니다. 우리는 무슨 일이 있더라도 율법과 타협하지 말아야 합니다.

## 5. 바울의 신앙 고백(2:20-21)

**20. 내가 그리스도와 함께 십자가에 못 박혔나니 그런즉 이제는 내가 사는 것이 아니요 오직 내 안에 그리스도께서 사시는 것이라 이제 내가 육체 가운데 사는 것은 나를 사랑하사 나를 위하여 자기 자신을 버리신 하나님의 아들을 믿는 믿음 안에서 사는 것이라 21. 내가 하나님의 은혜를 폐하지 아니하노니 만일 의롭게 되는 것이 율법으로 말미암으면 그리스도께서 헛되이 죽으셨느니라**

**20절** 내가 그리스도와 함께 십자가에 못 박혔나니 그런즉 이제는 내가 사는 것이 아니요 오직 내 안에 그리스도께서 사시는 것이라 이제 내가 육체 가운데 사는 것은 나를 사랑하사 나를 위하여 자기 자신을 버리신 하나님의 아들을 믿는 믿음 안에서 사는 것이라

초보적인 신앙을 가진 사람은 예수님께서 자신을 위해 십자가에서 피 흘려 죽은 것만을 생각합니다. 그러나 성숙한 신앙인은 예수님께서 자신을 위해 죽으셨다는 사실 뿐만 아니라 그 자신도 예수님과 함께 십자가에 못 박혀 율법에 대하여 죽고 예수님 안에서 하나님과 하나가 되는 체험을 가지게 됩니다. 그래서 예수 죽음 내 죽음, 예수 부활 내 부활, 예수 승천 내 승천, 예수 천국 내 천국이 됩니다.

우리가 그리스도와 함께 십자가에 못 박혔다는 것은 율법과 죄에서 벗어나 다시는 죄를 짓지 않겠다는 마음의 자세를 의미하며 그리스도의 형상을 닮아 그리스도의 고난까지도 동참한다는 뜻이 포함되어 있습니다. 우리는 예수님과 함께 죽어 장사 지낸 바 되고, 예수님과 함께 부활해서 예수님 안에서 예수님과 함께 하늘 보좌에 앉아 있습니다. 육신은 이 땅에 있지만 우리의 영은 이미 주님과 함께 하나님 보좌 우편에 앉아 있습니다.

그리스도와 함께 십자가에 못 박혔다가 그리스도와 함께 다시 부활한 성도는 그의 삶의 주체가 예수 그리스도가 됩니다. 그리스도와 함께 장사 지낸 바 되고 부활한 성도는 더 이상 자신의 것은 아무것도 없습니다. 생의 전체가 다 그리스도의 것입니다. 그러므로 우리도 사도 바울이 빌립보서 1장 20절부터 21절에서 한 신앙 고백을 할 수 있습니다. "나의 간절한 기대와 소망을 따라 아무 일에든지 부끄러워하지 아니하고 지금도

전과 같이 온전히 담대하여 살든지 죽든지 내 몸에서 그리스도가 존귀하게 되게 하려 하나니 이는 내게 사는 것이 그리스도니 죽는 것도 유익함이라".

그리스도께서 내 안에 사신다는 것은 단순히 그리스도 안에서 산다든가 그리스도를 위해서 산다는 것 이상의 깊은 영적인 의미가 있습니다. 그리스도께서 나를 통하여 사시는 것이기 때문에 나라는 존재는 그리스도의 그릇에 불과합니다. 그런데 신앙생활은 결코 나의 힘만으로는 되지 않습니다. 나를 성전 삼고 계시는 성령님의 능력으로 이루어집니다(슥 4:6).

우리가 아무리 믿으려고 해도 믿어지지 않을 때가 있습니다. 이럴 때 성령께서 믿음의 은사를 넣어 주시면 아무리 믿기 어려운 상황에서도 믿을 수 있게 됩니다. 신자의 삶은 예수 그리스도를 믿음으로 말미암아 성령의 능력이 우리 가운데서 역사하는 삶입니다.

그리스도인은 이 세상에서 죄악과 함께 섞여 살지만 세상에는 속하지 않는 사람입니다. 그리스도를 믿는 믿음 안에서 사는 차원 높은 삶입니다. 이에 대하여 우리 그리스도인들의 삶의 근거는 믿음인데, 그 믿음은 막연한 믿음이 아니라 구체적으로 나 개인을 사랑하사, 나 개인을 위하여 죽으신 예수님을 믿는 믿음입니다. 이제는 첫째도, 둘째도, 셋째도 나를 위한 육체를 위해 살지 않고, 믿음으로 살아갑니다. 그러므로 예수를 믿는다는 것은 그리스도와 떠나서는 생각할 수 없습니다. 예수 그리스도의 성령이 우리 속에 와서 자나 깨나, 사나 죽으나 언제나 우리와 함께합니다.

**21절** 내가 하나님의 은혜를 폐하지 아니하노니 만일 의롭게 되는 것

## 이 율법으로 말미암으면 그리스도께서 헛되이 죽으셨느니라

은혜는 하나님께서 우리를 위해 일해 주시는 것이요, 율법이란 우리 인간이 일하려고 애쓰는 것입니다. 은혜와 율법은 완전히 다릅니다. 율법주의자들은 바울이 율법을 폐한 것은 하나님의 은혜를 폐한 것이라고 공격했습니다. 그러나 바울은 단호하게 하나님의 은혜를 폐하지 않았다고 선언합니다. 하나님께서 직접 일해 주신 은혜를 받지 않고 스스로 율법을 지키려는 것은 하나님의 은혜를 없애는 것입니다.

바울은 "만일 의롭게 되는 것이 율법으로 말미암으면 그리스도께서 헛되이 죽으셨느니라" 고 말합니다. 인간은 율법으로 의롭게 될 수 없습니다. 오직 예수 그리스도께서 우리를 대신하여 죽으신 그 죽으심을 믿고 의지할 때 우리는 의롭다고 인정받습니다. 그런데 어떤 율법이나 의식이나 절기를 지켜야 의롭게 된다면 예수 그리스도의 죽음은 아무런 의미도 없게 됩니다. 그렇다면 그것은 매우 중대한 문제가 됩니다. 하나님의 아들이 그렇게 헛되게 죽으실 리가 없기 때문입니다. 실로 하나님의 은혜를 우리가 인간적으로 가감한다면 그리스도의 죽음을 헛되게 하는 것일 뿐만 아니라 모욕하는 것이 됩니다.

바울의 신앙 고백을 볼 때 바울은 하나님의 성령의 큰 능력을 받은 사도일 뿐만 아니라 신앙적 인격도 훌륭한 것을 알 수 있습니다. 하나님께서 직접 주신 계시와 사도직을 주장할 때도 항상 하나님의 섭리를 강조했고, 어떤 인간의 노력이 조금도 개입되지 않은 순수한 은혜와 믿음만을 자랑한 주의 종이었습니다. 오늘날도 구원을 받고 성령의 은사를 받는 것 못지않게 그리스도의 성품을 닮아가는 신앙적 인격의 계발이 필요합니다. 그것은 하루아침에 되는 것이 아닙니다. 성령의 능력과 은사는 하나님께서 순간적으로 주시는 선물이요. 악한 적을 대항하여 싸우는 무기입니다. 그것은 이 세상에서는 절대로 필요한 것이지만 그렇다고 하늘나라에 가지고 올라가지는 않습니다. 그러나 성령의 열매는 그리스도의 신령한 인격을 형성하는 것으로써 이 세상에서 사람에게 모범이 되며 나중에 하나님께로부터 상급을 받게 됩니다. 그러므로 무슨 은사를 받아 유명해지는 것보다 이름도 없이 빛도 없이 성령 안에서 거룩한 인격으로 다듬어지고 성령의 열매(5:22-23)를 맺는 것이 하나님 앞에서는 더 위대한 삶이 됩니다.

본 장의 전체가 주는 의미는 이제 명백해졌습니다. 즉, 순수한 복음에 서야 합니다. 복음 안에서 진정으로 자유로워진 자로서 믿음으로 의롭게 된다는 바울의 신학과 그리스도와 함께 못 박혀 그리스도가 내 안에 산다는 그의 신앙 고백이 우리 각자의 신학이요, 신앙 고백이 되도록 해야겠습니다.

제 3 장

# 율법과 믿음

A COMMENTARY ON THE
EPISTLE TO THE GALATIANS

본서 1장과 2장은 갈라디아서의 서론입니다. 사도 바울은 자신에 대한 여러 가지 오해에 대하여 변명을 하고 있습니다. 율법주의자들의 잘못된 교리 전파와 이로 말미암은 교회의 동요를 막기 위해서 자신이 전한 복음과 사도권을 위해 전력을 다해 변호했습니다. 이제 3장과 4장은 갈라디아서의 본론 부분으로 기독교 교리를 다루고 있습니다. 1장과 2장의 소극적인 변명에서 벗어나 본 장에서는 적극적인 자세로 복음과 율법을 대조하면서 복음의 진수를 말하고 있습니다. 그리고 이러한 복음은 우리의 믿음을 통하여 영접된다고 강조합니다.

## 1. 육체로 마치겠느냐(3:1-5)

1. 어리석도다 갈라디아 사람들아 예수 그리스도께서 십자가에 못
박히신 것이 너희 눈앞에 밝히 보이거늘 누가 너희를 꾀더냐 2. 내
가 너희에게서 다만 이것을 알려 하노니 너희가 성령을 받은 것이 율
법의 행위로냐 혹은 듣고 믿음으로냐 3. 너희가 이같이 어리석으냐
성령으로 시작하였다가 이제는 육체로 마치겠느냐 4. 너희가 이같
이 많은 괴로움을 헛되이 받았느냐 과연 헛되냐 5. 너희에게 성령을
주시고 너희 가운데서 능력을 행하시는 이의 일이 율법의 행위에서
냐 혹은 듣고 믿음에서냐

**1절** 어리석도다 갈라디아 사람들아 예수 그리스도께서 십자가에 못 박히신 것이 너희 눈앞에 밝히 보이거늘 누가 너희를 꾀더냐

1장과 2장이 본 서의 서론이라면 본 장부터는 갈라디아 교회 성도들에게 복음적인 교리에 대해서 설명하는 본론(本論)에 해당됩니다. 교리

의 주제는 복음의 절대성과 완전성으로 복음과 율법을 대조하여 설명하고 있습니다.

바울은 성령으로 말미암아 갈라디아 사람들에게 어리석다고 탄식하며 책망합니다. 어리석은 사람이란 가치 판단을 올바로 하지 못하는 사람을 말합니다. 어리석은 자는 마치 진주와 같은 보석을 돌멩이와 바꾸는 자와 같습니다. 갈라디아 사람들은 예수 그리스도를 믿음으로 구원받은 은혜의 도리를 저버리고 구약 시대 동안 한 사람도 완전하게 지키지 못한 율법을 다시 지키려는 어리석은 행동을 하고 있었습니다. 이에 바울은 그들을 향하여 서두에서부터 어리석은 자라고 강한 책망을 합니다. 인생은 존귀합니다. 그러나 참진리를 깨닫지 못하면 멸망하는 짐승과 같습니다(시 49:20).

사도 바울은 "예수 그리스도께서 십자가에 못 박히신 것이 너희 눈앞에 밝히 보이거늘 누가 너희를 꾀더냐"고 물었습니다. 바울은 예수 그리스도의 십자가의 진리를 가르칠 때 머리 속으로 생각만 하도록 하지 않았습니다. 바울은 그의 설교를 듣는 사람들이 영화의 장면을 보는 것처럼 그리스도의 십자가의 모습을 영의 눈으로 바라볼 수 있도록 가르쳤습니다. 그런데 갈라디아 교인들은 눈에 보이듯이 확실하게 깨닫고 체험한 하나님의 은혜와 예수 그리스도의 십자가의 도를 버리고 거짓 교사와 선지자들의 속임수에 넘어갔습니다. 이에 사도 바울은 갈라디아 교인들을 강하게 책망하고 있습니다. 실로 훌륭한 설교자는 말만 잘하는 자가 아니라 그 설교를 듣고 있는 사람들이 설교의 내용을 마음속에 영롱하게 그릴 수 있도록 하는 자입니다. 왜냐하면 영의 법칙에는 바라봄의 법칙이 있기 때문입니다.

그러므로 우리가 기도할 때에는 마음의 생각을 믿음으로 받아들이고 그다음에는 밝히 보아야 합니다. 갈라디아 교인들이 복음을 듣고 난 후 단지 마음속으로 '예수님이 날 위해서 죽으시고 날 위해서 부활하셨구나!' 하는 정도의 믿음을 가진 것이 아니었습니다. 사도 바울이 얼마나 강력하고도 진지하게 설교를 했던지 십자가에 못 박히신 예수 그리스도가 시간과 공간을 초월해서 마치 눈앞에 나타나서 그들과 대면하는 것과 같았습니다.

하나님의 역사는 네 가지 단계를 거쳐야 체험할 수 있습니다.

첫째로, 하나님의 말씀에 귀를 기울여야 합니다. 둘째는, 말씀을 받아들이고 그것이 이루어진 모습을 마음속에 그리고 떠나지 않도록 해야 하며 셋째는, 입으로 시인해야 합니다. 마지막 넷째로, 그것을 믿음으로 간직하고 실천해야 합니다. 네 가지 단계를 거치면 하나님의 말씀이 싹이 트고 열매를 맺게 되어 기적의 역사가 나타나게 됩니다. 이 과정을 통하지 않고는 하나님의 말씀의 능력이 역사하지 않습니다. 말씀에 주의하고, 그것이 이루어진 모습을 눈앞에 떠나지 않게 하며, 입으로 시인하고, 믿음을 마음속에 그대로 간직하고 실천하면 하나님의 역사가 나타나게 되는 것입니다.

우리의 신앙생활 가운데 바라봄의 법칙을 활용하지 않는 사람은 믿음의 법칙을 계발할 수 없습니다. 믿음의 법칙은 꿈과 환상의 법칙을 기반으로 하여 활용됩니다. 반드시 우리가 기도하고 구하는 것은 받은 줄로 믿고 이루어진 모습을 영적인 눈으로 그려 보아야 합니다. 그러한 청사진을 그려 보지 않으면 하나님의 성령이 강력하게 역사하시지 않습니다. 잠언 4장 20절부터 22절에는 다음과 같은 놀라운 말씀이 기록되어 있습니다. "내 아들아 내 말에 주의하며 내가 말하는 것에 네 귀를 기울이라 그것은 네 눈에서 떠나게 하지 말며 네 마음속에 지키라 그것은 얻는 자에게 생명이 되며 그의 온 육체의 건강이 됨이니라". 하나님의 법칙을 알아야 하나님의 놀라운 역사를 체험할 수 있습니다. 하나님의 법칙을 무시한 채 무조건 떼만 쓴다고 기도가 응답되는 것은 아닙니다.

**2절** 내가 너희에게서 다만 이것을 알려 하노니 너희가 성령을 받은 것이 율법의 행위로냐 혹은 듣고 믿음으로냐

이 말씀은 성령은 행위가 아닌 믿음으로만 받는다는 것을 강조한 구절입니다. "다른 여러 가지 지엽적인 문제는 제처 놓고 한 가지 중요한 것을 묻노니 너희가 성령을 받은 것이 십계명과 같은 율법을 지켰기 때문이냐? 아니면 인간이 율법은 지킬 수 없지만 예수님을 구주로 믿음으로써냐?" 며 사도 바울은 둘러대지 않고 바로 갈라디아 교인들에게 묻습니다.

갈라디아 교인들은 바울이 갈라디아에서 복음을 전할 때 복음을 믿게 되었으며 성령을 받게 되었습니다. 이 일은 결코 그들이 율법을 행하므로 된 것이 아니었습니다.

성령은 하나님의 거룩한 의(義)의 영입니다. 그러므로 하나님께서는 그의 거룩한 영을 의인에게만 주십니다. 그런데 모든 사람은 죄인이기 때문에 성령을 받을 자격이 없습니다. 그러나 우리 주 예수 그리스도께서 십자가에 달려 속죄의 피를 흘려주심으로 우리들의 죄를 다 청산하시고 의롭다 함을 얻게 하셨습니다. 이로 인해 죄인이었던 우리가 의인(義人)이 된 결과로 성령을 받게 되었습니다.

고린도전서 12장 3절에는 "성령으로 아니하고는 누구든지 예수를 주

시라 할 수 없느니라" 고 했습니다. 실로 우리가 성령을 받고 구원을 얻은 것은 예수님을 믿어 의롭다 함을 얻었기 때문입니다. 율법의 행위로는 의롭게 될 사람이 아무도 없기 때문에 행위로는 성령을 받을 수 없습니다. 우리가 성령을 받는 것은 율법의 행위라는 외적 조건으로써 이루어지는 것이 아니라, 그리스도를 믿는 믿음이라는 내적 요소로써 이루어지는 것임을 잊지 말아야 합니다.

**3절** 너희가 이같이 어리석으냐 성령으로 시작하였다가 이제는 육체로 마치겠느냐

'성령으로 시작하였다' 는 것은 예수님을 구주로 믿어 의롭다 함을 받은 것을 말합니다. '육체로 마친다' 는 것은 믿음 대신에 율법을 지키고 할례를 받는 등의 인간의 행위를 통해 구원을 완성하려는 것을 말합니다. 바울은 갈라디아 교회 성도들이 처음에는 바울이 전한 순수한 복음을 듣고 믿음으로 구원받아 신앙생활을 잘 하다가 시간이 지날수록 거짓 이단자들의 유혹에 빠져 인간의 육체적인 행위를 따라간 사실을 지적하면서 책망하고 있습니다.

율법 행위로 구원받을 육체는 없습니다. 율법 행위로 충분히 의롭게 되어서 천국에 갈 사람은 없습니다. 오직 예수 그리스도를 믿음으로 천국에 갑니다. 그러니 믿음으로 구원을 받았다가 그것을 포기하고 율법적인 행위를 인정받아 천국에 가려는 사람은 어리석은 사람입니다. 바로 갈라디아 사람들이 그런 사람들이었습니다. 예수 그리스도를 믿음으로 구원받았다가 결국은 율법적인 행위로 구원받으려고 했습니다.

**4절 너희가 이같이 많은 괴로움을 헛되이 받았느냐 과연 헛되냐**

갈라디아 교회는 처음에 예수님을 믿는 것 때문에 많은 박해를 당했습니다. 바울은 그들이 고난에 끝까지 인내하지 못하고 복음에서 떠나 다시 율법으로 돌아가는 일은 어리석은 일이요, 있을 수 없는 일이라고 이야기하고 있습니다. 그들이 받은 고난은 율법을 주장하는 유대인들로부터 받은 것이었는데 만약 그들이 자신들을 박해했던 유대주의자를 좇는다면 과거에 받은 고난은 헛된 것이 되고 맙니다. 그것은 참으로 어리석은 일입니다. 그렇기 때문에 바울은 율법으로 돌아가려는 그들의 어리석음을 깨우쳐 주고 있습니다.

**5절 너희에게 성령을 주시고 너희 가운데서 능력을 행하시는 이의 일이 율법의 행위에서냐 혹은 듣고 믿음에서냐**

2절의 "너희가 성령을 받은 것이 율법의 행위로냐 혹은 듣고 믿음으로냐"라는 말씀을 결론적으로 강조하고 있습니다. 우리가 성령을 선물로 받고 귀신을 쫓아내며 기적을 일으키는 등의 하나님의 역사들은 우리가 율법을 잘 지키고 잘났기 때문에 일어나는 것이 아니라, 복음을 믿음으로 받아들였기 때문입니다. 결코 율법의 행함 여부에 따라 하나님의 능력이 나타나는 것이 아닙니다. 오직 믿음으로만 가능합니다.

## 2. 아브라함의 믿음과 축복에 참여하는 자
(3:6-14)

6. 아브라함이 하나님을 믿으매 그것을 그에게 의로 정하셨다 함과
같으니라 7. 그런즉 믿음으로 말미암은 자들은 아브라함의 자손인
줄 알지어다 8. 또 하나님이 이방을 믿음으로 말미암아 의로 정하실
것을 성경이 미리 알고 먼저 아브라함에게 복음을 전하되 모든 이방
인이 너로 말미암아 복을 받으리라 하였느니라 9. 그러므로 믿음으
로 말미암은 자는 믿음이 있는 아브라함과 함께 복을 받느니라 10.
무릇 율법 행위에 속한 자들은 저주 아래에 있나니 기록된바 누구든
지 율법 책에 기록된 대로 모든 일을 항상 행하지 아니하는 자는 저
주 아래에 있는 자라 하였음이라 11. 또 하나님 앞에서 아무도 율법
으로 말미암아 의롭게 되지 못할 것이 분명하니 이는 의인은 믿음으
로 살리라 하였음이라 12. 율법은 믿음에서 난 것이 아니니 율법을
행하는 자는 그 가운데서 살리라 하였느니라 13. 그리스도께서 우
리를 위하여 저주를 받은 바 되사 율법의 저주에서 우리를 속량하셨
으니 기록된바 나무에 달린 자마다 저주 아래에 있는 자라 하였음이
라 14. 이는 그리스도 예수 안에서 아브라함의 복이 이방인에게 미
치게 하고 또 우리로 하여금 믿음으로 말미암아 성령의 약속을 받게
하려 함이라

**6절** 아브라함이 하나님을 믿으매 그것을 그에게 의로 정하셨다 함과 같으니라

이 말씀은 창세기 15장 6절의 말씀을 그대로 인용하였습니다. 로마서 4장 3절과 야고보서 2장 23절에도 인용이 되어 있는 이 말씀은 아브라함과 같은 믿음의 조상도 행위로 말미암아 의롭게 된 것이 아니라 믿음으로 말미암아 의롭다 함을 받았다는 것을 깨우쳐 주는 말씀입니다. 아브라함의 행위는 사실상 부끄러운 것이 많았습니다. 그럼에도 불구하고 아브라함이 하나님께로부터 의롭다 함을 입은 것은 하나님께 대한 그의 믿음 때문이었습니다. 하나님께서는 구약 시대부터 사람이 의롭게 되는 것이 율법이 아닌 믿음으로 말미암는다는 사실을 보여 주고 있습니다.

**7절** 그런즉 믿음으로 말미암은 자들은 아브라함의 자손인 줄 알지어다

아브라함은 믿음으로 의롭게 된 첫 번째 사람이요, 믿음의 조상이므로 그 후에 믿는 자들은 아브라함의 후손과 같다는 말씀입니다. '믿음으로 말미암은 자'란 율법이 아닌 믿음으로 말미암아 새롭게 태어난 사람을 말합니다. 유대인들은 자신들의 조상이 아브라함이라고 믿고 있습니다. 그러나 그것은 육적인 조상일 뿐, 영적인 조상은 아닙니다. 왜냐하면 아브라함의 참자손은 믿음에서 태어난 자라야 하기 때문입니다.

**8절** 또 하나님이 이방을 믿음으로 말미암아 의로 정하실 것을 성경이 미리 알고 먼저 아브라함에게 복음을 전하되 모든 이방인이 너로 말미암아 복을 받으리라 하였느니라

하나님께서는 창세기 12장 3절에서 아브라함이 유대인뿐만 아니라 모든 이방인에게 복을 가져다주는 복의 근원이 될 것을 예언하셨습니다.

그 예언대로 아브라함은 믿음의 조상이 되었고, 유대인이나 이방인이나 그의 모든 후손들은 믿음으로 의롭다 함을 받고 아브라함의 축복까지 받게 되었습니다. 아브라함에게 복음을 전했다는 것은 믿음으로 의로워진다는 복음의 말씀을 예언해 주셨다는 말입니다. 복음은 율법 이전에 이미 아브라함에게 전해졌습니다.

**9절** 그러므로 믿음으로 말미암은 자는 믿음이 있는 아브라함과 함께 복을 받느니라

본 절은 믿음으로 의롭게 된 자의 받을 복에 대해서 말하고 있습니다. 그러면 이 절에서 말씀하고 있는 아브라함의 복은 무엇일까요?

첫째, 천국의 축복입니다. 나사로가 죽어서 간 곳은 하늘나라 곧 아브라함의 품이라고 했습니다(눅 16:22). 하나님을 지칭할 때도 아브라함의 하나님, 이삭의 하나님, 야곱의 하나님이라고 했습니다. 또한 아브라함으로부터 이스라엘의 선민(選民)으로서의 삶이 시작되었습니다.

둘째, 물질의 축복입니다. 하나님께서는 아브라함에게 물질적으로 창대하게 해 주시겠다고 약속하셨습니다. 그 약속의 말씀 그대로 아브라함은 하나님께로부터 물질 축복을 많이 받았습니다. 그가 얼마나 많은 물질 축복을 받았는지 그가 개인적으로 자신의 집에서 훈련시키는 군사가 318명이나 되었다는 사실을 통해서도 잘 알 수 있습니다(창 14:14). 예수님을 구주로 믿어 의롭게 된 자는 영적인 축복뿐만 아니라 물질적으로도 부족함이 없는 생활을 하는 것이 신앙생활의 원칙입니다.

셋째, 자손의 축복입니다. 아브라함은 늦게 아들을 낳았지만 그 아들을 통하여 수많은 자손이 태어났습니다. 이스라엘 열두 지파도 아브라

함의 아들을 통해서 나왔습니다. 하늘의 별과 같이, 바다의 모래알과 같이 자손을 번창하게 하시겠다는 하나님의 예언이 이루어졌습니다.

넷째, 장수의 축복입니다. 이 땅에서 오래 살고 싶은 것은 모든 사람의 기본적인 욕구입니다. 그러나 만사가 그렇듯이 자신이 원한다고 해서 다 오래 살 수는 없습니다. 뜻하지 않은 재난과 질병은 더 살고 싶어 하는 인간의 소원을 순식간에 빼앗아 가 버리고 맙니다. 물론 믿는 자는 일찍 죽어도 하늘나라라는 위대한 소망이 있습니다. 그러나 특별한 섭리가 없는 한 믿음으로 의롭게 된 자는 이 땅에서 건강하게 오래 살 수 있습니다.

그러므로 우리는 아브라함의 축복을 생각하고 우리의 마음을 새롭게 해야 하겠습니다. 가난과 저주와 패배와 실망 의식을 부요와 축복 의식으로 바꾸어야 합니다. 그리고 그 변화된 의식을 통하여 믿음을 가지고 우리의 언어와 행동을 바꾸면서 기도하면 하나님께서 우리로 하여금 아브라함의 위대한 축복을 누리게 하십니다.

**10절** 무릇 율법 행위에 속한 자들은 저주 아래에 있나니 기록된바 누구든지 율법 책에 기록된 대로 모든 일을 항상 행하지 아니하는 자는 저주 아래에 있는 자라 하였음이라

할례를 받고 날과 달과 절기를 지키고 십계명을 준수하는 등의 율법으로 구원을 받는다고 주장하는 자들은 하나님으로부터 영원히 멸망당하는 저주를 받게 됩니다. 이들 주장대로라면, 인간은 누구나 수많은 율법 중에서 단 한 가지라도 지키지 못하면 율법을 지키지 못하는 것이 되어 결국은 저주를 받게 됩니다. 그런데 이 세상 어느 누구도 모든 율법을 완전하게 지킬 수는 없습니다. 그러므로 율법을 지키려는 율법주의자들은

어떠한 희망도 없습니다.

**11절** 또 하나님 앞에서 아무도 율법으로 말미암아 의롭게 되지 못할 것이 분명하니 이는 의인은 믿음으로 살리라 하였음이라

완전하신 하나님 앞에서 그가 요구하시는 완전한 율법을 하나도 어기지 않고 지킬 수 있는 사람은 이 세상에 한 사람도 없습니다. 그러므로 어떠한 사람도 하나님 앞에서 율법으로 의롭다 함을 얻을 사람이 없습니다. 이것은 설명할 필요조차 없는 분명한 사실입니다.

본 절은 하박국 선지자가 혼란에 빠진 이스라엘을 두고 하나님께로부터 받은 예언의 말씀으로서(합 2:4), 신약에서는 로마서 1장 17절과 히브리서 10장 38절에도 인용되어 있습니다. 성경이 말하고 인간의 체험이 증명하는 바와 같이 하나님 앞에서 율법으로는 온전한 삶을 살 수 없으므로 하나님께서는 '의인은 믿음으로 살리라' 는 새로운 법을 세우셨습니다. 그러므로 모든 인간은 행위의 법으로가 아니라 믿음의 법으로 살아야 됩니다.

**12절** 율법은 믿음에서 난 것이 아니니 율법을 행하는 자는 그 가운데서 살리라 하였느니라

율법은 믿음과 관계된 것이 아니라 행위와 관련이 있습니다. 율법과 믿음은 둘이 서로 조화될 수 없는 대조를 이룹니다. 율법은 행할 때 효과를 내고 율법을 온전히 행하는 자가 살 수 있습니다. "율법을 행하는 자는 그 가운데서 살리라" 는 말씀은 레위기 18장 5절 말씀의 인용으로 율법주의의 강령입니다.

13절 그리스도께서 우리를 위하여 저주를 받은 바 되사 율법의 저주에서 우리를 속량하셨으니 기록된바 나무에 달린 자마다 저주 아래에 있는 자라 하였음이라

예수 그리스도께서 저주를 받으신 것은 그분 자신을 위한 것이 아니고, 우리 인간들을 위한 것입니다. 즉, 우리들이 율법을 지키지 못해서 받게 되는 저주를 대신해서 받으셨습니다. 실로 그리스도는 우리들을 위하여 율법과 죽음의 저주를 받으셨습니다. 이로 말미암아 우리는 율법의 저주에서 속량함을 받게 되었습니다. 그러면 율법의 저주란 무엇일까요? 신명기 28장에는 율법을 어기는 자에 대한 저주가 기록되어 있습니다.

첫째, 죽음의 저주가 있습니다. 육체도 빨리 죽고 영도 죽는 비참한 저주입니다. 둘째, 물질적인 가난의 저주입니다. 저주받은 자의 머리 위의 하늘은 놋이 되고 저주받은 자의 아래의 땅은 철이 되며, 비 대신에 티끌과 모래들이 저주받은 자의 위에 내려서 마침내 망하게 되는 저주입니다(신 28:22-24). 셋째로, 실패의 저주입니다. 적군들에게 패하고 모든 일에 실패할 것이라는 저주입니다(신 28:25-26). 넷째로, 질병의 저주입니다(신 28:27-28). 율법의 저주는 이상의 네 가지로 요약될 수가 있습니다. 이 저주는 아담과 하와가 타락한 이래 모든 인류에게 내려진 저주입니다.

그런데 예수 그리스께서 우리를 저주에서 속량하셨습니다. '속량한다' 는 말은 값을 주고 노예를 사서 해방시킬 때에 사용하는 말로써 세상에서 완전한 자유인이 되게 한다는 뜻입니다. 예수 그리스도께서 십자가에 달려 돌아가심으로 값을 지불하시고 우리를 사셔서 율법의 구속에서 해방시켜 믿음의 자녀들로 삼으셨습니다.

그리스도께서 우리 자신을 위하여 대신 저주를 받으셨으므로 이제 우

리는 그러한 저주 가운데서 살 필요가 없고 또 살아서도 안 됩니다. 그리스도의 대속으로 말미암아 우리에게 주어진 하나님의 축복을 받지 않겠다고 하는 것은 그리스도의 대속의 공로를 무효로 돌리는 것과 같습니다. 그러므로 이제부터 여러분은 "나는 저주 아래에 있을 필요가 없다!"라고 날마다 외치십시오. 그리하여 죽음과 가난과 낭패와 질병의 저주에서 완전히 해방되는 삶을 사시기 바랍니다.

"기록된바 나무에 달린 자마다 저주 아래에 있는 자라 하였음이라"는 말씀은 신명기 21장 23절을 인용한 말씀입니다. 구약 시대에는 가장 큰 저주를 받은 사람을 나무에 매달아 죽였습니다. 나무에 달리는 것은 저주의 상징입니다. 그리스도께서 바로 저주의 상징인 나무에 달리심은 우리를 살리시기 위함임을 잊지 말아야 합니다.

**14절** 이는 그리스도 예수 안에서 아브라함의 복이 이방인에게 미치게 하고 또 우리로 하여금 믿음으로 말미암아 성령의 약속을 받게 하려 함이라

이 말씀은 그리스도 대속의 첫째 목적에 대하여 언급한 말씀입니다. 예수 그리스도께서 우리를 대신하여 십자가에 매달려 저주를 받으셨기 때문에 이방인들도 그리스도 예수 안에서 아브라함의 복을 누릴 수가 있게 되었습니다. 아브라함의 복, 즉 천국의 축복, 물질의 축복, 자손의 축복, 장수의 축복들을 유대인뿐만 아니라 이방인인 우리들도 받을 수 있게 되었다는 말입니다. 이는 오직 예수 그리스도 안에서만 가능한 일입니다. 사도 바울은 로마서 9장에서 유대인이 이러한 아브라함의 축복을 예수 그리스도를 통하여 받기를 거부했기 때문에 이방인이 먼저 이

축복을 누리고 결국에는 유대인들도 같은 축복을 받게 될 것을 말하고 있습니다.

그리스도의 대속의 둘째 목적은 약속의 성령을 믿는 자에게 주시기 위함입니다. 그리스도 안에서 믿음으로 의롭게 된 자는 아브라함의 놀라운 축복을 받을 뿐만 아니라 성령의 은사와 침례까지 받게 된다는 뜻입니다. 아브라함의 복에 성령의 복까지 받게 된다는 뜻입니다. 이러한 아브라함의 복과 성령의 복을 받지 못하는 사람은 그 책임이 하나님께 있는 것이 아니라 믿지 않는 사람 그 자신에게 있습니다. 그러므로 우리는 이 말씀을 듣고 깨달아서 아브라함의 축복 속에 들어가기 위해 성령 안에서 생각과 믿음과 말과 행동이 바꾸어지도록 기도해야겠습니다. 실로 예수 그리스도를 믿음으로 예수님을 통하여 아브라함의 복을 받고 거기에다가 성령의 약속까지 받았으니 이 얼마나 놀라운 축복입니까? 예수님을 올바르게 믿으면 모든 것이 완전히 달라집니다. 생각이, 믿음이, 말이, 행위가, 태도가, 환경이, 운명이 완전히 달라지고 맙니다. "누구든지 그리스도 안에 있으면 새로운 피조물이라 이전 것은 지나갔으니 보라 새것이 되었도다"(고후 5:17).

주님 안에서 변화된 새로운 자화상을 확실히 알아 마귀에게 속지 않도록 해야겠습니다. 분명히 주님이 우리를 대신하여 십자가 위에서 저주를 받으셨기 때문에 아브라함의 복과 성령의 약속은 바로 우리의 것입니다. 그러므로 우리는 이와 같이 놀라운 주님의 축복을 올바르게, 그리고 깊이 깨달아 하나님의 백성답게 살아야겠습니다. 늘 "아브라함의 복은 내 것이다! 성령의 약속은 내 것이다!" 라고 외쳐야 합니다.

## 3. 언약의 불변성(3:15-22)

15. 형제들아 내가 사람의 예대로 말하노니 사람의 언약이라도 정한
후에는 아무도 폐하거나 더하거나 하지 못하느니라 16. 이 약속들
은 아브라함과 그 자손에게 말씀하신 것인데 여럿을 가리켜 그 자손
들이라 하지 아니하시고 오직 한 사람을 가리켜 네 자손이라 하셨으
니 곧 그리스도라 17. 내가 이것을 말하노니 하나님께서 미리 정하
신 언약을 사백삼십 년 후에 생긴 율법이 폐기하지 못하고 그 약속을
헛되게 하지 못하리라 18. 만일 그 유업이 율법에서 난 것이면 약속
에서 난 것이 아니리라 그러나 하나님이 약속으로 말미암아 아브라
함에게 주신 것이라 19. 그런즉 율법은 무엇이냐 범법하므로 더하여
진 것이라 천사들을 통하여 한 중보자의 손으로 베푸신 것인데 약속
하신 자손이 오시기까지 있을 것이라 20. 그 중보자는 한 편만 위한
자가 아니나 하나님은 한 분이시니라 21. 그러면 율법이 하나님의
약속들과 반대되는 것이냐 결코 그럴 수 없느니라 만일 능히 살게 하
는 율법을 주셨더라면 의가 반드시 율법으로 말미암았으리라 22.
그러나 성경이 모든 것을 죄 아래에 가두었으니 이는 예수 그리스도
를 믿음으로 말미암는 약속을 믿는 자들에게 주려 함이라

**15절** 형제들아 내가 사람의 예대로 말하노니 사람의 언약이라도 정한 후에는 아무도 폐하거나 더하거나 하지 못하느니라

바울은 신령한 일로써는 이해가 안 되므로 영적인 것을 떠나서 인간 세

상의 일반 상식을 예로 들어 말하겠다고 합니다. 이 거짓되고 악한 세대에 사는 인간들도 여러 가지 생활상의 언약, 이를테면 땅이나 집을 사고 팔 때 체결된 매매 계약은 함부로 파기하거나 변경할 수 없습니다. 하물며 하나님께서 믿음의 조상 아브라함에게 하신 언약은 최고의 권위로 정한 언약이므로 다른 사람은 물론 언약을 맺은 당사자들도 없애지 못합니다.

**16절** 이 약속들은 아브라함과 그 자손에게 말씀하신 것인데 여럿을 가리켜 그 자손들이라 하지 아니하시고 오직 한 사람을 가리켜 네 자손이라 하셨으니 곧 그리스도라

'이 약속들' 이란 곧 하나님의 백성이 되고 물질적인 축복을 받고 자손이 번성하고 장수하는 축복의 약속을 말합니다. 구체적으로 우리 주 예수 그리스도가 장차 나타나셔서 우리가 짊어질 저주를 대신 받으시고 사망과 가난의 저주와 실망과 질병의 저주에서 우리를 해방시켜 준다는 약속들입니다.

아브라함과 그 자손에게 주신 이 약속들은 창세기에 모두 나와 있습니다. 즉, 창세기 13장 16절에 "내가 네 자손이 땅의 티끌 같게 하리니 사람이 땅의 티끌을 능히 셀 수 있을진대 네 자손도 세리라" 고 하셨고, 창세기 17장 7절부터 8절에는 "내가 내 언약을 나와 너 및 네 대대 후손 사이에 세워서 영원한 언약을 삼고 너와 네 후손의 하나님이 되리라 내가 너와 네 후손에게 네가 거류하는 이 땅 곧 가나안 온 땅을 주어 영원한 기업이 되게 하고 나는 그들의 하나님이 되리라" 고 하셨습니다.

또한 창세기 22장 18절에도 "또 네 씨로 말미암아 천하 만민이 복을 받으리니 이는 네가 나의 말을 준행하였음이니라 하셨다 하니라" 고 약속을

주심으로 장차 그리스도께서 천하 만민에게 축복을 주는 씨로 태어나실 것임을 미리 알려주셨습니다. 이 약속은 '아브라함과 그 자손' 에게 주는 것이라고 했습니다. 즉, '자손들' 이라는 복수(複數)가 아닌 '자손' 이라는 단수(單數)로 표현했습니다. 다시 말해 '그 자손' 은 구약에서는 다른 후손이 아닌 이삭을 말하는 것이며, 신약에서는 이스라엘 족속 전체 백성이 아닌 예수 그리스도를 말합니다. 신약에 와서 예수 그리스도라는 단수적 자손이 이 언약을 이루는 분이 되셔서 축복을 주신 결과 신약 시대 이후 모든 사람은 예수님을 믿음으로 이 언약의 축복을 받을 수 있게 되었습니다.

**17절** 내가 이것을 말하노니 하나님께서 미리 정하신 언약을 사백삼십 년 후에 생긴 율법이 폐기하지 못하고 그 약속을 헛되게 하지 못하리라

하나님의 언약은 율법보다 훨씬 앞서 있다는 말입니다. 믿음으로 말미암아 의롭다 함을 받고 축복을 받으리라는 약속은 모세가 시내 산에서 하나님의 율법을 받기 약 430년 전에 이미 주어졌습니다. 그러므로 율법이 있기 이미 훨씬 전에 하나님이 세우신 언약을 후에 생긴 율법이 폐하여 헛되게 하지 못합니다. 더구나 그 언약의 내용이 예수 그리스도에 관한 것인 이상, 율법이 그 언약을 폐기할 수는 도저히 없습니다. 오히려 430년이란 오랜 기간 후에 율법이 이루어졌다는 것은 그 언약의 권위를 더욱 높여주는 것이 됩니다.

오늘날 많은 사람들이 십일조에 관해서 그것은 율법 시대에나 있었던 것이므로 지금과 같은 은혜 시대에는 지키지 않아도 된다고 합니다. 그

러나 십일조의 언약은 율법이 있기 훨씬 전에 아브라함이 그리스도의 모형인 멜기세덱에게 그가 얻은 일체의 수입 중에 십분의 일을 바침으로 이루어진 언약입니다(창 14장). 그러므로 십일조에 부정적인 생각을 가진 사람들은 하나님의 언약이 율법보다 훨씬 앞서 있다는 사실을 깨달아야 합니다.

**18절** 만일 그 유업이 율법에서 난 것이면 약속에서 난 것이 아니리라 그러나 하나님이 약속으로 말미암아 아브라함에게 주신 것이라

만약에 하나님께서 아브라함에게 주신 유업, 곧 받은 바 축복이 율법의 행위를 잘 지켜야 얻을 수 있는 것이라면 그것은 은혜를 대표하는 하나님의 약속에서 난 것이 아닙니다. 하나님께서 아브라함에게 주신 유업은 약속이라는 형태로 주신 것이기 때문에 믿음으로만 받을 수 있습니다. 이것이 곧 은혜입니다.

주님이 십자가에서 보혈로 값 주고 사 주신 용서와 의와 영광의 그 의복을 하나님께 나와서 믿기만 하면 받아 입을 수 있습니다. 우리의 구원의 유업은 예수를 믿음으로 받는 것이지, 율법을 행위로 지켜서 받는 것이 아닙니다. 율법은 우리를 입히려고 준 것이 아니라 죄인으로 만들기 위해서 주어졌습니다.

**19절** 그런즉 율법은 무엇이냐 범법하므로 더하여진 것이라 천사들을 통하여 한 중보자의 손으로 베푸신 것인데 약속하신 자손이 오시기까지 있을 것이라

지금까지 사도 바울은 하나님의 축복의 유업이 율법에 의한 것이 아니

라 은혜의 약속에 의한 것이라고 하였습니다. 그러면 율법은 도대체 무엇입니까? 하나님께서는 율법을 왜 주셨을까요? 사도 바울은 율법의 목적과 역할에 대해서 설명을 합니다.

율법은 범법함을 인하여 더하였습니다. 즉, 아브라함이 축복을 얻는 데 있어서는 은혜의 약속으로 충분하였지만 자꾸만 죄를 짓는 인간들에게 죄를 확실히 깨닫게 하기 위해서 율법이 필요했습니다. 죄를 짓지 않고 사람들의 마음이 모두 착하면 법이 필요 없습니다. 우리나라에도 육법(六法)이 있는 것은 범법하여 죄를 짓는 자를 다스리기 위함입니다. 그러나 법이 죄를 지은 인간을 찾아낼 수는 있어도, 또 재판을 하여 형벌을 줄 수는 있어도 그 법이 죄인을 의인으로 만들 수는 없습니다.

마찬가지로 인간이 죄를 거듭해서 짓기 때문에 하나님께서 법을 세우신 것이 곧 율법입니다. 그러므로 율법은 인간의 죄를 정죄하고 깨닫게 하는 일을 합니다. 또한 인간으로 하여금 스스로는 율법을 다 지킬 수 없다는 깨달음을 줍니다. 율법은 죄를 깨닫게 하며(롬 3:20), 죄를 더하게 하고(롬 5:20), 하나님의 심판을 받아 형벌을 받게 하며 인간을 그 앞에서 무력하게 합니다(롬 3:19).

'천사들을 통하여 한 중보자의 손으로 베푸신 것' 이라는 말씀은 율법을 어떻게 받았는가를 설명해 줍니다. 모세라는 중보자가 시내 산에서 천사를 통해 하나님의 법을 받은 사실을 증명해 주고 있습니다. 그러므로 율법은 그리스도로 말미암아 하나님께서 직접 주신 복음과 대조적으로 천사의 중보를 통해 받은 것이 됩니다. 이에 반하여 우리에게 전해진 복음은 하나님께서 직접 우리에게 주셨습니다. 율법은 하나님께서 천사를 통해 주셨지만 복음의 언약은 하나님께서 직접 주셨습니다. 또한 '약속하신 자손' 은 바로 예수 그리스도를 말합니다. 그러므로 율법의 유효기간은 약속하신 자손인 예수 그리스도께서 오실 때까지입니다.

이상을 정리하면 하나님께서 우리에게 율법을 주신 목적은 죄 때문이며, 주신 경로는 천사와 모세를 통한 것이며, 그 유효기간은 예수님이 오시기까지입니다. 율법은 그리스도가 오시기까지 일시적 역할을 하였고 그리스도가 오시매 우리는 그를 믿음으로 구원을 받고 성령을 받으며 영원한 유업을 차지하게 된 것입니다. 이로써 율법의 사명은 다한 것이 됩니다.

**20절** 그 중보자는 한 편만 위한 자가 아니나 하나님은 한 분이시니라

중보는 하나님 편과 인간 편을 동시에 위하는 것입니다. 어느 한 편만을 위한다면 이미 중보라고 할 수 없습니다. 중보를 필요로 하는 율법은 두 당사자가 필요하므로 상대적입니다. 이스라엘 백성이 지키면 하나님이 그것을 지켜 주시고, 이스라엘 백성이 그 율법을 파기하면 하나님께서도 그들과의 약속을 더 이상 지키시지 않습니다. 그러나 약속은(믿음으로 의롭다 함을 받는다는 복음) 중보가 없이 하나님께서 자유의지로 결정해서 직접 우리 인간에게 주신 것이므로 상대적인 율법과는 달리 절대적입니다.

**21절** 그러면 율법이 하나님의 약속들과 반대되는 것이냐 결코 그럴 수 없느니라 만일 능히 살게 하는 율법을 주셨더라면 의가 반드시 율법으로 말미암았으리라

혹자는 이처럼 율법이 상대적이고 불완전한 것이라면 그 율법이 하나님의 약속을 거스르게 되는 것이냐고 반문할지도 모릅니다. 그러나 이에

대해 바울은 단호하게 결코 그럴 수 없다고 말합니다.

율법은 하나님의 약속을 어기는 것이 아니라 하나님의 약속을 어기는 사람들로 하여금 그들의 죄를 깨닫게 하는 데에 그 목적이 있습니다. 우리나라에도 법이 있는 이유는 우리를 나쁘게 하거나 잘 살지 못하게 하려는 것이 아니라 국민들이 안녕과 질서를 지키고 편안하게 살도록 하기 위함입니다. 마찬가지로 우리 인간이 죄가 있는 한 그 죄를 처리하고 정비하는 것은 바로 율법입니다.

"만일 능히 살게 하는 율법을 주셨더라면 의가 반드시 율법으로 말미암았으리라"는 말씀처럼 우리가 율법을 다 지킬 수 있는 능력이 있다면 우리는 율법으로 말미암아 구원을 얻을 수 있습니다. 그러나 우리가 율법을 지킬 수 없기 때문에 율법으로 말미암아 구원을 얻을 수 없고 의로워질 수도 없습니다. 만약에 율법이 믿음과 같이 사람에게 살 수 있는 길을 열어 준다면 사람은 율법으로 말미암아 의롭게 되고 약속하신 그리스도를 기다릴 필요가 없습니다. 그러므로 율법이나 약속이나 모두 다 한 하나님께로부터 받은 것으로써 어느 하나가 다른 하나를 거스를 수 없습니다. 다만 그 목적에 따라 성격이 다른 것뿐입니다.

**22절** 그러나 성경이 모든 것을 죄 아래에 가두었으니 이는 예수 그리스도를 믿음으로 말미암는 약속을 믿는 자들에게 주려 함이라

성경은 모든 사람이 죄를 범하였으매 하나님의 영광에 이르지 못했다고 선언하고 있습니다(롬 3:23). 그리고 성경의 모든 율법은 결국 인간으로 하여금 죄인임을 철저히 깨닫게 합니다. 신명기 27장 26절에는 "이 율법의 말씀을 실행하지 아니하는 자는 저주를 받을 것이라"고 기록되어

있습니다. 인간이 율법 아래 갇혀 절망에 처하게 된 것은 결국 오직 예수 그리스도로 말미암아 죄에서 벗어나고, 예수 그리스도를 믿는 자들에게는 아브라함에게 주신 하나님의 축복의 약속을 주시기 위함입니다. 성경은 이에 대해서 진리이신 예수님께서 우리를 자유하게 하신다고 하셨습니다(요 8:32,36).

기독교가 위대한 것은 도덕과 수양을 닦거나 고행과 율법을 지켜 구원받는 것이 아니란 점입니다. 구원을 받으려면 예수를 구주로 믿기만 하면 됩니다. 온 천하에 이렇게 놀라운 은혜의 소식이 어디 있습니까?

## 4. 하나님의 아들 된 자유(3:23-29)

**23. 믿음이 오기 전에 우리는 율법 아래에 매인 바 되고 계시될 믿음의 때까지 갇혔느니라 24. 이같이 율법이 우리를 그리스도께로 인도하는 초등 교사가 되어 우리로 하여금 믿음으로 말미암아 의롭다 함을 얻게 하려 함이라 25. 믿음이 온 후로는 우리가 초등 교사 아래에 있지 아니하도다 26. 너희가 다 믿음으로 말미암아 그리스도 예수 안에서 하나님의 아들이 되었으니 27. 누구든지 그리스도와 합하기 위하여 침례를 받은 자는 그리스도로 옷 입었느니라 28. 너희는 유대인이나 헬라인이나 종이나 자유인이나 남자나 여자나 다 그리스도 예수 안에서 하나이니라 29. 너희가 그리스도의 것이면 곧 아브라함의 자손이요 약속대로 유업을 이을 자니라**

**23절** 믿음이 오기 전에 우리는 율법 아래에 매인 바 되고 계시될 믿음의 때까지 갇혔느니라

사람이 율법이라는 감옥에 갇혀서 꼼짝할 수 없게 되었던 이유는, 예수 그리스도를 믿음으로 구원을 받는 하나님의 섭리가 이루어지는 때에 넘겨지기 위함이었습니다. 예수님께서 오시기 전 우리 인간은 율법을 지키지 않으면 저주를 받는 속박의 상태에 있었습니다. 어쩔 수 없는 죄인의 상태에 있었습니다. 그러나 믿음이 온 이후로 이 율법의 속박에서 해방이 되고 예수 그리스도에게로 인도되어 자유를 얻게 되었습니다.

**24절** 이같이 율법이 우리를 그리스도께로 인도하는 초등 교사가 되어 우리로 하여금 믿음으로 말미암아 의롭다 함을 얻게 하려 함이라

본 절에서 바울은 다시 율법의 목적을 한 마디로 설명해 줍니다. 율법이 존재하는 이유는 사람으로 하여금 스스로는 구원을 못 받으며 예수님을 믿어야만 구원을 받게 된다는 사실을 가르쳐 주기 위함입니다. 바울은 율법의 역할을 초등 교사로 비유하고 있습니다. 초등 교사란 헬라 시대에 주인의 자녀가 6-7세가 된 시기로부터 성인(보통 15-16세)이 될 때까지 일상적인 시중(의복, 식사, 교양)을 들고 학교까지 안전하게 인도하며, 성인이 될 때까지 후견인으로서 책임을 맡았던 전문 노예를 말합니다.

율법이 초등 교사가 된다는 말은 율법이 인간을 교육하고 돌보아서 성장하여 자신의 죄를 깨닫게 되는 때가 되면 예수님께로 인도하는 직무를 담당했다는 뜻입니다. 그러므로 예수님을 믿어 구원을 받은 갈라디아 성도들이 이단 사설에 빠져서 다시 율법을 지킨다는 것은 다시 유치원에

돌아간다는 말이 되니 그런 어리석은 잘못을 범하지 말라고 바울은 간곡히 권유하고 있습니다.

**25절** 믿음이 온 후로는 우리가 초등 교사 아래에 있지 아니하도다

'믿음이 왔다' 는 것은 예수 그리스도께서 오셨으므로 이제 믿음으로 말미암아 의롭게 되는 은혜의 때가 되었다는 말입니다. 예수님께서 오신 후로는 율법인 초등 교사에 매달려 살 필요가 없게 되었습니다. 율법이 초등 교사 노릇을 한 것은 믿음의 때 이전이었습니다. 그러나 그리스도께서 오셔서 우리를 속량해 주셨고 우리는 그를 믿음으로 말미암아 의롭다 하심을 받았습니다. 그렇기 때문에 우리는 더 이상 초등 교사인 율법에 매여 살 이유도 없고, 필요도 없습니다.

예수님께서 십자가에서 사탄을 심판하시고 정사와 권세를 다 빼앗아 버렸기 때문에 이제는 예수님이 마음에 주인으로 들어오시고 우리는 예수님을 섬기는 종으로 살아야 합니다. 예수 믿는 사람들이 예수님과 공동 주인이 되려고 하면 안 됩니다. 예수님을 마음의 주인으로 모시고 살아야 합니다. 예수님은 사랑의 주인이요, 은혜의 주인이요, 축복과 평안의 주인이자, 의와 평강과 희락의 주인이 되십니다. 예수를 믿는 것보다 큰 복이 없습니다. 삶의 진실한 의미와 목적과 가치도 내 속에 계시는 예수님이고, 참된 평화와 화평과 기쁨도 예수님으로 말미암아 오는 것이지 예수님을 떠나서는 결코 행복이 다가오지 않습니다.

**26절** 너희가 다 믿음으로 말미암아 그리스도 예수 안에서 하나님의 아들이 되었으니

이제 우리는 초등 교사의 지도 아래 끌려 다니는 유치원생이 아니라 예수 그리스도로 말미암아 장성한 하나님의 아들이 되었습니다. 여기서 '아들' 이란 아버지의 유업을 상속으로 받을 자격이 있는 아들을 말합니다.

**27절** 누구든지 그리스도와 합하기 위하여 침례를 받은 자는 그리스도로 옷 입었느니라

침례는 예수 그리스도와 함께 무덤에 죽어 장사 지내고 예수님과 함께 부활하는 것을 뜻합니다. 성도는 성령으로 침례를 받아야 그리스도의 몸을 이룹니다(고전 12:13). 우리가 침례를 받으면 그리스도가 내 안에, 내가 그리스도 안에 있게 되는데 예수님과 내가 하나가 되는 것을 그리스도로 옷 입었다고 합니다. 예수님을 믿고 침례를 받은 사람은 예수님과 하나가 됩니다. 성경은 이러한 그리스도인의 상태를 그리스도 안에서의 새로운 피조물이라고 말합니다(고후 5:17).

**28절** 너희는 유대인이나 헬라인이나 종이나 자유인이나 남자나 여자나 다 그리스도 예수 안에서 하나이니라

예수님 안에서는 모든 신분의 차이가 없어지며 오직 하나님 앞에서 다 평등한 인간으로서 기본권을 보장받습니다. 초대 교회 당시 노예가 인정되고, 유대인과 이방인과의 차이가 표면화되고, 남녀의 신분 차이가 철저했던 사회에서 이와 같은 말씀의 선언은 참으로 놀랍습니다. 예수님 안에서 우리는 인간 사회의 모든 정치, 사회, 문화, 관습의 차이에 관계없이 하나님 앞에서 유업을 상속받을 수 있는 장성한 하나님의 자녀들입니다. 실로 그리스도를 옷 입고 나온 새사람들은 인종, 신분, 남녀의

차이가 없어지고 다 함께 하나가 됩니다.

이 놀라운 선언은 사회의 질서를 무시하고 철폐하려는 정치 선언이 아닙니다. 이는 정신적인 것이며 인간의 동등한 기본권을 가리킵니다. 즉, 하나님 앞에서 성도간의 동등한 신분을 말합니다.

**29절** 너희가 그리스도의 것이면 곧 아브라함의 자손이요 약속대로 유업을 이을 자니라

바울은 본 장을 끝내면서 다시 한번 아브라함의 유업을 강조합니다. 예수 그리스도는 하나님께서 아브라함에게 약속하신 자손입니다(갈 3:16). 그러므로 예수 그리스도를 믿어 그 안에 속한 자는 곧 아브라함의 자손이 됩니다.

아브라함의 자손은 하나님의 약속대로 아브라함이 받은 유업을 이을 수 있는 자격을 갖추게 됩니다. 우리 믿음의 조상 아브라함의 기업은 첫째로 구원받은 하늘나라요, 둘째로 물질 축복이요, 셋째로 자손의 축복이요, 넷째로 강건한 장수의 복입니다. 그러므로 예수 그리스도를 믿는 우리들은 모두 다 아브라함의 이 놀라운 축복들을 받아 누릴 수 있는 귀한 존재들입니다. 우리의 좋으신 하나님께서는 본 장을 통해서 갈라디아 교인들뿐만 아니라 오늘을 사는 우리들에게도 율법이 아닌 약속의 위대한 축복을 나누어 주기를 원하고 계십니다.

제 4 장

# 유업을 얻을 자

| | |
|---|---|
| 종이 아닌 아들 | 4:1-7 |
| 초등 학문으로 돌아가지 말자 | 4:8-11 |
| 새로운 해산의 수고 | 4:12-20 |
| 율법 아래 있는 자와 은혜 아래 있는 자 | 4:21-31 |

A COMMENTARY ON THE
EPISTLE TO THE GALATIANS

본 장은 3장에 이어 율법주의의 잘못된 점을 지적하면서 갈라디아 교인들이 이에 유혹되지 않기를 바라는 사도 바울의 간절한 호소가 기록되어 있습니다.

사도 바울은 먼저 갈라디아 교인들의 율법으로 돌아가는 어리석음을 지적하고 갈라디아 지방의 전도를 회상합니다. 그리고 영적 자녀에 대한 사도 바울 자신의 고민을 언급한 뒤에 자녀와 종의 비유를 들어 율법의 정체를 확인시켜 줍니다.

## 1. 종이 아닌 아들(4:1-7)

1. 내가 또 말하노니 유업을 이을 자가 모든 것의 주인이나 어렸을 동
안에는 종과 다름이 없어서 2. 그 아버지가 정한 때까지 후견인과
청지기 아래에 있나니 3. 이와 같이 우리도 어렸을 때에 이 세상의
초등 학문 아래에 있어서 종 노릇 하였더니 4. 때가 차매 하나님이
그 아들을 보내사 여자에게서 나게 하시고 율법 아래에 나게 하신 것
은 5. 율법 아래에 있는 자들을 속량하시고 우리로 아들의 명분을
얻게 하려 하심이라 6. 너희가 아들이므로 하나님이 그 아들의 영을
우리 마음 가운데 보내사 아빠 아버지라 부르게 하셨느니라 7. 그러
므로 네가 이 후로는 종이 아니요 아들이니 아들이면 하나님으로 말
미암아 유업을 받을 자니라

**1절** 내가 또 말하노니 유업을 이을 자가 모든 것의 주인이나 어렸을 동안에는 종과 다름이 없어서

바울은 예수님을 믿기 전의 생활을 당시의 상황에 비유하여 이야기하고 있습니다. 즉, 율법을 후견인이나 청지기로 비유하고, 율법 아래 있어서 율법의 지배를 받는 것을 자녀가 어렸을 동안 생활한 것으로 비유했습니다. 그 당시 로마의 법에는 부모가 일찍 죽고 그 후사를 이을 자녀가 아직 나이가 어린 미성년자일 경우에는 부모가 죽기 전에 자기의 자녀를 돌보아줄 후견인과 청지기를 정해 놓도록 되어 있었습니다. 그런데 그 자녀가 실질적으로 주인이지만 성년이 되는 나이에 이르기까지는 주인 행세를 하지 못합니다. 그는 종과 같이 후견인이나 청지기 밑에서 그들이 시키는 대로 해야만 했습니다.

**2절** 그 아버지가 정한 때까지 후견인과 청지기 아래에 있나니

상속받을 자녀가 미성년자일 경우에는 그 자녀가 비록 모든 재산의 주인이라 할지라도 그 정해진 시기까지는 어쩔 수 없이 후견인의 지배를 받아야 합니다. 다시 말하면 자녀가 성장하여 후견인과 청지기가 없어도 혼자 살아갈 수 있을 때까지는 종과 다름없는 생활을 해야 합니다.

'후견인' 이란 부모를 대신하여 모든 사무를 돌보아 주고 가르쳐 주는 보호자의 역할을 담당하는 사람이고, '청지기' 는 주인의 뜻을 받들어 재산과 노예 등 물질적인 것을 관리하는 사람을 말합니다(눅 12:42; 16:1). 그러므로 미성년자인 경우에는 성인이 되기까지 반드시 후견인과 청지기의 허락을 받아서 가정의 일을 결정하고 재산도 그들의 관리 아래 쓸 수가 있었습니다. 로마의 법에 의하면 아들은 14세까지 부친이 의탁한 후견인 아래 있었고, 재산의 관리권은 25세가 될 때까지 청지기에게 일임하였습니다.

**3절** 이와 같이 우리도 어렸을 때에 이 세상의 초등 학문 아래에 있어서 종 노릇 하였더니

'우리' 란 바울과 갈라디아 교인들을 말하며, '어렸을 때' 란 아직 그들이 예수님을 믿지 않았던 옛날의 상태를 말합니다. 그들이 아직 그리스도를 모르고 세상 사람들과 같은 생활을 하던 때에는 세상 학문의 지배를 받았습니다. '세상의 초등 학문' 이란 세상의 일반적인 지식이라기보다는 유대인의 율법과 의식을 말합니다.

예수님이 이 세상에 오시기 전까지는 우리가 다 영적인 어린아이들이었습니다. 아직 스스로 설 수 없는 처지였기 때문에 후견인과 청지기로서의 초등 학문, 즉 율법이 우리들을 다스릴 수밖에 없었습니다. 실로 율법은 장차 오실 그리스도를 위한 준비를 하고 그가 오시기까지 얼마동안 후견인 역할을 했습니다.

**4절** 때가 차매 하나님이 그 아들을 보내사 여자에게서 나게 하시고 율법 아래에 나게 하신 것은

하나님의 정하신 때가 이르자 하나님께서는 우리를 초등 학문에서 건져내어 하나님을 아버지라고 부르게 하시려고 우리에게 그의 외아들 예수 그리스도를 보내셨습니다. 하나님께서는 항상 때를 따라 역사하십니다. 아무 때나 즉흥적으로 행하시지 않고 계획하신 뜻에 따라 그때가 되어야 일을 하십니다. 그런데 '하나님의 때' 는 '우리의 때' 와 일치할 때도 있고 일치하지 않을 때도 있습니다. 그러므로 우리들이 하나님께 기도할 때에는 항상 우리의 뜻대로만 구해서는 안 됩니다.

하나님의 뜻을 따라 구하고 하나님의 때를 기다릴 줄 알아야 합니다.

기도한 다음에 우리의 뜻대로 응답되지 않는다고 해서 마음이 조급하여 하나님의 때를 기다리지 못하고 하나님을 원망하거나 낙심한다면 이는 참으로 어리석은 일입니다.

하나님의 응답과 섭리의 역사는 늦거나 이르지도 않고 하나님께서 보시기에 가장 적당한 시간에 나타납니다. 자연의 섭리에도 씨를 심으면 싹이 나는 시기가 있고 열매를 맺는 시기가 있는 것처럼 하나님께서도 모든 것을 때를 따라 아름답게 이루어 주십니다.

하나님께서는 아담에서 아브라함까지 2천 년이 지나게 하시고, 아브라함에서 또다시 2천 년이 지나 하나님의 때가 되자 예수 그리스도를 이 땅에 보내셨습니다. '여자에게서 나게 하시다' 는 창세기 3장 15절의 여인의 후손이 뱀의 머리를 상하게 할 것이라는 예언을 이루시기 위함입니다.

아담 이래 모든 사람들을 아버지의 생명을 받아 어머니의 몸을 빌려 태어난 남자의 후손입니다. 그러나 예수 그리스도만은 아버지 없이 성령으로 잉태되어 동정녀 마리아에 의해 태어났기 때문에 남자의 후손이 아니라 여자의 후손입니다. 이는 곧 예수님께서 성육신(成肉身)하신 것을 가리킵니다. 하나님께서는 창조 이후 구약 시대에 율법을 초등 교사이자 후견인으로 세우셨다가 정하신 때가 이르자 성자 하나님을 성육신시키셔서 율법의 후견인 아래 있는 성도들을 구속하셨습니다.

또한 예수님이 '율법 아래' 에 나셨다는 것은 예수님이 유대인으로 태어나셔서 유대인이 지켜야 할 모든 율법을 지키셨다는 말입니다. 예수님께서는 초등 학문인 율법의 어마어마한 정죄와 심판 아래에서도 조금도 율법에 거스르는 죄를 짓지 않으셨습니다. 주님께서는 율법의 요구대로 할례를 받으시고(눅 2:21), 유월절을 지키시고(눅 2:41-42), 또한 우리의 의가 되시며 인간의 죗값을 지불하고 저주를 청산하시기 위하여 십자가에 달려 죽기까지 하셨습니다.

**5절 율법 아래에 있는 자들을 속량하시고 우리로 아들의 명분을 얻게 하려 하심이라**

이 절에는 그리스도가 율법 아래 태어나신 목적이 기록되어 있습니다. 첫째는 율법 아래 있는 자들을 속량하시는 것이고, 둘째는 속량하신 자들에게 아들의 명분을 주시기 위함입니다. '율법 아래에 있는 자들' 이란 유대인뿐만 아니라 율법의 지배를 받고 사는 모든 세상 사람들을 말합니다. 이 세상 모든 사람들은 유대인뿐만 아니라 이방인들도 모두 율법의 심판을 받는 운명에 처해 있었습니다. '속량하다' 라는 말에는 값을 지불하고 사서 꺼낸다는 뜻이 있습니다.

옛날에는 율법이 우리에게 무시무시한 정죄의 회초리였고 우리를 잡아서 지옥불에 넣었지만 이제는 그런 힘이 없습니다. 율법은 예수 그리스도의 보혈로 말미암아 아무 힘도 없게 되었습니다. 율법의 요구가 모두 다 청산되었습니다. 예수님께서 여자의 후손으로 율법 하에 있는 사람으로 태어나셔서 십자가에 죽으심으로 그 핏값으로 우리 인간을 구속하셔서 지옥으로부터, 사망으로부터 우리를 꺼내 주셨습니다. 율법으로 말미암아 드러난 인간의 모든 죄는 예수님의 피로 속량되었으며 그 결과 그리스도인은 구원을 받아 법적으로 하나님의 아들이 되었습니다.

'아들의 명분을 얻게 하려 하심' 이라는 것은 하나님의 양자로서의 명분을 얻되 장차 천국의 기업을 받을 법적 자격도 가지게 된다는 뜻입니다. 실로 예수 그리스도께서 여자의 후손으로서 성육신(成肉身)하시고 율법 아래 태어나신 목적은 율법 아래 있는 자들을 속량하시기 위함이며 또한 그들로 하나님의 아들이 되게 하시기 위함입니다.

**6절** 너희가 아들이므로 하나님이 그 아들의 영을 우리 마음 가운데 보내사 아빠 아버지라 부르게 하셨느니라

우리가 예수 그리스도로 말미암아 하나님의 양자로서 아들의 명분을 얻고 난 다음에는 하나님께서 우리를 친아들로 만드시기 위해서 마음속에 '아들의 영'을 보내십니다. 이 아들의 영은 바로 성령님이십니다. 이 성령이 우리 마음속에 들어와 거하시게 되면 우리는 하나님 앞에 나와서 조금도 주저하거나 망설임이 없이 하나님을 향하여 '아빠 아버지'라고 부를 수 있게 됩니다(롬 8:15).

'아빠'라는 말은 아람어로나 헬라어로 읽어도 '아빠'(*ἀββά*)입니다. 어린아이가 아버지보고 "아빠, 아빠!"라고 부르듯이 성령이 오시면 하나님께서 우리에게 '아빠 아버지'가 되어 주셔서 우리를 지극히 사랑해 주십니다. 하나님께서는 예수님의 보혈로 우리를 구원하시고 친히 성령으로 인을 쳐 주시고, 우리가 하나님을 '아빠 아버지'라고 부를 수 있게 해 주셨습니다. 이렇게 하나님은 우리와 친밀해지기를 원하십니다.

이처럼 '아빠 아버지'라고 부른다는 것에는 우리들이 육신의 '아버지'를 부르듯이 친근하게 마주 대할 수 있다는 뜻이 포함되어 있습니다. 또한 '아버지'라고 부르는 것은 우리들이 하나님의 아들 됨을 증거해 주는 것이 되며 아들로서 아버지의 축복의 상속을 받을 수 있음을 말해 줍니다. 예수 안 믿는 사람에게는 하나님이 우주의 심판자요, 무서운 재판관입니다. 그러나 예수 믿는 우리에게는 한없이 따뜻하고 다정하고 은혜

가 넘치는 친아버지입니다. 하나님은 이렇게 우리와 가깝습니다. 그 하나님의 성령이 우리 속에 들어와서 우리를 보증해 주십니다.

**7절** 그러므로 네가 이 후로는 종이 아니요 아들이니 아들이면 하나님으로 말미암아 유업을 받을 자니라

본 절을 통해 바울 사도는 율법 아래 있는 생활을 종으로 비유하면서 율법의 속박에서 해방된 그리스도인은 하나님의 자녀가 되었기 때문에 하나님의 자녀로서의 특권을 누릴 수 있다고 말해 주고 있습니다. 우리는 예수 그리스도를 믿는 그 순간부터 율법의 지배를 받는 종의 신분에서 벗어날 뿐만 아니라 한 걸음 더 나아가 하나님의 아들로서 그리스도 안에서 참자유를 받아 누리게 됩니다.

천지와 만물을 지으시고 그것을 주관하시는 하나님의 유업을 이어받는다는 것은 우리 인간의 생각으로는 도저히 상상할 수도 없는 엄청난 축복입니다. 하나님께서는 죄와 허물로 죽은 우리들을 위해 세 가지의 특별한 일을 해 주셨습니다. 첫째는 예수 그리스도를 이 땅에 보내어 우리의 죄를 속량하심으로 아들의 명분을 얻게 해 주셨고, 둘째로 우리 마음 가운데 아들의 영을 부어 주셨으며, 셋째로는 아들로서 상속받을 수 있는 특권을 주셨습니다. 우리가 받은 이 세 가지의 축복은 바로 하나님의 전적인 주권적 은혜로 말미암았습니다.

## 2. 초등 학문으로 돌아가지 말자(4:8-11)

**8. 그러나 너희가 그때에는 하나님을 알지 못하여 본질상 하나님이 아닌 자들에게 종 노릇 하였더니 9. 이제는 너희가 하나님을 알 뿐 아니라 더욱이 하나님이 아신 바 되었거늘 어찌하여 다시 약하고 천박한 초등 학문으로 돌아가서 다시 그들에게 종 노릇 하려 하느냐 10. 너희가 날과 달과 절기와 해를 삼가 지키니 11. 내가 너희를 위하여 수고한 것이 헛될까 두려워하노라**

**8절** 그러나 너희가 그때에는 하나님을 알지 못하여 본질상 하나님이 아닌 자들에게 종 노릇 하였더니

'그때' 란 이방인, 또는 예수님을 모르는 유대인으로 있을 때를 말합니다. 이것은 갈라디아 교인들이 이전에는 이방인이었으며 하나님에 대해 무지한 자들이었음을 뜻합니다. 그들은 예전에 우상과 귀신들을 섬기며 율법과 의식에 매여 있었습니다. 그들은 하나님을 섬긴다고 생각했으나 그들이 섬기던 우상은 참하나님이 아니라 그들이 스스로 만든 형상, 즉 피조물에 불과했습니다.

하나님을 알지 못하는 사람들은 그들 스스로 만든 신을 숭배하며 그들이 만든 우상에 묶여 살게 됩니다. 그들의 삶은 인간 스스로가 만든 의식과 법에 매여 종 노릇 하고 그것에 의해 심판을 받는 어리석고 불쌍한 삶

입니다. 사람은 참으로 그리스도를 믿는 바른 믿음을 가지기 전에는 어떤 형태의 우상 숭배도 벗어나지 못합니다.

**9절** 이제는 너희가 하나님을 알 뿐 아니라 더욱이 하나님이 아신 바 되었거늘 어찌하여 다시 약하고 천박한 초등 학문으로 돌아가서 다시 그들에게 종 노릇 하려 하느냐

8절이 갈라디아 교인의 과거에 대한 것이라면 본 절은 그들의 현재 상태에 대한 말씀입니다. 그들이 과거에는 하나님을 몰랐지만 이제는 하나님을 아는 사람들이 되었습니다. 오늘날 우리들도 예수 그리스도를 통하여 살아 계신 하나님을 알 수 있습니다. 우리들 스스로는 하나님을 알 수 없습니다. 그러나 하나님께서는 그 외아들 예수 그리스도의 몸을 통하여 인간의 역사와 경험 속에 나타나셔서 우리에게 자신을 알리셨습니다. 그것이 곧 하나님의 자기 계시(自己啓示)입니다. 그것은 역사에 나타난 예수님이 곧 하나님이심을 보여 주고 있습니다. 그러므로 예수님께서도 "나를 본 자는 아버지를 보았거늘" 이라고 말씀하셨습니다(요 14:9).

아무도 하나님을 본 사람이 없지만 독생하신 예수님께서 나타내 보여 주셨습니다. 그 결과 이제 하나님은 숨겨진 하나님이 아니라 공개된 하나님이시며 '알 수 없는' 하나님이 아니라 알려진 하나님이십니다. 우리는 예수님을 통해서 하나님을 알게 되었고 하나님에 대하여 확신을 갖게 되었습니다. 우리는 하나님이 어떠한 분이시라는 것을 확실히 알고, 이웃에게도 자신 있게 말할 수 있는 하나님을 섬기고 있습니다.

또한 본 절은 우리가 하나님을 알 뿐만 아니라 우리도 하나님께 알린

바 되었다고 합니다. 우리는 하나님의 전적인 주권적 은혜로 선택이 되어 그리스도로 말미암아 하나님의 아들로서 하나님께 알려졌습니다. 죄로 말미암아 죽었던 우리들이 이제는 하나님 앞에 어엿이 서서 의롭다 함을 얻게 되었습니다. 그러므로 오늘날 교회에서 주의 종이나 성도들이 자신을 알아주지 않는다고 낙심하거나 원망할 필요가 없습니다. 우리가 하나님을 알고 또한 하나님께서 우리를 아시므로 인간이 알아주는 것과는 비교할 수도 없는 큰 영광을 얻고 살기 때문입니다.

그러므로 바울은 "어찌하여 다시 약하고 천박한 초등 학문으로 돌아가서 다시 그들에게 종 노릇 하려 하느냐"며 바울은 그리스도로 말미암아 구원받은 갈라디아 교인들이 다시 율법에 매이는 것을 책망하고 있습니다. '약하다' 는 것은 의지할 수 없는 상태를 가리키며 '천박한' 것은 질이 낮은 상태를 의미합니다. 그러므로 의지할 수 없을 정도로 약하고 질이 낮은 초등 학문, 즉 유대인의 율법과 의식을 다시 지키려는 노력은 어리석은 일입니다. 그들은 율법과 의식을 지켜야만 구원을 얻는다고 생각하여 거기에 매여 있었습니다.

그러나 이제는 율법의 구속에서 풀려났기 때문에 새삼스럽게 다시 세상의 초등 학문으로 되돌아갈 필요가 없습니다. 은혜로 말미암아 구원을 얻은 자가 계속하여 율법에 매이는 것은 마치 빚진 자가 빚을 갚았음에도 불구하고 계속해서 그 짐에 매여 종 노릇 하는 것과 같이 어리석은 일입니다. 예수님께서 이 세상에 오신 것은 율법을 완성하시기 위함입니다(마 5:17). 그러므로 우리가 예수님을 믿으면 그 믿음으로 말미암아 자연히 율법과는 상관이 없게 됩니다. 이제 우리는 하나님의 은혜로 말미암아 하나님의 아들의 명분을 얻었기 때문에 다시는 세상의 초등 학문 같은 율법으로 되돌아갈 필요가 없습니다.

**10절** 너희가 날과 달과 절기와 해를 삼가 지키니

'날' 은 주로 안식일을 가리킵니다. 당시에도 율법을 주장하는 사람들은 안식일을 지켜야 구원을 받는다고 주장했습니다. 요사이도 예수를 아무리 믿어도 토요일을 안식일로 지키지 않으면 구원 못 받는다고 주장하는 교파가 있습니다. 이것은 말도 되지 않는 소리입니다. 토요일에 교회 나오는 것이 예수 그리스도의 보혈에 더해져야 구원을 받는다면 예수 그리스도의 보혈이 불완전하다는 말밖에 되지 않습니다. '절기' 란 음력을 기준으로 하는 유대인의 종교력에 따라 제사 드리는 때를 말합니다. 중요한 절기로는 유월절, 오순절, 초막절, 무교절, 나팔절, 부림절, 수전절(레 23장; 대하 8:13)등을 들 수 있습니다. '해' 는 매 7년마다 지키는 안식년과 매 50년마다 있는 희년을 가리킵니다(레 25장).

갈라디아 교인들 중에는 그리스도를 믿으면서도 유대교를 따라 날과 달과 절기를 지켜야만 구원을 얻는다고 생각하는 사람들이 있었습니다. 그래서 그들은 제7일인 안식일을 지키고 유월절이나 초막절과 같은 절기를 지키며 율법과 의식에 매인 생활을 다시 반복하고 있었습니다. 이것은 구원을 얻은 자로서 해서는 안 될 매우 어리석은 행위였습니다. 그들은 오직 예수 그리스도를 믿고 모셔 들이기만 하면 구원을 얻는다는 사실을 깨닫지 못하고 의식과 율법에 매여 종 노릇 하고 있었습니다.

**11절** 내가 너희를 위하여 수고한 것이 헛될까 두려워하노라

바울은 갈라디아 교인들에게 복음을 전파하고 또한 구원의 확신을 주

어 은혜를 받게 하기 위해 많은 사람들에게 고난을 당하였습니다. 그런데 갈라디아 교인들이 바울이 전한 복음에서 이탈하여 다시 율법에 매이는 것을 보고 바울은 그의 복음의 선교가 헛된 것이 되어가고 있음을 한탄하였습니다. 이것은 자신의 수고가 헛되었다는 바울 개인의 슬픔이 아니라 후에 그들에게 내릴 하나님의 심판에 대한 탄식입니다.

예수님의 피의 값은 너무나 위대하고 영원하며 완전한 것이기 때문에 조금도 부족함이 없습니다. 예수님의 피는 우리들의 영원한 속죄제물이 되셔서 우리를 영원히 온전하게 하시고 영원히 용서하여 주셨으므로 유대교의 날과 달과 절기를 지킬 필요가 없습니다.

율법이란 신약의 그림자입니다. 그것은 주님이 오시기 전까지 인간들로 하여금 장차 오실 예수 그리스도를 영접하도록 가르친 것에 불과하기 때문에 예수님께서 이 세상에 오신 이상 이제는 더 이상 율법의 시대가 아닙니다. 이제 우리는 무조건 예수님을 믿기만 하면 됩니다.

구원받은 우리들이 율법을 지키는 것은 믿음으로 말미암아 구원을 얻고 하나님의 자녀가 된 뒤에 하나님의 자녀답게 살기 위해서이지 구원받기 위해 지키는 것은 아닙니다. 이 세상에 사는 동안 하나님께 영광 돌리고 후에 하나님 앞에 섰을 때 잘했다 칭찬받기 위해서 선을 행하고 율법을 지킵니다. 결코 율법을 지키는 것이 구원받기 위한 조건은 될 수 없습니다. 오직 예수 그리스도만 믿으면 구원을 받게 됩니다.

## 3. 새로운 해산의 수고(4:12-20)

12. 형제들아 내가 너희와 같이 되었은즉 너희도 나와 같이 되기를
구하노라 너희가 내게 해롭게 하지 아니하였느니라 13. 내가 처음
에 육체의 약함으로 말미암아 너희에게 복음을 전한 것을 너희가 아
는 바라 14. 너희를 시험하는 것이 내 육체에 있으되 이것을 너희가
업신여기지도 아니하며 버리지도 아니하고 오직 나를 하나님의 천
사와 같이 또는 그리스도 예수와 같이 영접하였도다 15. 너희의 복
이 지금 어디 있느냐 내가 너희에게 증언하노니 너희가 할 수만 있었
더라면 너희의 눈이라도 빼어 나에게 주었으리라 16. 그런즉 내가
너희에게 참된 말을 하므로 원수가 되었느냐 17. 그들이 너희에게
대하여 열심 내는 것은 좋은 뜻이 아니요 오직 너희를 이간시켜 너희
로 그들에게 대하여 열심을 내게 하려 함이라 18. 좋은 일에 대하여
열심으로 사모함을 받음은 내가 너희를 대하였을 때뿐 아니라 언제
든지 좋으니라 19. 나의 자녀들아 너희 속에 그리스도의 형상을 이
루기까지 다시 너희를 위하여 해산하는 수고를 하노니 20. 내가 이
제라도 너희와 함께 있어 내 언성을 높이려 함은 너희에 대하여 의혹
이 있음이라

**12절** 형제들아 내가 너희와 같이 되었은즉 너희도 나와 같이 되기를 구하노라 너희가 내게 해롭게 하지 아니하였느니라

바울은 안타까운 마음으로 그들을 권면합니다. 바울이 갈라디아 교인

들에게 복음을 전했을 때, 그는 율법과 의식을 지켜야 하는 유대인의 입장이 아닌 이방인의 입장에서 갈라디아 성도들과 함께 율법과 의식을 다 벗어 버렸습니다. 오직 순수한 믿음으로 의롭다 함을 얻고 구원받아 하나님의 아들이라는 명분을 얻었던 것입니다. 바울이 처음에 갈라디아 사람들에게 복음을 전할 때 그들은 바울을 박해하거나 해롭게 하지 않고 그의 사도직을 인정해 주었습니다. 이러한 그들에게 사도 바울이 미움과 원한의 감정을 가지고 대할 리가 없습니다. 바울은 그들을 해하려 함이 아니고 그들을 이롭게 하려고 권면하는 것임을 분명히 밝히고 있습니다.

그러면 도대체 왜 갈라디아 교인들과 바울 사이가 이렇게 되었습니까? 이것은 모두 거짓 선생들 때문입니다. 거짓 선생이 들어와서 가라지를 심어 놓음으로 교인들의 마음이 분열된 것입니다. 갈라디아서에서 바울이 계속 강조하는 것은 "예수님께 집중하라, 초점을 예수님께 두라, 예수님에게서 초점이 흐려지면 구원을 못 받는다."라는 것입니다. 우리의 신앙 초점을 예수 그리스도에게 두어야지 조금이라도 비껴가면 안 됩니다. 거짓 교사들의 말에 넘어가지 말아야 합니다.

**13절** 내가 처음에 육체의 약함으로 말미암아 너희에게 복음을 전한 것을 너희가 아는 바라

바울이 갈라디아에서 복음을 전하게 된 것은 몸에 병이 들어 그곳에서 머물러 치료받는 동안이었습니다. 여기서 우리는 중요한 교훈을 얻을 수 있습니다. 그것은 하나님의 위대한 종 바울도 과로하자 병이 났다는 사실입니다. 아무리 예수님께서 우리의 질고를 위해서 채찍에 맞으심으로 우리가 병 고침의 은혜를 받을 수 있게 되었다 하더라도 하나님이 우리에

게 주신 건강을 제대로 지키지 않을 때에는 병이 납니다.

예수님으로 인해 병 고침을 받았다고 해서 우리의 몸을 돌보지 않고 과로하거나 지나치게 사용하면 안 됩니다. 우리들이 조심하고 지킬 것은 지킬 때 하나님께서도 우리를 지켜 주십니다. 그러므로 우리가 해야 할 일은 하지 않고 하나님께 무조건 책임져 달라고 해서는 안 됩니다. 그것은 하나님의 책임이 아니기 때문입니다. 우리가 지켜야 할 것은 최선을 다해서 지키고, 그다음에 병 고침을 위한 기도나 신유의 은사를 구해야 합니다. 바울의 경우에도 그가 복음 전하는 것이 하나님의 일이고 하나님께 영광 돌리는 일이었지만, 건강의 법칙을 지키지 않자 병이 나고 말았습니다.

**14절** 너희를 시험하는 것이 내 육체에 있으되 이것을 너희가 업신여기지도 아니하며 버리지도 아니하고 오직 나를 하나님의 천사와 같이 또는 그리스도 예수와 같이 영접하였도다

갈라디아 교인들은 바울이 병들어 누워 있는 것만으로도 시험에 들 수 있었지만 그들은 시험에 들거나 그를 업신여기거나 경멸하지 않았습니다. 오히려 바울을 격려하고 병이 낫도록 정성을 다해서 보살폈습니다.

갈라디아 교인들은 바울이 갈라디아에 처음으로 와서 복음을 전할 때 그의 입에서 나오는 진리의 말씀을 듣고 너무나 고마워서 바울을 마치 천사와 같이 또는 예수님과 같이 대접하였습니다. 예수님께서는 그의 제자들에게 이르시기를 "너희를 영접하는 자는 나를 영접하는 것이요 나를 영접하는 자는 나를 보내신 이를 영접하는 것이니라"(마 10:40)고 하셨고, "누구든지 제자의 이름으로 이 작은 자 중 하나에게 냉수 한 그릇

이라도 주는 자는 내가 진실로 너희에게 이르노니 그 사람이 결단코 상을 잃지 아니하리라"(마 10:42)고 말씀하셨습니다.

그러므로 주의 종을 영접하는 것은 곧 예수 그리스도를 영접하는 것이 됩니다. 따라서 주의 종을 받들 때에는 천사와 같이, 예수 그리스도와 같이 그를 극진히 대접하는 것이 좋습니다. 하지만 만약 주의 종이라고 자칭하는 사람이 우리에게 와서 돈이나 물질을 요구한다면 그것은 결코 주의 종의 행동이 아닙니다. 주의 종은 원칙적으로 하나님께 구해야지 사람에게 달라고 해서는 안 됩니다. 우리들은 주의 종을 섬기되 올바로 알고 섬겨야 합니다.

**15절** 너희의 복이 지금 어디 있느냐 내가 너희에게 증언하노니 너희가 할 수만 있었더라면 너희의 눈이라도 빼어 나에게 주었으리라

갈라디아 교인들은 바울이 전한 복음을 듣고 매우 기뻐했었습니다. 그러나 이제 그들은 더 이상 복음의 진리를 기뻐하지 않았고 바울은 이를 책망하고 있습니다. 갈라디아에서 복음을 처음 전할 당시 사도 바울은 눈병을 치료하고 있었던 것 같습니다. 그는 극한 안질에 걸려서 고통을 당하였는데, 갈라디아 교인들은 너무나 바울을 사랑해서 자기들 눈이라도 뽑아서 주기를 원했을 정도였습니다. 그런데 이제 그 뜨거운 사랑은 사라지고 말았습니다. 바울은 복음의 기쁜 소식을 전해준 그를 그렇게 사랑했던 갈라디아 성도들의 첫 사랑을 추억하고 있습니다.

'인심조석변'(人心朝夕變)이라 했습니다. 사람 마음이 아침 다르고 저녁 다르듯이, 자기의 눈이라도 빼 주겠다며 바울과 뜨거운 사랑을 나누었던 갈라디아 교인들은 거짓 선생과 거짓 사도들의 말에 속아 넘어가 바

울에게서 등을 돌려 버리고 말았습니다.

**16절 그런즉 내가 너희에게 참된 말을 하므로 원수가 되었느냐**

갈라디아 교인들 중에서 어떤 이들은 거짓 선생들에게 속아 바울을 원수로 생각하기도 하였습니다. 그 이유는 바울이 '참된 말' 을 하기 때문이었습니다. '참된 말' 이란 복음을 뜻합니다. 바울은 갈라디아 성도들에게 예수님만 믿으면 구원을 얻는다는 것을 전했습니다. 그 외에 다른 것은 전하지 않았습니다. 그런데 그들 중 일부가 거짓말하고 속이는 사람들의 말을 듣고 율법과 의식을 지키고 달과 절기를 지켜야만 온전한 구원을 얻는다고 생각하여 교회를 떠나는 경우가 많았습니다. 또한 바울이 증거한 것은 다 거짓이라고 바울을 비난하고 심지어 원수로 생각하기까지 했습니다.

**17절 그들이 너희에게 대하여 열심 내는 것은 좋은 뜻이 아니요 오직 너희를 이간시켜 너희로 그들에게 대하여 열심을 내게 하려 함이라**

거짓 선지자와 거짓 선생들이 갈라디아 성도들을 열심히 심방하고, 사랑한다고 끌어안고, 온갖 감언이설로 꾀었습니다. 그들의 목적은 바울을 모략하여 결국 그들을 파멸시키기 위함이었습니다. 그들을 속이고 거짓으로 설득함으로 그들 사이를 이간하여 서로 갈라지도록 하기 위해서 애를 쓰고 있었습니다. 성도들 사이를 이간시킨 후에 자신들의 의식주의와 할례주의 그리고 율법주의를 열렬히 따라오게 하여 거짓 가르침과 율법의 종으로 삼으려고 했습니다. 결국 그들은 하나님을 위해서 열심을 낸 것이 아니라 자신들을 위해 열심을 냈습니다. 그것이 바로 거짓 교사들의 모습입니다.

**18절** 좋은 일에 대하여 열심으로 사모함을 받음은 내가 너희를 대하였을 때뿐 아니라 언제든지 좋으니라

'좋은 일' 이란 그리스도의 복음으로 구원받고 하나님께 축복을 받는 참진리를 말합니다. 누구라도 그 좋은 일, 즉 참진리와 선을 전하기 위해 열심을 낸다면 바울이 같이 있을 때뿐만 아니라, 같이 있지 않을 때라도 역시 좋은 일입니다.

즉, 그 복음을 전하는 사람이 반드시 바울 자신이 아니라 다른 사람이 와서 전한다고 해도 진실로 구원의 도리를 위한 것이라면 언제라도 좋다고 바울은 말합니다.

**19절** 나의 자녀들아 너희 속에 그리스도의 형상을 이루기까지 다시 너희를 위하여 해산하는 수고를 하노니

바울이 여기서 '나의 자녀들' 이라고 부른 것은 그가 직접 복음을 전하여 영적으로 낳은 그의 자식이기 때문입니다. 어린아이를 한번 해산하려면 많은 수고와 고통이 따릅니다. 잘못하면 죽기도 하기 때문에 목숨을 내놓고 해산의 수고를 하여 자식을 낳습니다. 영적인 해산도 마찬가지의 수고를 필요로 합니다. 산모가 어린아이를 잉태하여 열 달 동안 아기집 속에 양육하는 것처럼, 한 사람이 예수를 믿게 하기 위해서도 그 사람을 위해 간절히 기도하며 복음으로 권면하는 수고가 필요합니다. 이렇게 바울이 어렵게 해산의 수고를 하여 갈라디아 교인들을 영적으로

낳았지만 현재 그들은 거짓 선생에게 속아 그리스도에게서 멀어져 가고 있었습니다.

그래서 바울은 그들 마음속에 그리스도의 형상이 이루기까지 다시 해산의 수고를 하겠다고 했습니다. 그리스도의 형상이 마음속에 이룬다는 것은 그리스도와 영적으로 일치한다는 뜻입니다. 처음에 바울이 복음을 전할 때는 아직 그들 마음속에 그리스도의 형상을 이루지 못했기 때문에 그들은 결국 그리스도에게서 이탈되어 율법과 의식을 따라 초등 학문인 율법으로 다시 돌아가 버렸습니다. 그래서 바울은 그들에게 다시 한번 그리스도를 전하여 그들 마음속에 그리스도의 형상이 이루어져서 예수님만 생각하고 예수님만 바라보고 의지하며 더불어 사는 하나님의 자녀가 되기를 간절히 바라고 있습니다. 바울이 이처럼 편지를 쓰는 것도 일종의 해산의 수고입니다. 편지를 쓰면서 안타까운 눈물을 흘리고 탄식하고 있음을 알 수 있습니다.

오늘날도 한 사람의 영혼을 구하기 위해서는 이러한 해산의 수고를 해야 합니다. 예수님도 온 인류의 구원을 위해서 십자가에서 피 흘리시고 몸을 찢기시면서까지 돌아가시는 해산의 수고를 하셨습니다. 그러므로 복음을 전하는 우리들도 이웃을 구원하기 위하여 눈물의 기도와 헌신이 필요합니다. 우리 각 개인의 영혼도 영적 선배들의 바로 이러한 해산의 수고를 통해 구원을 얻었습니다.

**20절** 내가 이제라도 너희와 함께 있어 내 언성을 높이려 함은 너희에 대하여 의혹이 있음이라

갈라디아 교인들과 함께 대화를 나눌 수 있기를 간절히 바라는 바울의

심정이 잘 나타나 있는 구절입니다. 당시에는 교통수단이 발달되어 있지 않았기 때문에 한번 만나려면 여러 달을 여행해야 하는 어려움이 있었습니다. 그럼에도 불구하고 바울은 그들을 다시 만나 올바른 그리스도인으로 세워 주기를 원했습니다.

'언성을 높이려 함' 은 그들에게 친근하고 다정하게 말한다는 뜻입니다. 이제까지는 꾸짖는 말로써 그들을 대하였으나 지금부터는 부드러운 말로 대화를 하겠다는 말입니다. 그러나 이 말 속에는 거짓 선지자들에게 속아 넘어간 갈라디아 교인들에 대한 바울의 안타까움과 훈계의 뜻이 들어있습니다.

또한 그들에 대해 '의혹' 이 있다는 것은 갈라디아 교인들의 현재 상황에 대한 의심을 말합니다. 즉, 바울이 전하는 복음을 전적으로 따르지 않고 다른 교훈을 따르기 때문에 혹시 구원에서 떨어진 존재가 아닌가 하는 의심이 그의 마음속에 있었던 것입니다. 그래서 바울은 그들의 상태를 확인하고 그들을 선도하여 다시 구원의 자리로 돌아오도록 하기 위하여 이 편지를 쓰게 되었습니다.

오늘날 우리도 마찬가지입니다. 신자 된 우리는 예수 그리스도의 복음의 순수성에 다른 어떤 것도 섞어서는 안 됩니다. 우리는 오직 우리들을 위하여 십자가에 못 박혀 죽으시고 사흘 만에 부활하여 승천하셔서 지금은 하나님의 보좌 우편에 앉아 계신 하나님의 아들 예수 그리스도만 믿고 의지함으로 구원을 얻을 수 있습니다(요 14:6). 그러므로 구원받은 우리는 율법에 매여 날과 달과 절기를 지킬 필요가 없으며 할례를 받을 필요도 없습니다. 우리는 오직 예수 그리스도를 믿음으로 말미암아 의롭다 함을 얻고 하나님 앞에 설 수 있을 뿐입니다. 따라서 우리가 전할 것은 예수 그리스도의 피 공로이지 율법과 의식이 아닙니다.

## 4. 율법 아래 있는 자와 은혜 아래 있는 자 (4:21-31)

**21. 내게 말하라 율법 아래에 있고자 하는 자들아 율법을 듣지 못하
였느냐 22. 기록된바 아브라함에게 두 아들이 있으니 하나는 여종
에게서, 하나는 자유 있는 여자에게서 났다 하였으며 23. 여종에게
서는 육체를 따라 났고 자유 있는 여자에게서는 약속으로 말미암았
느니라 24. 이것은 비유니 이 여자들은 두 언약이라 하나는 시내 산
으로부터 종을 낳은 자니 곧 하갈이라 25. 이 하갈은 아라비아에 있
는 시내 산으로서 지금 있는 예루살렘과 같은 곳이니 그가 그 자녀들
과 더불어 종 노릇 하고 26. 오직 위에 있는 예루살렘은 자유자니 곧
우리 어머니라 27. 기록된바 잉태하지 못한 자여 즐거워하라 산고
를 모르는 자여 소리 질러 외치라 이는 홀로 사는 자의 자녀가 남편
있는 자의 자녀보다 많음이라 하였으니 28. 형제들아 너희는 이삭
과 같이 약속의 자녀라 29. 그러나 그때에 육체를 따라 난 자가 성령
을 따라 난 자를 박해한 것같이 이제도 그러하도다 30. 그러나 성경
이 무엇을 말하느냐 여종과 그 아들을 내쫓으라 여종의 아들이 자유
있는 여자의 아들과 더불어 유업을 얻지 못하리라 하였느니라 31.
그런즉 형제들아 우리는 여종의 자녀가 아니요 자유 있는 여자의 자
녀니라**

**21절** **내게 말하라 율법 아래에 있고자 하는 자들아 율법을 듣지 못하였느냐**

갈라디아 교인들 중에는 율법과 의식을 지키는 등의 어떤 인간의 공로가 있어야 구원을 얻는다고 믿고 율법 아래 거(居)하기를 즐겨하는 사람들이 많았습니다. 그들은 율법 안에 무엇이 쓰여 있는지 안다고 생각하고 있었습니다. 그러나 바울은 율법을 안다고 자처하는 그들에게 율법의 참의미를 바로 인식시켜 줌으로써 그들의 어리석음을 돌이키길 원했습니다.

하나님의 아들이 육신을 쓰고 오셔서 우리의 삶에 동참하시고 우리의 짐을 짊어지시고, 우리 대신 십자가에서 몸 찢고 피 흘려 죽어서 우리의 죄와 허물을 다 청산하시고 천국 길을 열어주신 것이 얼마나 큰 은혜입니까? 그럼에도 불구하고 율법 행위라는 조그마한 공로를 세워서 은혜를 값 주고 사려고 하는 인생의 어리석음은 말로 다할 수가 없습니다. 이것은 주님에 대한 모욕이요, 주님을 무시하는 일입니다. 이 세상에 "나는 공로를 세웠습니다. 이만하면 내가 주님의 구원을 받을 만한 자격이 있습니다."라고 말할 수 있는 사람은 한 사람도 없습니다. 주님이 주신 은혜가 너무나 크기 때문에 그냥 믿음으로 받아야 합니다.

**22절** **기록된바 아브라함에게 두 아들이 있으니 하나는 여종에게서, 하나는 자유 있는 여자에게서 났다 하였으며**

사도 바울은 창세기 16장과 21장의 역사적 사실을 들어 '율법' 과 '약속' 의 성격을 설명하고 있습니다. 여기에 언급된 '두 아들' 은 이삭과 이스마엘을 가리킵니다. 이삭은 아브라함의 아내 사라에게서 태어났고, 이스마엘은 사라의 여종 하갈에게서 태어났습니다.

**23절** 여종에게서는 육체를 따라 났고 자유 있는 여자에게서는 약속으로 말미암았느니라

하갈은 종이었고 사라는 자유인 신분의 여인이었습니다. 하갈이 노예의 신분이었으므로 이스마엘도 노예의 신분이었으며 또한 아브라함의 육체의 정욕에 의해 낳았으므로 단순히 육신을 따라 태어난 아들이었습니다. 그러나 이삭은 신분이 자유로운 여자인 사라에게서 태어났으므로 자유의 몸이었습니다. 또 이삭은 하나님께서 아브라함에게 주신 약속대로(창 17:1-2) 아들을 기대할 수 없었던 사라에게서 하나님의 은혜에 의해 출생한 언약의 아들이었습니다. 하나님께서는 언약을 통해 태어난 이삭으로 말미암아 아브라함의 후손이 번성할 것을 약속하셨습니다.

**24절** 이것은 비유니 이 여자들은 두 언약이라 하나는 시내 산으로부터 종을 낳은 자니 곧 하갈이라

바울은 율법과 은혜에 대해서 구약의 두 여인을 들어 갈라디아 교인들에게 비유로 설명하고 있습니다. '두 언약'은 구약과 신약을 가리킵니다. 하갈은 구약의 율법을 대표하고, 사라는 신약의 은혜를 대표합니다. 하갈을 '시내 산으로부터 종을 낳은 자'로 비유한 것은 모세가 율법을 처음 받았던 곳이 바로 시내 산이었기 때문입니다. 하갈은 종이었고 그 아들인 이스마엘도 종이었던 것과 같이 모세가 받은 율법은 죄를 깨닫게 할 뿐 죄의 문제는 해결해 주지 못합니다. 오히려 그것은 사람들을 죄책감에 얽매이게 합니다. 이러한 율법을 바울은 종의 자녀인 이스마엘로

비유했습니다.

**25절** 이 하갈은 아라비아에 있는 시내 산으로서 지금 있는 예루살렘 과 같은 곳이니 그가 그 자녀들과 더불어 종 노릇 하고

여기에서 하갈과 시내 산과 예루살렘은 같은 뜻으로 표현되어 있습니다. 시내 산에서 받은 율법의 중심지는 예루살렘이었습니다. 예루살렘은 이스라엘의 수도입니다. 예루살렘에 하나님의 성전이 서고 유대인들의 율법의 중심지가 되었으니 율법주의자인 유대인들이 예루살렘을 중심으로 율법과 제사 의식을 통해 율법의 종 노릇을 하고 있었습니다. 율법이 있으면 죄를 짓게 되고, 죄를 지은 사람은 죄의 종이 되고, 율법의 종이 되었습니다. 율법과 죄는 언제나 같이 갑니다. 율법은 죄를 지적하고 죄는 사람을 다스립니다.

'그 자녀들' 은 예루살렘의 자녀, 즉 유대인 전체를 가리킵니다. 하갈의 자손이 종인 것과 마찬가지로 예루살렘의 자녀인 유대인들도 율법의 종입니다. 율법을 받은 후 모든 사람은 율법 아래에 있으면서 그것을 지키지 못할 때 죄의 종이 되어 율법의 심판 아래에서 늘 종 노릇 하고 있습니다.

오늘날 마귀가 꼼짝도 못하는 것은 예수님의 보혈 때문입니다. 예수 그리스도의 보혈이 와서 율법의 모든 죄를 청산해 버리니까 율법이 무효화되고 죄가 다 씻어졌습니다. 예수님의 보혈이 죄를 다 씻어내어 사탄의 무기를 빼앗아 버리자 사탄의 모든 권세가 없어지게 되었습니다. 그러므로 우리가 예수님의 보혈 아래에 있으면 율법도 사탄도 우리를 다스릴 수 없는 자유인이 됩니다.

**26절** 오직 위에 있는 예루살렘은 자유자니 곧 우리 어머니라

'위에 있는 예루살렘' 은 사라를 의미합니다. 사라는 자유인 신분의 여자로서 하나님의 언약을 통해 이삭을 낳았고, 그 이삭을 통해 아브라함의 후손이 퍼졌습니다. 지금 있는 예루살렘이 율법에 비유되는 것처럼 위에 있는 예루살렘은 사라로서 곧 자유스러운 그리스도의 복음으로 비유됩니다.

예수 그리스도께서 이 땅에 자유자로 오셔서 우리들을 구원하심으로 우리는 그리스도를 통해 영적으로 새로 태어나 자유자가 되었습니다. 그러므로 우리의 구원은 율법으로 말미암지 않고 이삭과 같이 하나님의 언약을 통해 예수님을 믿음으로 말미암았습니다. 지금 있는 예루살렘은 인간을 종으로 삼았으나 위에 있는 예루살렘, 즉 예수 그리스도는 자유자로서 우리를 죄로부터 해방시켜 주셨습니다.

**27절** 기록된바 잉태하지 못한 자여 즐거워하라 산고를 모르는 자여 소리 질러 외치라 이는 홀로 사는 자의 자녀가 남편 있는 자의 자녀보다 많음이라 하였으니

이사야서 54장 1절의 말씀을 인용한 이 말씀은 참으로 놀라운 의미를 지니고 있습니다. 원래 이사야 54장 1절의 내용은 바벨론 포로가 된 이스라엘 백성이 포로로부터 돌아와 하나님께로부터 버림받고 황폐하게 되었던 예루살렘을 다시 재건하고 옛적보다 더욱 번영할 것을 예언한 말씀입니다.

'남편 있는 자의 자녀' 란 육신으로 태어난 이스라엘 백성을 뜻합니다.

그들은 정상적으로 남편과 아내의 관계를 통해서 태어나 유대 민족을 이루었습니다. 이스라엘 백성은 하나님의 선택된 민족이지만 율법 아래에 있는 사람들이기 때문에 지상의 선민입니다. 그러나 예수 그리스도를 믿는 우리들은 천상의 선민입니다. 우리들은 육신으로 남편과 아내가 합쳐서 낳지 아니하고 영적으로 예수님 한 분만을 통해서 태어났기 때문입니다. 실로 우리는 율법의 언약 없이 예수님의 은혜로 태어난 새로운 피조물입니다. 따라서 우리들은 율법 아래에 있지 않고 은혜 아래 있는 하늘의 백성입니다.

"홀로 사는 자의 자녀가 남편 있는 자의 자녀보다 많음이라"는 말씀은 지상의 선민인 유대 민족보다 하늘의 선민인 예수 그리스도를 믿는 사람이 더 많다는 뜻입니다. 유대 민족은 다 합쳐야 2천만 명 정도이지만, 그리스도인들은 오늘날 전 세계에 약 10억이 넘습니다. 이것은 하나님께서 아브라함에게 "하늘을 우러러 뭇별을 셀 수 있나 보라 또 그에게 이르시되 네 자손이 이와 같으리라"(창 15:5)고 하신 말씀이 그대로 이루어진 것입니다. 왜냐하면 우리도 예수 그리스도를 믿어서 영적으로 믿음의 조상인 아브라함의 자손이 되었기 때문입니다.

### 28절 형제들아 너희는 이삭과 같이 약속의 자녀라

바울은 갈라디아 교인들에게 그들이 육체로 인해 낳은 자녀가 아니라 하나님의 약속에 의해 태어난 자녀임을 증언하고 있습니다. 그들은 전에는 이방인으로서 죄인들이었으나 사라가 하나님의 약속에 따라 이삭을 낳음같이 예수 그리스도로 말미암아 하나님의 언약의 자녀가 되었습니다. 그러므로 그들은 이삭과 같이 자유자가 되었습니다. 이것은 갈라디아 교인들이 율법에 얽매여 계속 율법의 종 노릇 한다는 것은 어리석은 일이라고 간접적으로 표현한 말씀입니다. 이와 마찬가지로 오늘날 우리들도 누구든지 예수 그리스도를 믿으면 멸망하지 않고 영생을 얻으리라는 그 약속의 말씀을 통하여 태어난 약속의 자녀들입니다.

**29절** 그러나 그때에 육체를 따라 난 자가 성령을 따라 난 자를 박해한 것같이 이제도 그러하도다

창세기 21장 9절을 보면 육체로 낳은 이스마엘이 언약을 통하여 낳은 이삭을 조롱하고 괴롭히는 장면이 나옵니다. "사라가 본즉 아브라함의 아들 애굽 여인 하갈의 아들이 이삭을 놀리는지라".

'이제도 그러하도다' 라는 말은 하갈의 소생인 이스마엘이 사라의 소생인 이삭을 괴롭혔듯이 율법주의자들과 의식주의자들이 성령으로 말미암아 그리스도인이 된 갈라디아 교인 및 모든 그리스도인들을 박해한다는 뜻입니다.

그런데 오늘날에도 성령 충만한 교회나 성령 운동하는 사람이 박해를 받을 때가 종종 있습니다. 이러한 박해는 예수님을 믿지 않는 사람들에게서 오는 것이 아니라, 예수님을 믿는 자에게서 오는 경우가 많이 있습니다. 성령으로 인하여 은혜를 충만히 받은 교회나 성도들이 성령을 통해 증거를 하면 율법과 의식으로 사는 성도나 교회들이 조롱을 하고 비웃고 심지어 미쳤다는 소리도 서슴없이 합니다. 이것은 바울과 같은 주의 종을 유대교의 교사들이 박해하는 것과 조금도 다를 것이 없습니다. 유대인들은 그들이 하나님을 믿는 방법이 올바른 방법이라고 생각했으나 그것은 결국 하나님의 심판을 피할 수 없는 것이었습니다.

그러므로 성령 운동을 한다는 이유로 박해받는다고 낙심하거나 포기해서는 안 됩니다. 그때와 같이 지금도 육체로 난 자들이 성령으로 난 자들을 박해하는 것은 이상한 일이 아니기 때문입니다. 우리는 그러한 박해를 받으면 받을수록 더욱 기도하고 더욱 감사하는 마음으로 전도해야 합니다.

**30절** 그러나 성경이 무엇을 말하느냐 여종과 그 아들을 내쫓으라 여종의 아들이 자유 있는 여자의 아들과 더불어 유업을 얻지 못하리라 하였느니라

바울은 성경 구절(창 21:10)을 인용하여 율법과 의식주의자들의 종말을 예언하고 있습니다. 사라는 자기의 아들 이삭이 이스마엘에게 놀림당하는 것을 보고는 분노하여 아브라함에게 여종과 그 아들을 쫓아낼 것을 요구했습니다. 이것을 하나님께서 그대로 행하라고 하셨으므로 이 말은 곧 하나님의 명령이 되었습니다. 또한 이스마엘은 이삭과 더불어 유업을 받지 못한다고 했습니다. 즉, 이스마엘은 언약의 아들인 이삭과 함께 거할 수가 없게 되었습니다. 사도 바울은 창세기의 이 말씀을 인용하면서 율법주의자의 파국을 예언하고 있습니다.

그러므로 오늘날 육으로 사는 사람이 영으로 사는 사람을 박해하고 조롱한다고 할지라도 마지막 때인 주님이 오시는 날에는 그 처지가 완전히 달라집니다. 영으로 사는 사람은 하나님의 유업을 얻기 위해 하늘로 들려 올라가고, 육으로 사는 사람은 남아 하나님의 심판을 받게 됩니다. 이스마엘이 이삭과 함께 거할 수 없었듯이 율법과 은혜는 공존할 수 없습니다. 마지막 날에 율법주의자들은 하늘나라에 들어갈 수 없습니다.

**31절** 그런즉 형제들아 우리는 여종의 자녀가 아니요 자유 있는 여자의 자녀니라

우리들은 더 이상 여종, 즉 율법의 자녀가 아닙니다. 우리는 이제 주 예수 그리스도, 즉 자유하게 하는 자의 자녀가 되었으므로 율법이나 의식에 묶일 필요가 없습니다. 우리는 믿음으로 말미암아 구원을 얻고 성령 충만함을 받아 하나님을 자유롭게 섬기며 사는 언약의 자녀이므로 자유롭게 행해야 합니다. 다시 율법으로 돌아가 초등 학문에 묶여 율법과 의식의 종이 되어서는 안 됩니다.

그런데 사람들은 무엇인가 자기의 공로를 내세우고 싶어 합니다. 그래서 율법과 의식을 지키고 자기의 어떤 행위를 통해서 구원을 얻고자 합니다. 그러나 구원만은 사람들의 공로로 되지 않습니다. 오직 구원은 하나님의 절대적인 은혜로 말미암습니다. 인간의 수단과 방법과 노력으로써 열매를 맺으려는 것은 율법주의자들의 행동입니다. 그러나 종국에 가서 주님이 이 땅에 다시 오실 때 주님을 영접하며 신부가 될 자는 율법주의자들이 아닌 하나님의 은혜로 말미암아 믿음으로 구원을 얻은 바로 우리들입니다.

제 5 장

# 성령으로 자유하라

**본 장에서** 사도 바울은 4장에서의 강론을 현실적인 문제로 전환시키면서 4장 내용을 결론짓고 있습니다. 4장에서는 사도 바울이 갈라디아 교인들에게 교리적인 면을 강조한 데 비해서 본 장에서는 실천적인 면을 권면하고 있습니다. 3장과 4장이 기독교 교리면을 다루었다고 본다면 본 장과 6장은 기독교 실천면을 다루었다고 할 수 있습니다.

## 1. 종의 멍에를 메지 말라(5:1)

**1. 그리스도께서 우리를 자유롭게 하려고 자유를 주셨으니 그러므로 굳건하게 서서 다시는 종의 멍에를 메지 말라**

**1절** 그리스도께서 우리를 자유롭게 하려고 자유를 주셨으니 그러므로 굳건하게 서서 다시는 종의 멍에를 메지 말라

본 절은 4장 마지막 절과 관련하여 결론을 내려주는 말씀으로서 1절이 독립된 뜻을 지니고 있습니다. 여기서 '자유' 라는 것은 영적인 자유를 가리킵니다. 우리의 조상 아담이 하나님 앞에서 반역죄를 지은 이후 우리는 태어날 때부터 죄의 종으로 태어났습니다. 이 세상에 살면서 마귀의 억압 아래에서 도둑질당하고 죽임을 당하고 멸망을 당하여 하나님도 없고 소망도 없이 정죄와 죽음과 절망에 짓눌려 살아왔습니다. 그러

므로 예수님께서 오셔서 십자가를 짊어지신 것은 종의 멍에를 짊어진 우리들을 값 주고 사시기 위함이었습니다.

종은 상품과 같이 취급되었기 때문에 그 값을 지불해야 합니다. 마귀에게 지불하는 것이 아닙니다. 하나님께서 우리를 종으로 넘겨주신 것이므로 하나님 앞에 그 값을 지불해야만 우리의 지위를 도로 찾을 수 있습니다. 예수님께서는 우리들을 자유롭게 하시기 위해 우리를 대신하여 그 대가를 지불하셨습니다. 반역죄의 대가는 죽음이므로 예수님께서 십자가에 못 박혀 피를 흘려 죽으셔야 했습니다.

그 결과, 우리는 하나님의 율법의 엄한 심판에서 놓여남을 받게 되었습니다. 이제 우리는 예수 그리스도 안에서 '죄의 삯은 사망' (롬 6:23)이라는 하나님의 법으로부터 자유함을 얻었습니다. 그리스도인은 그리스도의 피로 영원히 용서함을 받았기 때문에 이제 우리는 더 이상 마귀와 사망의 종 노릇을 할 필요가 없게 되었습니다.

하나님께서 값없이 우리에게 자유를 주셨으므로 우리가 해야 할 일은 '굳세게 서는 일' 뿐입니다. 굳세게 서는 것은 우리의 의무입니다. 주님께서 우리의 죗값을 청산하신 것을 믿고 받아들임으로 마귀가 방해하지 못하도록 해야 합니다. '굳세게 선다' 는 것은 하나님의 말씀 위에 굳게 선다는 뜻입니다. 결코 인간의 지성이나 감각, 혹은 이성 위에 서는 것이 아닙니다. 주님께서 십자가에 피 흘려 돌아가심으로 우리의 모든 죄의 문제가 해결되었다는 이 진리를 굳게 잡고 놓치지 말아야 합니다.

사도 바울이 '다시는 종의 멍에를 메지 말라' 고 말한 이유는 이처럼 예수님께서 우리의 죄를 다 청산하셨음에도 불구하고 아직도 죄의 종으로 매여 있는 사람들이 있었기 때문입니다. 예수님께서 우리의 죄의 멍에를 꺾어 버리신 지 2천 년이나 되었습니다. 이제 우리는 예수님을 믿고 영접하기만 하면 됩니다. 예수 그리스도를 영접한 사람은 죄와 질병과 사망과는 아무런 상관이 없게 되었습니다. 그래서 사도 바울도 갈라디아 교인들에게 오직 이 진리를 받아 믿음으로 다시는 죄의 종이 되지 말라고 권면하고 있습니다.

## 2. 할례의 무익(5:2-12)

> 2. 보라 나 바울은 너희에게 말하노니 너희가 만일 할례를 받으면 그리스도께서 너희에게 아무 유익이 없으리라 3. 내가 할례를 받는 각 사람에게 다시 증언하노니 그는 율법 전체를 행할 의무를 가진 자라 4. 율법 안에서 의롭다 함을 얻으려 하는 너희는 그리스도에게서 끊어지고 은혜에서 떨어진 자로다 5. 우리가 성령으로 믿음을 따라 의의 소망을 기다리노니 6. 그리스도 예수 안에서는 할례나 무할례나 효력이 없으되 사랑으로써 역사하는 믿음뿐이니라 7. 너희가 달음질을 잘하더니 누가 너희를 막아 진리를 순종하지 못하게 하더냐 8. 그 권면은 너희를 부르신 이에게서 난 것이 아니니라 9. 적은 누룩이 온 덩이에 퍼지느니라 10. 나는 너희가 아무 다른 마음을 품지 아니할 줄을 주 안에서 확신하노라 그러나 너희를 요동하게 하는 자는 누구든지 심판을 받으리라 11. 형제들아 내가 지금까지 할례를 전한다면 어찌하여 지금까지 박해를 받으리요 그리하였으면 십자가

의 걸림돌이 제거되었으리니 12. 너희를 어지럽게 하는 자들은 스스로 베어 버리기를 원하노라

**2절** 보라 나 바울은 너희에게 말하노니 너희가 만일 할례를 받으면 그리스도께서 너희에게 아무 유익이 없으리라

본문에서 바울은 단호하고 엄숙하게 갈라디아 교인들의 최후의 결단을 촉구하고 있습니다. '나 바울은' 이라는 강한 표현을 쓴 것은 단순히 인간 바울이 아닌 하나님의 종으로서의 사도 된 권위를 가지고 말함을 나타냅니다. 그들에게 이렇게 강한 표현을 사용한 것은 그가 하고자 하는 말이 대단히 중요함을 깨닫게 하기 위함이었습니다.

'너희에게 말한다' 는 것은 그저 지나치는 말이 아니라 '사도 바울' 의 전인격적인 권위와 판단으로 그들에게 호소하고 있음을 말해 줍니다. 바울은 이 말을 하나님 앞에서 책임감 있게, 그리고 당당하게 말하고 있습니다.

본 절을 통하여 우리는 갈라디아 교인들 간에 가장 문제시되었던 것이 곧 할례받는 일임을 알 수 있습니다. 할례라는 것은 하나님께서 아브라함에게 명령하신 의식으로써 유대 민족에게 주어진 언약의 표징입니다(창 17:9-14). 유대인들은 남자 아이가 태어나면 난 지 8일째 되는 날에 할례를 베풉니다. 그런데 갈라디아인들은 유대인이 아닌 이방인이므로 할례를 받을 필요도, 또 율법주의자들에게 강요를 받을 필요도 없습니다. 더구나 할례는 하나님께서 율법으로 명하신 것이기 때문에 할례를 받는다는 것은 곧 율법을 따르는 것과 같은 결과가 됩니다.

'그리스도께서 너희에게 아무 유익이 없으리라' 고 한 것은 그들이 할례를 받으면 예수님께서 인류의 죄를 한 몸에 짊어지고 인류 대신 심판 받으신 것이 그들에게 아무런 소용이 없게 된다는 뜻입니다. 왜냐하면 예수님께서 십자가에 돌아가실 때 '다 이루었다' (요 19:30)고 선포하신 완전한 구원을 불신하는 것이 되기 때문입니다. 그것은 예수님의 인류 구원의 역사(役事)를 부인하는 것이 되고 미완성인 것으로 보는 것과 같습니다. 갈라디아 교인들이 예수님을 안 믿는 것이 아니었습니다. 예수님의 구원을 믿지만 거기에다 그들의 율법적인 행위인 할례를 하나 더 보태겠다는 심산이었습니다.

이 말은 언뜻 타당성 있게 들리기도 합니다. 그러나 사실은 대단히 위험한 말입니다. 이 말은 율법과 은혜를 섞겠다는 이야기입니다. 그것은 예수님을 믿는 것이 아니며, 예수님의 피 공로를 무(無)로 돌리는 결과가 됩니다. 실로 예수님의 구원은 완전한 것이기 때문에 어떤 것이라도 보태서는 안 됩니다. 또한 어떠한 조건을 내세워서도 안 됩니다. 예수님의 구원 외에 다른 것을 더하거나 조건을 내세우는 것은 예수 그리스도와 멀어지는 결과를 가져옵니다. 그러므로 바울은 갈라디아 교인들에게 그들이 율법주의자들에게 속아 넘어가서 예수 그리스도와 멀어지는 일이 없도록 권면하고 있습니다.

**3절** 내가 할례를 받는 각 사람에게 다시 증언하노니 그는 율법 전체를 행할 의무를 가진 자라

그들 중에는 이미 할례를 받은 사람들도 있었습니다. 그래서 바울은 이미 할례를 받은 한 사람 한 사람에게 다시 증언한다고 하였습니다. '증

언한다' 는 것은 말하는 것보다 훨씬 강합니다. '율법 전체를 행할 의무'를 가진다고 한 것은 율법을 다 지켜야 구원을 얻을 수 있다는 말입니다. 그런데 할례는 겨우 율법의 한 부분에 지나지 않으므로 그 할례만 지킨다고 해서 구원받는 것이 아니고 율법을 다 지켜야 구원을 얻게 됩니다. 그러므로 할례 하나만 지키면 구원 얻을 수 있다는 것은 모순된 이야기입니다. 왜냐하면 그리스도 밖에서 구원을 얻으려면 율법을 완전히 지켜야 하기 때문입니다. 율법의 일부분만 지켜서는 구원을 얻을 수 없습니다. 그런데 율법을 완전히 지킨다는 것은 인간의 힘으로는 절대로 불가능합니다. 그렇기 때문에 구원을 받기 위해서는 절대로 예수 그리스도를 믿어야 합니다.

**4절** 율법 안에서 의롭다 함을 얻으려 하는 너희는 그리스도에게서 끊어지고 은혜에서 떨어진 자로다

4장에서도 언급한 것같이 율법과 복음은 공존할 수 없습니다. 그래서 율법을 지킴으로 의롭다 함을 얻으려는 자는 그리스도와 상관이 없게 됩니다. 뿐만 아니라 하나님의 은혜에서도 끊어지게 됩니다.

은혜란 하나님께서 값없이 주시는 선물입니다. 그런데 사람들은 하나님께서 우리의 죄를 청산해 주신 것을 받아들이지 않고 인간 스스로의 힘으로 의롭게 되려고 하기 때문에 구원에서 끊어지게 됩니다. 성경은 우리가 의로운 행동을 아무리 해도 결국에는 의에 이르지 못한다고 말씀하고 있습니다.

"무릇 우리는 다 부정한 자 같아서 우리의 의는 다 더러운 옷 같으며 우리는 다 잎사귀같이 시들므로 우리의 죄악이 바람같이 우리를 몰아가나

이다"(사 64:6).

우리가 율법을 지킨다고 해도 그것은 하나님의 의가 아닌 우리의 의이므로 더러운 옷 같고 쇠패한 잎사귀 같을 뿐입니다. 그러므로 전적으로 하나님의 은혜에 감격하면서 예수 그리스도를 믿어 구원을 받든지, 율법을 앞세워 그리스도의 구속의 은총에서 멀어지든지 둘 중의 하나를 선택해야 합니다.

### 5절　우리가 성령으로 믿음을 따라 의의 소망을 기다리노니

'우리' 라는 것은 4절의 '너희' 와 대조되는 표현으로 바울과 같이 의롭게 됨의 근거를 율법에 두지 않고 그리스도에게 두고 있는 사람들을 가리킵니다. '성령으로 믿음을 따라' 라는 말은 성령에 의해 우리의 믿음이 생겨난다는 말과 같은 의미입니다. 믿음이란 우리 자신 스스로가 애쓰고 힘써서 만들어 낼 수 있는 것이 아닙니다. 믿음은 하나님의 은혜로 옵니다. 우리 마음속에 성령을 모셔 들이면 그 은혜로 인하여 성령께서 값없이 믿음을 전달해 주십니다. 그러므로 성령의 역사가 없으면 믿음도 생기지 않습니다. 그래서 사도 바울은 믿음을 따라 의롭다 함을 얻을 것을 말하고 있습니다.

우리는 우리에게 닥친 문제를 해결하려고 하기 전에 먼저 성령을 받아야 합니다. 하나님께서는 성령을 통해서 역사하시기 때문입니다. 하나님 아버지께서 직접 일하시던 구약의 시대는 이미 끝났고, 예수 그리스도의 시대도 이미 다 이루어져 이제는 예수님께서 하나님의 보좌 우편에 앉아 계시므로 지금은 성령의 시대입니다. 이제 하나님께서는 성령을 통해서만 일하시므로 병의 치료를 위한 기도의 응답이나 가족 구원을 위한 기도의 응답도 성령을 통해서 받게 됩니다. 성령이 없이 육으로 사는 사람의 모든 것은 마른 나뭇가지 같아서 심판의 날에 다 타 없어져 버리고 맙니다. 그러나 성령으로 말미암은 사람의 것은 금이나 은이나 보석으로 단장한 것 같아서 불을 통해도 타지 않고 오히려 더욱 견고해지고 아름다워집니다.

'의의 소망' 은 구원의 완성을 의미합니다. 즉, 우리가 마지막 날에 예수 그리스도와 함께 들려 올라가서 살게 될 새 하늘과 새 땅에 대한 소망을 가리킵니다. 그곳은 예수 그리스도로 말미암아 의로워진 사람들만이 거하는 새로운 곳입니다. 그곳에 가려면 성령을 통해서만 가능합니다. 성령으로 말미암아 믿음이 생긴 우리는 그 믿음으로 이미 의롭다 함을 얻었습니다. 그리고 또 그 믿음으로 의의 완성인 새 하늘과 새 땅과 새 예루살렘을 소망하며 기다립니다. 이것이 바로 우리의 참믿음입니다.

**6절** 그리스도 예수 안에서는 할례나 무할례나 효력이 없으되 사랑으로써 역사하는 믿음뿐이니라

'그리스도 예수 안' 은 그리스도를 믿는 믿음 안이라는 뜻입니다. 이것은 그리스도와의 인격적인 결합보다는 그리스도 안에 있는 구원의 방법에 대해 말하고 있습니다. 따라서 예수님 안에서는 할례에 대한 것이 아무런 문제가 되지 않습니다. 하나님 앞에서 의롭다 함을 얻고 성령을 모시고 구원을 얻는 일에 할례나 무할례는 아무 상관이 없습니다.

구원에 있어서 효력이 되는 것은 단지 '사랑으로써 역사하는 믿음' 뿐입니다. 이 절에서 말하는 '사랑' 은 하나님의 사랑을 말합니다. 하나님의 사랑이 우리 마음속에 비쳐오게 되면 하나님께 대한 믿음이 생겨나

게 됩니다. 이 사랑은 하나님의 성령으로 말미암아 우리 마음에 부은바 됩니다(롬 5:5). 그 결과 하나님께 대한 참믿음이 생기어 하나님을 사랑하고, 이웃을 사랑하며, 나 자신을 사랑할 줄 아는 놀라운 역사가 일어납니다.

성경에는 '행함이 없는 믿음은 죽은 믿음' 이라고 했습니다(약 2:14-26). 사랑으로써 역사하지 않는 믿음은 참믿음이 아닙니다. 따라서 우리들이 그리스도 안에서 자유하기 위해서는 하나님께 대한 믿음이 필요합니다. 이 믿음은 우리가 구원받기 위한 단 하나의 조건이 됩니다. 그러나 이 믿음도 우리 스스로 얻는 것이 아니라 하나님께서 성령을 통해서 값없이 주시는 것임을 잊지 말아야 합니다.

**7절** 너희가 달음질을 잘하더니 누가 너희를 막아 진리를 순종하지 못하게 하더냐

지금까지 다시 율법에 얽매이려는 갈라디아 교인들을 책망하였던 바울은 이 절부터는 갈라디아 교인들을 유혹하는 율법주의자들을 직접 공격하고 있습니다. 처음에 갈라디아 교인들은 바울에게서 복음을 듣고 그 복음대로 잘 믿으며 순종하여 왔습니다. 그런데 이제 율법주의자들이 그들을 막아 그리스도 안에 있는 자유의 길을 달음질하지 못하게 하였습니다. 여기서 '진리' 란 믿음으로 구원을 받는다는 '복음의 진리' 를 말합니다. 율법주의자들은 이 복음의 진리를 왜곡하고 갈라디아 교인들을 미혹하여 그들을 진리의 복음으로부터 떠나게 했습니다.

우리들은 하나님의 종이나 선생을 잘 선택해야 합니다. 또한 믿음이 약할 때에는 잘못된 말을 듣지 않도록 조심해야 합니다. 사설이나 이단

과 논쟁할 필요가 없습니다. 논쟁하다가 이단과 사설의 교리에 빠지게 되는 수가 있습니다. 그러므로 우리들은 예수 그리스도를 믿음으로 구원의 은총에 들어섰으면 그 길로 매진해야 하며, 좌로나 우로나 치우쳐서는 안 됩니다.

### 8절 그 권면은 너희를 부르신 이에게서 난 것이 아니니라

'그 권면' 이란 예수님을 믿는 것 외에 할례를 받고 율법을 지켜야만 구원을 얻는다는 율법주의자들의 가르침을 말합니다. 갈라디아 교인들은 이 잘못된 권면에 쉽게 넘어가고 말았습니다. 그들의 이런 어리석음을 깨우쳐 주기 위해서 바울은 율법주의자들의 권면이 그들을 부르신 이, 즉 하나님 아버지와 예수 그리스도에게서 나온 것이 아님을 말하고 있습니다.

바울은 복음의 진리를 하나님의 권위에 의하여 그들에게 전파하였고, 또 그들은 하나님의 은혜로 말미암아 부름을 받았습니다. 그러므로 하나님이 세우신 의와 구원의 길과 정반대되는 그 권면은 하나님께로부터 난 것도 아니요, 바울 자신에게서 나온 것도 아닙니다. 이것은 갈라디아 교인들로 하여금 복음을 잘못 알게 하여 복음에서 떨어지게 하려는 사탄과 그의 무리들에게서 나온 것임을 충분히 알 수 있습니다. 오늘날도 사탄은 어찌하든지 기독교인들로 하여금 복음의 진리로부터 돌아서게 하여 하나님의 나라를 이룩하지 못하게 하려고 끊임없이 애쓰고 있습니다. 그들은 복음의 중심을 흔들리게 하는 이단과 사설의 교리를 들고 나옵니다. 이럴 때 우리들은 이러한 교리들이 과연 하나님께로부터 온 것인가를 판단하고 그렇지 않을 때에는 즉시 거절하고 배격해야 합니다.

**9절** 적은 누룩이 온 덩이에 퍼지느니라

이 비유는 고린도전서 5장 6절에도 사용되고 있는 구절입니다. 누룩의 비유는 성경에서 자주 사용되는 비유이며 좋은 뜻으로 사용된 곳도 있으나 대부분은 죄악의 확산과 같은 나쁜 뜻으로 사용되었습니다(출 12:15; 레 2:11; 신 16:3). 여기서 누룩은 갈라디아 교인들을 미혹하게 하는 거짓 교사, 혹은 그들이 권면하는 악한 교리를 말하며, '온 덩이' 는 갈라디아 교인 전체를 의미합니다.

적은 양의 누룩을 밀가루에 섞으면 온 덩이가 다 부풀어 오르듯이 조그마한 죄나 이단 사설이 모든 성도들을 다 썩게 만듭니다. 진리 속에 거짓된 교리를 용납하는 것은 참으로 잘못된 일입니다. 왜냐하면 기독교 전체가 한 가지의 잘못된 교리에 의해서 부패될 수도 있기 때문입니다. 그러므로 우리는 교회와 성도들에게 파괴적인 영향을 끼칠 원인들을 용납해서는 안 됩니다.

**10절** 나는 너희가 아무 다른 마음을 품지 아니할 줄을 주 안에서 확신하노라 그러나 너희를 요동하게 하는 자는 누구든지 심판을 받으리라

4절에서 '그리스도에게서 끊어지고 은혜에서 떨어진 자' 라고 엄하게 꾸짖었던 바울은 다시 그들을 인정하고 믿는 마음으로 대하고 있습니다. 그리고 그들이 그리스도께서 구원하신 은혜 속에 굳건하게 설 수 있도록 그들의 잘못을 충분히 이해하는 입장을 취하고 있습니다.

갈라디아 교인들을 위로하고 이해하는 것과는 반대로 그들을 요동케 하는 자들에 대해 바울은 단호하게 말하고 있습니다. '요동하게 한다' 는

것은 그리스도의 복음과 율법을 동시에 지키라고 잘못 전하는 것을 말합니다. 이러한 자는 '누구든지' 그가 아무리 중요한 위치에 있거나 중요한 직위를 가지고 있다 할지라도 하나님께서 저희의 행위에 따라 응분의 처벌을 하신다는 것을 바울은 확신하고 있었습니다.

**11절** 형제들아 내가 지금까지 할례를 전한다면 어찌하여 지금까지 박해를 받으리요 그리하였으면 십자가의 걸림돌이 제거되었으리니

본문으로 미루어보아 바울이 유대교인들에게 박해를 받고 있었다는 것을 잘 알 수 있습니다. 그리고 그가 박해를 받는 이유 중의 하나가 할례 문제였음도 알 수 있습니다. 그래서 바울은 갈라디아 교인들에게 자신의 입장을 충분히 밝히고 있습니다. 바울은 디모데의 할례를 허용하긴 하였으나(행 16:3), 그것을 강조하거나 전하지는 않았습니다. 그리고 그가 유대교인들에게 박해를 받았다는 것은 곧 그들에게 동조하지 않았기 때문이라는 명백한 증거가 됩니다. 바울은 절대로 복음에 다른 것을 타협하거나 섞지 않았습니다.

십자가의 도는 유대인들에게는 걸림돌이었습니다. 왜냐하면 그리스도만 믿으면 구원을 받고 할례나 율법을 지킬 필요가 없다는 것이 십자가의 도이기 때문입니다. 따라서 바울이 십자가의 도를 전하는 데 있어서 타협하거나 유대인들에게 굴복했다면 더 이상 박해를 받지 않았을 것입니다. 그래서 바울은 그가 할례를 전했다면 지금처럼 고난을 받지는 않았을 것이라고 말하고 있습니다. 실로 바울은 항상 십자가에 못 박힌 그리스도만을 전했고 예수 그리스도와 그가 십자가에 못 박히신 것 외에는

아무것도 알지 아니하고 전하지도 아니하기로 작정하였습니다(고전 2:2). 사도 바울이 전한 십자가의 도는 유대인이나 이방인의 구별을 초월하는 영원한 진리이며 하나님의 은혜입니다.

**12절** 너희를 어지럽게 하는 자들은 스스로 베어 버리기를 원하노라

이 부분은 바울이 갈라디아 교인들을 향해 그들이 집착하고 있는 율법주의를 버리도록 권유하는 장면입니다. 그들을 어지럽게 하고 요동케 하는 자들이 스스로 떨어져 나가기를 원하며 그로 말미암아 그들이 더 이상 부패되지 않기를 바라고 있는 바울의 심정이 잘 나타나 있습니다.

## 3. 올바른 자유의 행사(5:13-15)

**13. 형제들아 너희가 자유를 위하여 부르심을 입었으나 그러나 그 자유로 육체의 기회를 삼지 말고 오직 사랑으로 서로 종 노릇 하라 14. 온 율법은 네 이웃 사랑하기를 네 자신같이 하라 하신 한 말씀에서 이루어졌나니 15. 만일 서로 물고 먹으면 피차 멸망할까 조심하라**

**13절** 형제들아 너희가 자유를 위하여 부르심을 입었으나 그러나 그 자유로 육체의 기회를 삼지 말고 오직 사랑으로 서로 종 노릇 하라

지금까지 그리스도를 믿음으로 율법의 얽매임에서 놓여나는 자유에 대해 말하던 바울은 이제 그 자유를 올바르게 지킬 것을 권면하고 있습니다.

원래 하나님께서 갈라디아 교인들에게 복음의 은혜를 주신 것은 전적으로 그들의 자유를 위한 것이었습니다. 이 자유는 율법과 의식에 대한 자유요, 죄와 마귀와 죽음에 대한 자유이며, 질병과 저주에서 놓여남을 받은 자유입니다. 오늘날 우리들도 이 자유를 얻도록 부르심을 받았습니다. 예수님께서는 가난한 자에게 복음을, 포로 된 자에게 자유를, 눈먼 자에게 다시 보게 함을, 눌린 자에게 자유를 주고, 주의 은혜의 해를 전파하기 위해 오셨다고 직접 말씀하셨습니다(눅 4:18-19). 이 자유는 누구든지 그리스도를 믿기만 하면 받아 누릴 수가 있습니다. 하나님의 사랑의 선물인 자유를 얻을 수 있는 길은 오직 예수 그리스도를 믿는 믿음뿐입니다.

우리는 예수 그리스도 안에서 믿음으로 말미암아 용서를 받고 의로움을 얻고 영광을 얻고 성령으로 충만하여 놀라운 자유를 얻게 됩니다. 율법에서 자유를, 죄에서 자유를, 마귀에게서 자유를, 영원한 죽음에서 자유를 얻게 되어 우리는 자유인이 되었습니다. 그러므로 그리스도 안에서 우리가 자유인이 되었다는 것을 늘 하나님께 감사해야 됩니다.

바울은 "그 자유로 육체의 기회를 삼지 말고 오직 사랑으로 서로 종 노릇 하라" 고 권면함으로써 갈라디아 교인들에게 자유를 육체의 욕망을 만족시키는 기회로 삼지 말라고 경고하고 있습니다. 우리가 하나님께로부터 자유를 받았다고 해서 그 자유를 함부로 사용해서는 안 됩니다. 기독교인의 자유는 방종이 아닙니다. 복음은 죄를 장려하는 것이 아니라, 바로 죄를 피하고 이기게 하는 능력을 줍니다.

우리가 하나님께 자유를 얻은 것은 하나님을 잘 섬기기 위해서이지, 육체의 타락된 생활을 하도록 받은 것은 결코 아닙니다. 그래서 바울은 그리스도인의 자유란 사랑을 실천하는 것임을 말하고 그것은 율법을 파괴하는 것이 아니라 도리어 율법을 완전하게 하는 것이라고 말했습니다(롬 3:31).

그러므로 우리는 자유를 방종의 기회로 삼지 말고 사랑으로써 서로 종노릇해야 합니다. 자유란 믿음에서 나오는 사랑을 뜻합니다. 우리가 이웃을 사랑하면 이웃에게 해를 끼치지 않습니다. 자식을 사랑하면 자식을 해롭게 하지 않습니다. 부모님을 사랑하면 부모님께 심려를 끼쳐 드리지 않습니다. 나라를 사랑하면 나라에 해를 끼치지 않습니다. 우리가 남을 사랑하게 되면 남을 해치지 않게 되므로 자연히 사랑은 율법의 완성이 됩니다.

참으로 우리가 자유를 얻고 난 다음에는 서로 사랑함으로써 서로 종노릇해야 합니다. 믿음과 소망과 사랑을 가지고 하나님을 섬기고 서로 이웃을 섬기는 것이 참자유입니다. 여기에서 '서로' 라는 말은 대단히 중요한 의미를 가지고 있습니다. 우리가 다른 사람의 종이 되어 그를 의지하고 섬기라는 것이 아닙니다. 우리는 그리스도의 종이 되어서 우리의 주인이신 예수 그리스도의 의지에 순종하여 서로를 사랑하고 서로를 위하여 일을 하라는 말입니다. 율법의 종은 억압적이고 강제적이지만, 사랑의 종은 자발적이고 능동적입니다. 그러므로 진정한 의미의 자유는 그리스도 안에 거하는 것이며 그 속에서 서로 섬기는 사랑의 실천이 행해질 때 비로소 이루어집니다.

**14절** 온 율법은 네 이웃 사랑하기를 네 자신같이 하라 하신 한 말씀에서 이루어졌나니

바울은 레위기 19장 18절의 말씀을 인용하여 온 율법의 완성을 이웃 사랑으로 보았습니다. 그리스도인에게 있어서 첫 번째 의무는 하나님을 사랑하는 것이고, 두 번째 의무는 이웃을 사랑하는 것입니다. 그리스도인의 자유는 율법의 얽매임에서 해방됨과 동시에 나타나며 해방되는 순간부터 사랑이 생성됩니다. 그리고 이 사랑이 서로를 위한 종으로서의 행위로 나타날 때 율법의 성취가 이루어집니다. 복음의 자유에 의해 생성된 사랑이 곧 율법의 요구를 성취하게 됩니다. 왜냐하면 하나님을 향한 사랑에서 이웃을 사랑하는 마음이 오기 때문입니다.

하나님을 사랑하는 사람은 하나님의 이름을 욕되게 하지 않습니다. 하나님을 사랑하는 사람은 하나님 이외의 다른 우상을 섬기지 않습니다. 또한 이웃을 사랑하는 사람은 이웃을 속이거나 간음함으로 이웃에게 상처를 입히지도 않고, 도둑질함으로 피해를 입히지도 않습니다. 그러므로 구약 시대의 모든 계명은 예수님 안에서 성령으로 말미암아 다 이루어질 수 있습니다.

오늘날 우리들이 예수님을 믿고 구원을 받아 성령 안에서 사랑하기 위해 노력하면서 살 때 이것이 바로 참자유의 열매가 됩니다. 우리는 하나님을 사랑하고, 이웃을 사랑하며 나아가서 원수까지도 사랑하기 위해 하나님께 부름을 받았으며 이 사랑을 실천하도록 자유도 얻었습니다.

**15절** 만일 서로 물고 먹으면 피차 멸망할까 조심하라

율법주의자들은 서로 비난하고 비판합니다. 율법의 잣대로 서로를 판

단하고 그 결과를 놓고 상대방을 헐뜯습니다. 율법의 척도에서 볼 때 아무도 온전한 사람은 없기 때문입니다. 이렇게 서로 대립이 생겨나면 뜻하지 않은 인간적인 시비와 갈등이 일어나게 됩니다. 그러나 사랑이 있는 곳에는 서로 허물을 덮어 주고 위로해 주며 서로를 존경해 줍니다.

## 4. 성령의 일과 육체의 일(5:16-26)

16. 내가 이르노니 너희는 성령을 따라 행하라 그리하면 육체의 욕
심을 이루지 아니하리라 17. 육체의 소욕은 성령을 거스르고 성령은
육체를 거스르나니 이 둘이 서로 대적함으로 너희가 원하는 것을 하
지 못하게 하려 함이니라 18. 너희가 만일 성령의 인도하시는 바가
되면 율법 아래에 있지 아니하리라 19. 육체의 일은 분명하니 곧 음
행과 더러운 것과 호색과 20. 우상 숭배와 주술과 원수 맺는 것과 분
쟁과 시기와 분 냄과 당 짓는 것과 분열함과 이단과 21. 투기와 술 취
함과 방탕함과 또 그와 같은 것들이라 전에 너희에게 경계한 것같이
경계하노니 이런 일을 하는 자들은 하나님의 나라를 유업으로 받지
못할 것이요 22. 오직 성령의 열매는 사랑과 희락과 화평과 오래 참
음과 자비와 양선과 충성과 23. 온유와 절제니 이 같은 것을 금지할
법이 없느니라 24. 그리스도 예수의 사람들은 육체와 함께 그 정욕
과 탐심을 십자가에 못 박았느니라 25. 만일 우리가 성령으로 살면
또한 성령으로 행할지니 26. 헛된 영광을 구하여 서로 노엽게 하거
나 서로 투기하지 말지니라

**16절** 내가 이르노니 너희는 성령을 따라 행하라 그리하면 육체의 욕심을 이루지 아니하리라

이 본문이 바로 갈라디아 교인들에게 바울이 전하고자 하는 말씀입니다. 즉, 그리스도인들은 그들 자신의 생각이나 말이나 행실이나 모든 면에 있어서 거듭나는 삶을 영위해야만 합니다. 그러기 위해서는 성령을 따라 행하여야 합니다. 그런데 성령을 따라 행하려면 성령이 실제로 인격을 가지신 하나님이심을 알아야 합니다. 성령은 하나님의 영으로서 지식과 감정과 의지를 가지고 우리와 함께 거하시고 인도하시는 완전한 하나님이십니다. 그러므로 그리스도인은 자신이 받은 자유를 올바르게 행사하기 위해서 완전한 인격을 지닌 성령을 따라가야 합니다.

우리의 생활 가운데 성령을 언제나 인정하고 환영하고 모셔 들이고 의지해서 일시라도 성령님에게서 떠나지 말아야 합니다. 그럴 때 성령님께서 우리를 도와주시고 우리를 통하여 역사하시게 됩니다. 그 결과 우리는 육체의 일과 마귀의 일에서 벗어날 수 있습니다. 이 '육체' 는 헬라어로 '사륵스'(*σάρξ*)라고 하는데 타락하여 죄악으로 꽉 들어찬 육체를 가리킵니다. 이 육체의 근본은 욕심입니다. 그런데 하나님의 성령을 따라 행하면 죄와 욕심과 정욕으로 꽉 들어찬 육체의 일을 멸할 수 있습니다. 성령이 지배하시는 삶은 그리스도 안에서 자유를 누리게 되지만 성령이 지배하시지 않는 육체는 율법에 의해 죄와 죽음의 노예가 됩니다. 그러므로 우리가 진정으로 성령을 모셔 들이고 성령을 따라 행하면 육체의 욕심에 이끌리는 삶을 살지 않게 됩니다.

**17절** 육체의 소욕은 성령을 거스르고 성령은 육체를 거스르나니 이

둘이 서로 대적함으로 너희가 원하는 것을 하지 못하게 하려 함이니라

죄악으로 꽉 들어찬 육체의 욕심은 하나님의 성령의 일을 막아 버립니다. 또 성령을 따라 일하면 육체의 일이 멸하게 됩니다. 성령과 마귀가 같이 있을 수 없듯이 우리의 심령 속에 하나님의 성령과 죄악의 성품인 육체가 같이 거할 수가 없습니다. 그러므로 성령님을 우리의 마음속에 전적으로 모셔 들이고 환영하고 의지할 때 육체의 일이 늦가을에 낙엽 떨어지듯이 우수수 떨어지게 됩니다. 왜냐하면 그리스도 안에는 생명의 성령의 법이 있어서 죄와 사망의 법에서 우리를 해방시켜 주기 때문입니다(롬 8:2).

"이 둘이 서로 대적함으로 너희가 원하는 것을 하지 못하게 하려 함이니라" 는 말씀은 육체와 성령의 적대 관계를 설명해 줍니다. 그리스도인의 생활은 영적으로는 성령의 지배 아래에 있지만 현실적으로는 여전히 육체의 일에 끊임없이 직면하게 되므로 육체와 성령이 늘 대적하여 격렬한 투쟁이 생기게 됩니다. 우리가 인생을 살아가는 동안 성령과 육체가 격렬하게 대립하기도 하고 투쟁합니다. 이렇게 서로 대적함으로 '너희가 원하는 것' 을 못하게 합니다. 그러므로 오늘날 우리가 문제 해답을 얻기 위해서는 육체의 것을 버리고 오직 예수님을 믿고 성령으로 충만할 때 비로소 가능해집니다.

다음과 같은 이야기가 있습니다. 어느 가정의 뜰에 큰 나무가 있는데 가을이 되어 잎사귀가 한 잎, 두 잎 떨어지기 시작했습니다. 그래서 그 집 주인은 떨어지는 낙엽을 매일 비를 들고 쓸었습니다. 자꾸 쓸어도 낙엽

은 계속 마당에 뒹굽니다. 이에 주인은 모든 잎사귀를 한꺼번에 다 떨어뜨려 쓸어야겠다는 생각으로 장대를 들고 나무를 치기 시작했습니다. 장대를 휘두르자 나뭇가지가 부러지고 껍질이 벗겨지면서 나무에 상처만 생겼습니다. 나무가 상하는 것에 비하여 떨어진 나뭇잎은 얼마 되지 않았습니다. 그런데 어느 늦가을 밤에 바람이 많이 불고 비가 내렸습니다. 아침이 되어 마당에 나간 집주인은 놀랐습니다. 초가을에는 그렇게 떨어지지 않던 나뭇잎들이 모두 마당에 떨어져 있는 것이 아닙니까? 영적인 원리도 이와 같습니다. 우리 인간의 힘으로는 죄를 떨어뜨릴 수가 없습니다. 그러나 우리 마음에 성령의 바람이 휘몰아쳐 오고 성령의 단비가 내리면 늦가을에 나뭇잎 떨어지듯이 죄가 떨어져 나가는 것입니다. 그러므로 이는 힘으로도 안 되고 능력으로도 안 되고 오직 성령으로만 가능합니다(슥 4:6).

**18절** 너희가 만일 성령의 인도하시는 바가 되면 율법 아래에 있지 아니하리라

우리는 살아가는 동안 어찌할 수 없이 영과 육의 투쟁을 겪게 되고 율법의 명령과 위력 아래 있게 됩니다. 그러나 '성령의 인도함' 을 받게 되면, 다시 말해서 성령님을 모셔 들이고 환영하여 내 마음 가운데 좌정하시게 하면 율법의 저주 아래 있지 않게 됩니다. 육체의 소욕을 따라 살아가면 항상 죄책감을 갖게 됩니다. 율법 아래 있어서 율법의 칼로 항상 정죄를 받기 때문입니다. 성령이 없으므로 인간이 스스로 여러 가지 법과 제도의 의식을 세워 그것에 맞지 않으면 정죄하게 됩니다. 그러나 성령의 인도하심을 따라 사랑으로 행하는 사람은 육체의 소욕이 들어 있지 않

습니다. 성령께서 육체의 욕심을 제어해 버리기 때문에 육체의 일이 생기지 않게 됩니다. 그러므로 성령께서 우리 각자를 인도하시는 대로 순종하면 우리는 더 이상 율법 아래 있지 않게 되는 것입니다.

**19절 육체의 일은 분명하니 곧 음행과 더러운 것과 호색과**

바울은 이제 성령을 거역하고 육체의 소욕을 따라 사는 자의 생활이 어떤 것인가를 서술합니다. 육체가 우리의 눈에 확실히 보이는 것과 같이 타락하고 부패한 죄악의 모습은 현저하게 우리의 눈에 나타납니다. 육체의 일 중에서 제일 먼저 나타나는 것이 '음행과 더러운 것과 호색'으로 이것은 성(性)과 관련된 죄입니다. 먼저 '음행' 이라는 것은 부정한 모든 성관계를 말합니다. 정식 결혼을 하지 않고 하는 성행위나 창녀와 성 관계를 맺을 때에 이것을 음행이라고 합니다.

'더러운 것' 은 물질, 윤리, 종교에서 널리 사용되는 말이지만, 여기서는 성적으로 문란하고 더러운 것을 나타내고 있습니다. 성적으로 올바른 생활을 하지 않는 것을 말합니다. 성적으로 올바른 생활이란 남녀가 결혼을 하고 서로 사랑하고 자녀를 낳아 한 가정을 이루는 생활을 말합니다. 이것은 하나님께서 대단히 기뻐하시는 일입니다. 그러나 이러한 정상적이고 올바른 생활을 떠나서 비정상적인 것을 늘 생각하고 행동으로 옮기게 될 때 곧 더러운 것이 됩니다.

'호색' 이란 음행과는 좀 다른 것으로 생활 태도 전부가 음란을 따라 행하고 음란에 젖은 생각과 말과 행동으로 사는 생활을 말합니다. 결국 호색하는 자는 직접적인 행동으로 음행을 나타내고 그 행동으로 더러워지며 그로 인해 생활 전체가 추해지고 문란해지고 맙니다. 육체의 부패성은 먼저 성도덕의 문란으로 나타나게 됩니다.

**20절** 우상 숭배와 주술과 원수 맺는 것과 분쟁과 시기와 분 냄과 당 짓는 것과 분열함과 이단과

이 죄목들은 종교적인 죄와 형제애를 파괴하는 죄, 두 가지로 분류됩니다. '우상 숭배와 주술' 은 종교적인 죄입니다. '우상 숭배' 는 하나님보다 다른 것을 더 사랑하는 것을 말합니다. 그러므로 나무나 돌로 깎아 만들어 절하는 것만 우상 숭배가 아닙니다. 하나님보다 황금을 더 사랑하면 황금이, 권력을 더 사랑하면 권력이 바로 우상이 됩니다. 따라서 우상을 섬기는 일은 곧 육체의 일이 됩니다. 오늘날에도 많은 사람들이 황금이나 권력이나 육체의 쾌락 때문에 하나님을 섬기는 일을 최우선적으로 하지 않고 뒤로 돌리는 경우가 있습니다. 내 정욕을 위해 하나님 중심으로 서지 않을 때 이것이 바로 우상입니다. '주술' 이란 미신에 의한 마술 행위를 말합니다. 참된 진리를 따른 신앙이 아니라 자기의 욕심을 채우기 위해 다른 신의 힘을 끌어들이는 것을 말합니다. 무당이나 무속, 민간 신앙 등 샤머니즘이 이에 속합니다.

다음에는 대인 관계에 관한 육체의 일, 즉 형제애를 파괴하는 죄에 대해 열거하고 있습니다. 먼저 개인적인 증오가 네 가지 형태로 나타나는데, 그 첫 번째가 원수 맺는 것입니다. '원수 맺는 것' 은 마음에 원한을 품어 상대방이 극단적으로 파멸되기를 원하는 것으로, 이것은 곧 사랑과는 정반대되는 마음입니다. 가인이 자기의 친동생인 아벨을 돌로 쳐서 죽인 것같이 살인할 만큼의 미움의 동기를 갖게 되는 것이 바로 원수를 맺는 것입니다. 두 번째는 분쟁입니다. 마음의 원한은 분쟁으로 나타납니다.

'분쟁' 이란 서로 자기 중심에 서서 자기가 더 많은 이권(利權)을 취하기 위해 다투는 것을 말합니다. 분쟁은 언제나 욕심에서 시작되기 때문에 그 결과 다툼이 초래됩니다. 세 번째는 시기입니다. '시기' 는 남이 잘되는 것을 질투하고 미워하는 것을 말합니다. 이 분노의 외적인 폭발이 '분냄' 입니다. 시기는 악의에 찬 분노로 발전하게 됩니다.

이렇게 각 개인이 서로 갈등을 일으키면 그 결과로 당을 만들게 됩니다. '당 짓는다는 것' 은 자기 마음에 들지 않는다고 해서 하나로 뭉치지 아니하고 그룹을 형성하는 것으로 전체를 거스르고 분리하여 반항합니다. 이렇게 당을 짓게 되면 자연히 서로 분리하게 되고 이단을 형성합니다. '분열함' 이란 하나님의 진리에서 떠나 자기 혼자 나가는 것을 말하며, '이단' 이란 하나님이 세운 진리와는 상관없이 잘못된 귀신의 가르침을 받아들이는 것을 말합니다.

**21절** 투기와 술 취함과 방탕함과 또 그와 같은 것들이라 전에 너희에게 경계한 것같이 경계하노니 이런 일을 하는 자들은 하나님의 나라를 유업으로 받지 못할 것이요

'투기' 는 시기보다 좀 더 강한 말입니다. 시기는 그저 마음속에서 질투하므로 상대방을 멀리하는 것이지만, 투기는 다른 사람이 잘되는 것을 잘못되게 하기 위해서 함정을 파고 남의 가진 것을 빼앗으려는 마음입니다.

그다음에는 개인적인 생활의 절제에 대하여 말합니다. 먼저 그 당시 이교도의 사회에서 흔히 볼 수 있는 술 취함에 대하여 언급합니다. '술 취함' 은 하나님 앞에서 죄가 됩니다. 성경에는 "술 취하지 말라 이는 방

탕한 것이니" 라고 말하고 있습니다(엡 5:18). 어떤 사람은 "성경에 술 취하지 말라고 했지, 마시지 말라고 하지 않았으므로 술을 마셔도 된다." 고 주장합니다. 그러나 술을 마시기 시작하면 양(量)이 늘게 되어 자연히 취하게 되므로 위험한 일은 아예 하지 않는 것이 좋습니다. '방탕함' 은 무절제한 방종을 가리킵니다. 또한 지금까지 열거한 육체의 일 이외에도 더 많은 육체의 일이 있기 때문에 바울은 '또 그와 같은 것들' 이라고 말합니다. 사도 바울이 이렇게 수많은 육체의 소욕에 대하여 언급한 것은 모든 사람들이 육체의 일들에서 벗어나 자신을 지키도록 노력할 것을 권면하기 위함입니다.

사도 바울은 '이런 일을 하는 자들' , 즉 육체의 일에 빠져 그 속에서 살며 육체의 일로 삶 전체의 바탕을 이루는 자들은 하나님의 나라를 유업으로 받지 못할 것이라고 경고하고 있습니다. 우리가 예수님을 믿고 성령을 받았다고 해서 전혀 육체의 부패성의 올무에 빠지지 않는다고 볼 수 없습니다. 우리가 예수님을 믿는다고는 하지만 생활하다 보면, 육체의 일에 빠져서 하나님께 범죄하곤 합니다. 그리스도인들은 범죄 후 징계를 받고 눈물로 회개하며 돌아오는 생활을 반복하곤 합니다. 그렇다고 그런 사람을 육체의 사람이라고는 할 수 없습니다.

예수님을 믿는 사람은 생활의 중심 바탕이 하나님을 믿고 성령으로 말미암아 거룩하게 살려고 하기 때문에 육체의 일을 했어도 회개하고 다시 돌아옵니다. 그러므로 예수님을 믿는 사람은 육체의 때를 씻는 것이지 육체의 사람은 아닌 것입니다. 그러나 앞서 열거한 육체의 일에 빠진 생활을 하는 사람은 육체의 사람입니다. 하늘나라는 신령한 사람만이 갈 수 있는 곳이므로 육체의 사람이 하늘나라를 유업으로 받지 못하는 것은 당연한 일입니다.

**22절** 오직 성령의 열매는 사랑과 희락과 화평과 오래 참음과 자비와 양선과 충성과

육체 또는 악한 성품이 인간들에게 죄를 짓게 하는 동기가 되고 자극제가 되기 때문에 죄를 '육체의 일들' 이라고 칭했습니다. 그러나 성령의 역사(役事)는 뿌리가 있는 나무가 열매를 맺듯이 신령한 열매를 맺기 때문에 '성령의 열매' 라고 부릅니다. 성령의 열매는 아홉 가지로 나타나며 그것은 크게 세 부분으로 나누어집니다.

첫 부분은 사랑과 희락과 화평으로써 이 셋은 하나님을 향한 그리스도인의 태도를 말합니다. '사랑' 은 그리스도를 대표하는 낱말이며 최대의 덕목입니다. 모든 계명은 하나님께 대한 사랑과 사람에 대한 사랑으로 요약될 수 있기 때문입니다(마 22:37-40). '희락' 이란 성령의 기쁨으로 구원받은 자의 거룩한 기쁨을 말합니다. 은혜를 받은 사람은 외적인 표현으로 거룩한 희락이 나타납니다. '화평' 은 그리스도의 십자가의 대속의 공로를 의지할 때 나타나는 덕목으로 수직적으로는 하나님과 화목하게 되고 수평적으로는 사람들과 화목하게 됩니다. 수직적, 수평적으로 화목한 사람은 영적인 평안을 얻게 됩니다. 그래서 사랑이 우리 마음 가운데 들어오면 마음이 기뻐지며 마음에 평안이 오게 되는 것입니다. 이상의 세 가지 열매는 영혼을 충만하게 하는 성령의 열매입니다.

두 번째는 대인 관계에서 나타나는 미덕인 오래 참음과 자비와 양선의 열매가 있습니다. '오래 참음' 은 분을 더디 내는 인내를 가지고 자기를 해치려는 사람에 대해서 너그러운 마음을 갖는 것을 말합니다. 우리는

무슨 일이든지 하나님께 기도하고 한 번 더 생각할 수 있는 마음의 자세를 가지고 오래 참는 신앙생활을 해야 합니다. '자비' 란 부드러운 성품을 말합니다. 예수님께서 십자가를 통해서 우리를 불쌍히 여기신 것처럼 다른 사람을 불쌍히 여기는 마음이 자비입니다. 자비의 마음을 가진 사람은 관념적인 선이 아닌 실천적인 선을 베풉니다. '양선' 은 자비보다 더 능동적인 선을 가리키는 말로서 친절과 덕행을 뜻합니다. 이 말은 기회가 있을 때마다 이웃에게 선을 행하라는 말입니다.

마지막으로 셋째 부분인 충성과 온유와 절제는 내적 자아에 대한 성령의 열매를 말합니다. '충성' 이란 변함없고 정의로우며 정직한 것을 말하며, 진실한 마음으로 변하지 않는 절개 있는 성실함을 말하기도 합니다.

**23절** 온유와 절제니 이 같은 것을 금지할 법이 없느니라

'온유' 는 하나님 앞에서 잘 길들여져서 순종하는 마음을 말합니다. 회개와 겸손에서 오는 이 마음은 그리스도의 마음이며(마 11:29), 그리스도를 본받은 마음입니다. '절제' 는 성령의 열매의 결론으로 육체의 일인 '술 취함 및 방탕함' 과 대조되고 있습니다. 절제는 먹고 마시는 일뿐 아니라 모든 생활에서 너무 지나치지 않는 생활을 하는 것을 말합니다.

이상의 아홉 가지의 미덕은 성령으로부터 나오는 것이므로 금지할 법이 없습니다. 여기서 '법' 이란 바로 율법을 가리킵니다. 율법은 죄를 깨닫게 하는 것으로 약한 자를 위하여 있는 것이지, 옳은 자를 위해 있는 것이 아니므로(딤전 1:9) 성령의 열매와 같은 것을 금지하거나 폐할 수가 없습니다. 왜냐하면 이 성령의 열매는 은혜 아래 있는 자에게 나타나는 미덕이기 때문입니다. 따라서 성령의 열매는 곧 율법을 완성하는 하나님의

은혜입니다.

우리가 가을에 먹는 배는 처음부터 그렇게 굵고 큰 것이 아닙니다. 처음에는 배가 조그맣게 열리지만 시간이 지남에 따라 커지고 먹기에 탐스럽게 됩니다. 이와 마찬가지로 우리가 성령을 받으면 처음에는 성령의 열매가 아주 작게 열립니다. 그러나 신앙의 연조가 깊어짐에 따라 성령의 열매가 성숙하게 되어 하나님께서 원하시는 열매를 맺을 수 있습니다. 이러므로 우리는 일시에 하나님께서 원하시는 성령의 열매를 다 맺지 못한다고 해서 낙심할 필요가 없습니다.

**24절** 그리스도 예수의 사람들은 육체와 함께 그 정욕과 탐심을 십자가에 못 박았느니라

우리가 예수님을 믿으면 그와 동시에 우리의 죄악으로 부패한 육체와 그 속에서 나오는 정욕과 욕심이 예수님의 십자가에 못 박히게 됩니다. 정욕의 사람은 그리스도의 십자가에 장사 지내고, 신령한 사람으로 부활하게 됩니다. 새사람이 된 그리스도인은 하나님을 반역하는 생활을 철저하게 청산하게 됩니다. 죄와는 상관이 없는 신령한 사람이 되어 마귀의 영이 떠나가고 마음 안에 성령이 거하게 되기 때문에 정욕과 탐심이 우리에게 다가오더라도 그것을 이기고 살 수 있습니다.

**25절** 만일 우리가 성령으로 살면 또한 성령으로 행할지니

옛사람이 십자가에 못 박혀 죽은 후에 우리는 성령으로 살게 됩니다. 성령으로 산다는 것은 그리스도 안에서 사는 새 생활을 말합니다. 우리가 성령으로 살면 그다음에는 성령이 시키는 대로 살아야 합니다. '행한

다' 는 것을 헬라어 '스토이케오' (στοιχέω)로서 규칙을 따라 곧바로 걸어간다는 뜻입니다. 즉, 성령의 도움으로 성령의 인도를 따라 신앙의 길과 인생의 길을 똑바로 전진해 나가는 것을 말합니다.

우리 안에 성령이 임하시면 우리는 늘 성령이 인도하시는 음성에 따라 행하게 됩니다. 성경에는 "육신을 따르는 자는 육신의 일을, 영을 따르는 자는 영의 일을 생각하나니"(롬 8:5)라고 말씀하고 있습니다. 그러므로 우리가 그리스도 안에 사는 신령한 사람이라면 성령의 말씀에 귀를 기울이고, 그 음성을 따라서 행하여야 합니다.

성령의 음성은 양심을 통해서 들려옵니다. 속에서 들려오는 음성은 하나님께서 말씀하시는 것이기 때문에 그 음성을 들어야 합니다. 그 말씀에 순종하면 하나님께서 올바른 길로 인도해 주십니다. 그러므로 우리가 살아가는 데 있어서 이것이냐, 저것이냐를 결정할 때에는 속에서 들려오는 하나님의 음성을 듣고 이에 순종해야 합니다. 속에서 들려오는 하나님의 음성을 듣지 않고 인간의 생각으로만 결정했다가는 반드시 나중에 후회하게 됩니다. 그런데 하나님의 음성은 구원받은 모든 사람에게 들려옵니다. 그러므로 성령으로 살기를 원하는 사람은 성령의 음성을 들어야 하며 그 음성에 따라 행해야 합니다.

로마서 8장 14절에는 "무릇 하나님의 영으로 인도함을 받는 사람은 곧 하나님의 아들이라" 고 기록되어 있습니다. 여러분은 하나님의 아들입니까? 그렇다면 하나님의 영이신 성령님의 인도함을 받으십시오.

**26절** 헛된 영광을 구하여 서로 노엽게 하거나 서로 투기하지 말지니라

본 절에서 바울은 육체를 따라 행하는 자에게 경고함으로 본 장의 결

론을 맺고 있습니다. '헛된 영광' 이란 세상의 영광을 말하는데, 사도 바울은 그리스도인으로서 이 세상의 영광을 구하지 말라고 경고합니다. '헛된 영광' 인 세상의 영광을 구하다 보면 서로 싸우고 투기하게 됩니다. 결국은 서로 물고 먹어 함께 멸망하고 맙니다(15절).

오늘날 우리들도 성령을 따라 행하는 생활을 포기할 때 이러한 일들이 일어납니다. 서로 격동하고 서로 투기하는 곳에 하나님의 평화가 결코 있을 수 없습니다. 하나님의 영의 음성이 들릴 수가 없습니다. 그러므로 우리는 더욱 하나님의 영광을 위하여 사는 성도들이 되어야겠습니다. 그러기 위해서는 하나님께 기도하고 성령 충만한 생활을 함으로 성령께서 우리 마음 가운데 들려주시는 음성에 귀를 기울여야 합니다. 그리고 그 음성에 따라 생활해야 합니다.

제 6 장

# 사랑으로 하나되라

| | |
|---|---|
| 짐을 서로 나누어 지라 | 6:1-5 |
| 심는 대로 거둠 | 6:6-10 |
| 십자가밖에 자랑할 것이 없음 | 6:11-16 |
| 예수님의 흔적을 가진 바울 | 6:17-18 |

A COMMENTARY ON THE
EPISTLE TO THE GALATIANS

**사도 바울은** 본 서신의 마지막 부분에 갈라디아 교회의 현실을 지적하고 구체적인 지시를 내립니다. 그는 성도들 사이에 존재하는 부조화를 없애고 그리스도 안에서 서로 사랑하는 가운데 성도의 교제를 원활히 하고자 합니다. 본 장은 크게 두 부분으로 나누어집니다. 전반부에서는(1-10절) 성도들에 대한 실제적인 교훈을 다루어 서로 사랑으로 의무를 다할 것을 가르칩니다. 후반부에서는(11-18절) 갈라디아 교인들에게 율법주의자들을 조심하라고 마지막으로 경고하면서 오직 예수 그리스도의 십자가의 도(道)만이 우리를 구원으로 인도한다고 강조합니다.

## 1. 짐을 서로 나누어 지라(6:1-5)

1. 형제들아 사람이 만일 무슨 범죄한 일이 드러나거든 신령한 너희는 온유한 심령으로 그러한 자를 바로잡고 너 자신을 살펴보아 너도 시험을 받을까 두려워하라 2. 너희가 짐을 서로 지라 그리하여 그리스도의 법을 성취하라 3. 만일 누가 아무것도 되지 못하고 된 줄로 생각하면 스스로 속임이라 4. 각각 자기의 일을 살피라 그리하면 자랑할 것이 자기에게는 있어도 남에게는 있지 아니하리니 5. 각각 자기의 짐을 질 것이라

**1절** 형제들아 사람이 만일 무슨 범죄한 일이 드러나거든 신령한 너희는 온유한 심령으로 그러한 자를 바로잡고 너 자신을 살펴보아 너도 시험을 받을까 두려워하라

본 절에서 말하는 '사람' 이란 예수님을 믿는 성도들을 가리킵니다. 예수 그리스도를 믿는 성도들도 속사람이 연약해서 겉사람에게 눌려 부패

한 옛 성품에 끌려 갈 때가 있습니다. 그래서 성도들 중에서 범죄하는 자가 나타나게 됩니다. 본문의 '범죄'는 헬라어로 '파랍토마'(παράπτωμα)로 이는 계획적으로 또는 고의적으로 짓는 죄를 말하는 것이 아닙니다. 오히려 죄를 짓지 않으려고 늘 애를 쓰는데도 불구하고 육신이 약해서 우발적으로 범하는 죄를 말합니다. 진실로 예수님을 믿는 사람들은 절대로 계획적으로 죄를 짓지 않습니다. 마음은 원(願)이나 육신이 약해서 죄악의 유혹을 받을 때 그것을 이기지 못하고 우발적으로 죄악에 떨어지는 경우는 있으나 고의적으로 죄를 짓지는 않습니다.

그런데 주님께서는 상한 갈대를 꺾지 않으시고 꺼져 가는 심지도 끄지 아니하시는 분이십니다. 사람이 우발적으로 죄를 짓고 그 마음이 상한 갈대처럼 꺾이고 꺼져 가는 심지처럼 상처를 받고 있을 때에 주님께서는 그에게 찾아오셔서 죄 사함의 은총을 주십니다. 그러므로 우리도 우리 이웃 사람들의 상처를 싸매 주고 꺼져 가는 심지를 북돋아 주어서 믿음과 소망과 사랑의 불길이 일어나도록 살려 주는 일을 해야 합니다. 예수 그리스도의 복음의 사역은 죽이는 것이 아니라 살리는 것입니다. 구약 시대의 율법은 정죄의 직분을 가지고 있었습니다. 그래서 조그마한 죄라도 발견하면 그 죄로 말미암아 그 사람을 정죄하여 심판하고 죽이는 것이 율법입니다. 그러나 복음의 사역은 어찌하든지 살리는 사역이므로 주님은 죄를 짓고 상처를 입어서 깨어진 사람들을 절대로 저버리지 않으십니다. 주님께서는 수가 성 우물가에서 만난, 남편을 다섯이나 바꾸었던 여자를 구원하셨으며(요 4장), 간음하다가 현장에서 잡혀온 여자를 모든 율법주의자들이 돌로 쳐 죽이라고 할 때에도 오히려 살리시고 그 죄를 용서해 주셨습니다(요 8:1-11).

그러므로 사도 바울은 갈라디아 교인들을 향해 "신령한 너희는 온유한 심령으로 그러한 자를 바로잡고 너 자신을 살펴보아 너도 시험을 받을까 두려워하라" 고 말했던 것입니다. 여기서 '신령한 너희' 라는 말은 중생을 한 후 성령을 그 속에 충만히 모시고 영적으로 사는 여러분이라는 뜻입니다. 성령 충만하게 사는 사람이 성령의 열매인 온유한 마음을 갖게 되는 것은 지극히 자연스러운 일입니다. '바로잡는다' 는 것은 잘못된 것을 수선하여 원래의 상태로 돌린다는 말입니다. '온유한 심령' 은 따뜻하고 유순한 마음을 말합니다. 잘못된 자를 바로잡을 때는 온유한 심령으로 해야 합니다. 성경에 나타난 온유한 심령의 대표적인 사람은 누가복음 10장에 나오는 선한 사마리아인입니다. 선한 사마리아인이 강도 만나 피투성이가 된 사람에게 기름을 붓고 붕대로 상처를 싸매어 자기 짐승에 태워 주막집에 데리고 가서 돌보아 주었듯이, 우리도 따뜻하고 유순한 마음으로 범죄로 낙심한 사람들을 바로잡아 주어야 합니다.

오늘날 상처 입은 사람에게는 이해와 동정이 필요합니다. 이해해 주고 동정해 주고 사랑으로 잡아 줄 때 돌이키게 됩니다. 이해와 동정이 없이 무서운 태도로 심판을 하고 비판하면, 상처를 입은 사람은 더 무서운 분노를 가지고 자기의 죄와 태도를 당연하게 생각하여 더 깊은 죄악과 절망 속에 떨어지게 됩니다. 그러므로 우리 인간 생활에서 이해와 동정은 대단히 중요하고 또한 절대로 필요합니다.

특히 부부 관계에 있어서 이해와 동정은 절대적인 조건이 됩니다. 생활환경도 다르고 인격적인 특성도 다른 두 사람이 하나가 되어 한 지붕 밑에서 좋을 때나 나쁠 때나 부유할 때나 가난할 때를 막론하고 연합하여 운명 공동체로 일생을 산다는 것은 결코 쉬운 일이 아닙니다. 그러므로 부부는 서로 이해해 주고 아껴 주고 사랑해 주어야 합니다. 두 사람이 함께 살 때에 이 두 사람을 파괴할 수 있는 가장 큰 무기는 남의 약점을 들추어내어 비난하고 공격하는 일입니다. 오늘날 많은 부부들이 서로 상대방이 잘하는 것은 한 마디도 말하지 않고 약점만 들추어낸다면 참된 가정의 행복은 찾을 수가 없습니다.

이러한 관계는 부부나 직장 동료나 친구 사이에서도 그대로 적용됩니다. 상대편의 장점은 보지 않고 단점만 바라본다든지, 상대편의 잘한 점은 칭찬하지 않고 못한 점만 꼬집어서 밝힌다면, 마음과 마음을 주고받는 진정한 관계는 이루어질 수 없습니다. 그러므로 우리들은 서로 최선을 다하여 상처 입은 사람들을 따뜻하고 유순한 심령으로 품어 주고 바로잡아 주어야 합니다. 결코 비난하고 손가락질하며 소문을 내어서 예수님조차 믿지 못하게 하는 걸림돌이 되어서는 안 됩니다.

예수님께서 십자가에 못 박혀 피를 흘려 구원한 영혼을 우리가 그렇게 쉽게 심판하고 판단하여 저버려서는 안 됩니다. 사람이 그리스도 안에서 온전한 신앙 인격으로 서기까지는 길고 긴 시간이 필요합니다. 영적으로 새로 태어난 어린 아기가 성장하는 과정은 육신적으로 태어난 아기의 성장과 꼭 같습니다. 영적으로 바로 설 때까지는 오래 참고 권면하고 위로해 주어야 합니다.

그런데 이렇게 바로잡아 줄 때 상당히 주의해야 할 일이 있습니다. 그것은 나 자신이 시험에 들지 않게 하는 일입니다. 이 '시험' 에는 두 가지가 포함되어 있습니다. 하나는 그 사람과 같은 동질의 죄의 유혹에 빠지게 되는 경우이고, 또 다른 하나는 자기를 의인으로 생각하고 율법주의에 서서 다른 사람을 판단하는 경우입니다. 그러므로 다른 사람을 바로

잡아 줄 때에는 먼저 기도와 성령으로 무장하고 그 사람의 배후에 있는 마귀와 대적해야 하며, 그 마귀의 유혹에 끌려가지 않도록 특별히 주의해야 합니다.

나의 신앙 경험에 비추어 보면, 아주 악한 병으로 시달리는 사람을 안수하고 난 다음에는 반드시 집에 돌아와서 그 병마와 싸우게 됩니다. 그 병마가 내게 와서 누르려고 하기 때문입니다. 병은 그 배후에 병마가 도사리고 있기 때문에 믿음 약한 사람이 섣불리 안수 기도하면 그 병마에 눌릴 때가 있습니다. 눌림을 당하면 그 병마를 쫓아내는 데 상당한 시일이 걸립니다. 또한 많은 문제를 가진 사람과 장시간 상담하고 나면, 집에 돌아온 후에도 계속 그 문제로 인해 마음이 괴롭습니다. 그런 경우에 잘못하면 신앙생활을 하는 데 있어서 넘어지기 쉽습니다.

그러므로 남을 위해서 기도하거나 신앙 상담해 준 다음에는, 반드시 찬송하고 말씀 보며 기도해야 합니다. 말씀의 능력과 성령의 역사로 잘못된 것을 쫓아내고 씻어 버려야만 믿음에서 떨어지지 않습니다. 그리고 자기를 의인으로 생각하고 다른 사람을 죄인 취급하여 율법으로 다루어 벌하는 일이 없도록 조심해야 합니다.

### 2절 너희가 짐을 서로 지라 그리하여 그리스도의 법을 성취하라

'짐을 서로 지라' 는 것은 범죄에 빠진 자의 슬픔이나 고통을 마음으로 동정하며 그가 올바른 신앙의 길로 들어서도록 격려하여 도우라는 말입니다. 이렇게 서로 도우며 격려함으로 그리스도의 법이 성취되게 됩니다. '그리스도의 법' 은 사랑의 계명으로서 남을 위하여 십자가를 짊어집니다. 점도 없고 흠도 없으신 예수님께서 우리 인간들의 죄와 불의 때문에 십자가를 짊어지고 죄 짐을 짊어지신 것처럼 우리들도 우리들의 짐을 서로 져 줄 줄 알아야 합니다. 선한 사마리아인같이 영적으로, 정신적으로, 육체적으로 또는 경제적으로 서로 돌보아 주어서, 나도 살고 남도 살도록 해야 합니다. 남을 살리기 위해 애쓰다 보면 나도 모르는 사이에 자신도 살게 됩니다.

미국 알래스카에 주둔하고 있던 한 미군 병사의 이야기입니다. 눈보라가 몹시 치는 추운 겨울이었습니다. 본부대와 통신도 끊어진 채, 한 병사가 본부대로부터 멀리 떨어진 곳에 보초를 서기 위해 초소로 갔습니다. 초소 근방까지 갔을 때 그 병사의 발에 무엇이 걸렸습니다. 무심코 발로 차 보니 자기보다 먼저 온 병사가 얼어서 눈구덩이에 졸도한 채로 있었습니다. 그래서 그는 졸도한 병사를 살리려고 마사지를 하고 흔들어 깨우면서 그 자리에서 업고 뛰고 했습니다. 그렇게 하다 보니 온몸에 땀이 나고 훈훈해졌습니다. 그 훈훈해진 온기가 졸도한 병사에게 전달되어서 결국 등에 업혀 있던 병사도 살아났습니다. 그러는 동안에 구조대가 와서 두 병사 모두 다 살게 되었습니다. 그러나 만일 나중에 간 병사가 자기 혼자만 살겠다고 혼자 떨고 있었더라면 둘 다 얼어 죽고 말았을 것입니다.

인도에서 복음을 전하던 썬다싱이 하루는 친구와 함께 눈 덮인 산길을 걷던 중에 한 사람이 얼어서 쓰러져 있는 것을 목격했습니다. 이에 썬다싱은 함께 가던 친구에게 얼어서 쓰러져 있는 사람을 살리자고 했습니다. 그러자 썬다싱과 함께 가던 친구는, 자기 살기도 바쁘기 때문에 업고 갈 수가 없다고 하면서 먼저 총총걸음으로 혼자 가 버렸습니다. 혼자 남은 썬다싱은 얼어서 졸도한 사람을 등에 업고 땀을 흘리면서 걸어갔습니다. 한참 가다 보니 혼자 살겠다고 가 버렸던 친구는 눈 속에 파묻혀 죽어 있었습니다. 혼자만 살겠다고 가다가 그 친구는 추위를 이기지 못하고 그만 얼어 죽고 만 것이었습니다. 그러나 썬다싱은 얼어서 졸도한 사람을 살리기 위해 그 사람을 업고 가다 보니 땀이 나고 온기가 생겨 결국 썬다싱도 살고 졸도한 사람도 깨어나게 되었습니다.

이와 같이 남을 살리고자 하면 남도 살고 자기도 살지만, 남을 저버리고 자기만 살려고 하는 사람은 죽고 마는 법입니다. 그러므로 우리는 짐을 서로 져 주는 생활의 습관을 가져야 하겠습니다. 예수님께서 이 땅에 오신 목적 중에 하나가 바로 우리 인생의 짐을 짊어져 주시기 위해서였습니다. "수고하고 무거운 짐 진 자들아 다 내게로 오라 내가 너희를 쉬게 하리라"(마 11:28). 그러므로 우리 신앙인들은 기도할 때에 나를 위해서만 기도하지 말고 남을 위해서도 기도해야 합니다. 그럴 때 우리의 신앙도 자라게 되며 더 많은 축복을 받게 됩니다.

### 3절 만일 누가 아무것도 되지 못하고 된 줄로 생각하면 스스로 속임이라

이 말은 건방진 사람이 되지 말라는 뜻입니다. '아무것도 되지 못하고 된 줄로 생각하면' 이란 자기가 아무것도 되지 못하면서 무엇이 된 줄로 생각한다는 뜻입니다. 참으로 '된 사람' 이면 자신의 부족함을 스스로 깨닫기 때문에 겸손합니다. 우리는 하나님 앞에 무력한 죄인일 뿐입니다. '내가 나 된 것은 하나님의 은혜로 된 것' 에 불과합니다(고전 15:10). 이것을 잊어버리고 자기 교만에 빠질 때, 스스로 속이는 결과를 초래하게 됩니다.

이 절에서 '속임' 이란 다른 사람이 아닌 바로 자기 자신의 마음을 속인다는 말입니다. 옛날에도 빈 수레가 더 요란하다는 말이 있습니다. 또한 익은 벼가 고개를 숙인다는 말도 있습니다. 우리 주위의 사람들을 가만히 보면, 아무것도 되지 못한 사람이 자기 스스로 된 줄로 알고 더 많이 떠들고 야단법석을 하는 경우가 많습니다. 그러나 진실로 된 사람은 자기의 실력 없는 것을 점점 깨닫기 때문에 고개가 수그러집니다. 이런 현상은 학교 다니는 학생들의 경우에서도 찾아볼 수 있습니다. 시험치고 와서 잘 치렀다고 떠드는 학생은 틀린 것은 생각하지 않고 맞는 것만 세어 보고 계산하기 때문에 잘 본 것처럼 생각합니다. 그러나 시험치고 와서 잘못 치렀다고 낙심한 학생은 맞는 것보다는 틀린 것을 생각하기 때문에 못 본 것처럼 생각합니다. 그런데 나중에 결과를 보면 잘 치렀다고 떠드는 학생보다는 못 치렀다고 낙심하는 학생의 점수가 더 좋은 경우가 많습니다.

우리가 인생을 살아가면서 너무 큰 소리를 치는 사람을 항상 조심해야 합니다. 너무 과대하게 선전하는 물건을 조심해야 합니다. 진짜 알차고 실력이 있는 사람은 요란스럽게 선전하지 않습니다. 그의 실력과 내용의 질이 자신을 선전해 주기 때문입니다. 실로 속이 차면 찰수록 바깥 치창을 덜하게 됩니다. 인물이 진짜 예쁘면 진하게 화장하지 않아도 모든 사람이 예쁘다고 인정해 줍니다.

우리의 신앙도 마찬가지입니다. 어느 산에 가서 어떤 은사를 받고 기도만 하면 응답을 받는다고 하거나, 하나님이 자신만을 특별히 세운 사람이라는 등의 선전을 하고 다니는 사람들을 조심해야 합니다. 진짜로 하나님께서 세운 사람이고 은혜와 진리가 충만한 사람이면 선전하지 않아도 하나님의 역사가 일어나기 때문에 자연히 알려집니다. 그러므로 사도 바울이 고린도 교인들에게 "교만한 자들의 말이 아니라 오직 그 능력을 알아보겠으니"(고전 4:19)라고 말한 것은 바로 이런 이유 때문입니다. 바울은 또 다음과 같이 교훈하고 있습니다.

"그런즉 선 줄로 생각하는 자는 넘어질까 조심하라"(고전 10:12). "아무 일에든지 다툼이나 허영으로 하지 말고 오직 겸손한 마음으로 각각 자기보다 남을 낫게 여기고"(빌 2:3).

**4절** 각각 자기의 일을 살피라 그리하면 자랑할 것이 자기에게는 있어도 남에게는 있지 아니하리니

'자기의 일을 살피라' 는 말은 자기를 판단해 보라는 말입니다. '자기의 일' 이란 우리 자신의 행동 또는 행위를 의미합니다. '살핀다' 는 것은 제련소에서 순금을 뽑아낸다는 의미로서 참과 거짓을 구별하는 것을 뜻합니다. 이 말은 남과 비교하여 구별하라는 말이 아닙니다. 자기 스스로 판단해서 자기의 말과 사명과 의무를 능히 해냈을 때 스스로 위로를 받고 즐거움을 가지라는 뜻입니다.

여기서 '자랑' 이란 기쁨을 동반하는 승리의 자랑입니다. 우리가 하나님께 신실함과 공의로 우리의 직분을 완수했을 때, 우리의 영혼과 마음에 위로와 평안이 깃들게 되고 만족함을 얻게 됩니다. 그러므로 이 '자랑' 은 자신을 남과 비교하고 판단하여 교만에 빠지는 상대적인 자랑이 아닌 자기 자신의 내적인 자랑이며 절대적인 자랑입니다. 이렇게 자랑하고 기쁨을 얻을 수 있는 가장 좋은 방법은 바로 자신을 돌아보는 데 있습니다.

### 5절 각각 자기의 짐을 질 것이라

이 구절은 자기가 맡은 책임을 완수해야 할 것을 권면하는 말씀입니다. 심판 날에 각 사람은 자신의 행위대로 보응을 받게 됩니다. 그날에는 다른 사람과 비교하여 잘했다 못했다는 기준에 의해서가 아니라, 하나님 앞에서 드러난 우리의 상태, 우리의 행한 행위에 의해서 심판이 내려집니다. 여기에 우리가 각각 자기의 일을 돌아보아야 할 이유가 있습니다.

주님께서는 우리 각자에게 일할 사명을 주셨습니다. 부활하신 예수님께서 디베랴 호수에 나타나셔서 베드로에게 나를 따르라고 했을 때, 베드로는 요한을 가리키면서, "주님 이 사람은 어떻게 되겠사옵나이까?" 라고 질문했습니다(요 21:21). 이에 예수님께서 말씀하시기를 "내가 올 때까지 그를 머물게 하고자 할지라도 네게 무슨 상관이냐 너는 나를 따르라" 고 하셨습니다(요 21:22). 주님께서는 우리가 우리에게 맡겨진 사명에 충실하기를 원하십니다. 그러므로 우리는 남의 인생에 대하여 너무 말을 많이 하거나 비판해서는 안 됩니다. 오직 주님께서 우리 각자에게 맡겨 주신 사명과 책임의 짐을 충실히 져야겠습니다.

본 절은 2절의 '짐을 서로 지라' 는 말과는 대립이 되는 것 같지만, 이것은 오히려 서로 보충되는 관계를 갖고 있습니다. 실로 우리에게는 짐을 서로 져야 할 책임도 있는 반면에 각각 자신의 짐을 져야 할 책임도 아울러 있습니다. 다시 말해서 유혹에 빠진 형제를 바로잡아 주고 이끌어 줘야 할 책임과 더불어 자기 자신의 행동에 대하여 하나님 앞에서 책임을 져야 할 의무도 있습니다. 그러므로 우리는 그리스도의 사랑의 법을 성취하기 위해서 애쓰는 반면에, 또한 하나님이 인정하시고 칭찬하시도록 우리의 의무도 충실히 행해야 합니다. 우리가 하나님 앞에 서는 그날까지 나 자신을 남과 비교해서 남을 평가하는 일은 삼가고, 우리 자신이 하나님 앞에 떳떳이 설 수 있도록 최선을 다해야겠습니다. 신앙의 판단은 인간이 하는 것이 아니라, 바로 하나님께서 하신다는 것을 결코 잊어서는 안 됩니다.

## 2. 심는 대로 거둠(6:6-10)

**6. 가르침을 받는 자는 말씀을 가르치는 자와 모든 좋은 것을 함께하라 7. 스스로 속이지 말라 하나님은 업신여김을 받지 아니하시나니 사람이 무엇으로 심든지 그대로 거두리라 8. 자기의 육체를 위하여 심는 자는 육체로부터 썩어질 것을 거두고 성령을 위하여 심는 자는 성령으로부터 영생을 거두리라 9. 우리가 선을 행하되 낙심하지 말지니 포기하지 아니하면 때가 이르매 거두리라 10. 그러므로 우리는 기회 있는 대로 모든 이에게 착한 일을 하되 더욱 믿음의 가정들에게 할지니라**

**6절** 가르침을 받는 자는 말씀을 가르치는 자와 모든 좋은 것을 함께 하라

'가르침을 받는 자' 는 일반 성도이고 '가르치는 자' 는 주의 종입니다.

따라서 이 말은 주의 종을 잘 받들라는 말씀입니다. 교회 내에는 여러 가지의 직분이 있지만 크게 '가르치는 자'와 '가르침을 받는 자'로 나눌 수 있습니다. 가르치는 자가 전해야 할 내용은 하나님의 말씀이고, 선포해야 할 것은 하나님의 뜻입니다. 가르침을 받는 성도들은 주의 종의 가르침으로 신앙을 성장시키고 영적인 양식을 더욱 풍성하게 채워 주님께서 기뻐하시는 신앙생활을 해야 합니다. 그러나 주의 종들은 성도들의 믿음을 주관하는 자가 아닙니다. 다만 성도들의 기쁨을 돕는 자이며(고후 1:24), 성도들의 신앙생활을 돕는 자입니다. 이러므로 주의 종들은 하나님의 말씀을 성도들과 함께 나누고, 성도들은 주의 종들에게 그들이 가지고 있는 좋은 것을 함께 나누어야 합니다. 우리가 주의 종을 잘 받들게 되면 후에 하나님 앞에서 주의 종이 받는 상을 같이 받게 됩니다. 예수님께서도 "선지자의 이름으로 선지자를 영접하는 자는 선지자의 상을 받을 것"이라고 말씀하셨습니다(마 10:41). 주의 종을 대접하는 것은 반드시 하나님께서 갚아 주십니다. 왜냐하면 주의 종은 하나님께서 보내신 하나님의 대언자이기 때문입니다.

그러므로 우리는 하나님이 우리들을 축복하여 주신 좋은 것을 가지고 하나님의 말씀을 가르치는 자들이 생활을 걱정하지 않고 오로지 말씀을 전파하는 데에만 전념할 수 있도록 해야 합니다. 그렇게 하는 것이 우리의 영적인 양식을 충만히 채우고 더욱 은혜가 충만한 말씀을 배울 수 있는 길이 됩니다. 왜냐하면 주의 종들은 읽는 것과 권하는 것과 가르치는 것에 전념해야 하며(딤전 4:13), 자기 생활에 얽매이지 않아야 하기 때문입니다(딤후 2:4).

우리는 주의 종을 대접하되 참된 주의 종을 대접해야 하며, 거짓 종에게 속지 않도록 주의해야 합니다. 왜냐하면 양의 탈을 쓰고 온 이리를 양인 줄 알고 대접해 주면, 나중에는 이리의 본색을 드러내면서 물고 찢기 때문입니다. 그런 사람 중의 하나가 스스로 대접해 달라고 암시하거나 강요하는 사람입니다. 절대로 성도들에게 대접해 달라고 외치거나 요구하는 사람은 참된 주의 종이라고 볼 수 없습니다.

참된 주의 종은 하나님만 바라보고 하나님만 의지하면서 살아갑니다. 하나님을 삶의 근원으로 삼기 때문에 하나님께서 주시는 대로 살아갑니다. 하나님이 밥 주시면 밥 먹고, 죽 주시면 죽 먹고, 주시지 않으면 굶는 것이 바로 참된 주의 종의 삶의 태도입니다. 일단 주의 종으로 출발한 사람은 이미 이 세상의 부귀영화와 공명을 뒤로 하고 나섰기 때문에 세상의 것에 집착해서는 안 됩니다. 주님의 일을 잘해서 주님께서 부귀영화와 공명을 주시면 겸손한 마음으로 감사하면서 살아갈 따름입니다. 직접적으로나 간접적인 방법으로 물질을 요구하는 그런 사람에게는 주의 이름으로 대접하지 마십시오. 그러나 정말 순수하게 복음을 전하고 기도하는 사람과는 성령이 인도하시는 대로 모든 것을 나눠 가지려고 노력하십시오. 참된 주의 종을 대접하는 것이 바로 예수님을 대접하는 것이 됩니다.

### 7절 스스로 속이지 말라 하나님은 업신여김을 받지 아니하시나니 사람이 무엇으로 심든지 그대로 거두리라

바울은 사람들이 가식과 위선으로 하나님을 조롱하거나 자신을 속이지 않도록 경고하고 있습니다. 이 말씀은 사람들이 자신의 의무는 태만히 하면서, 그 의무에 대해 그 이상으로 보상을 받으려는 헛된 마음을 없애라는 권면의 말씀입니다.

실로 하나님께서는 누구에게서 놀림을 받거나 우롱을 당하시는 분이 아닙니다. 사람은 속일 수 있을지 모르나 하나님은 속일 수 없습니다. '스스로 속인다' 는 것은 말과 행동은 물론 마음속까지도 환히 알고 계시는 하나님까지 속일 수 있다고 생각하는 것을 말합니다. 자신의 과오나 태만을 속일 수 없으며 더구나 사람의 마음을 주관하시는 하나님은 속일 수 없습니다.

우주에는 하나님께서 세우신 우주의 법칙이 있습니다. 그것은 콩 심은 데는 콩 나고 팥 심은 데는 팥 나고, 적게 심으면 적게 거두고 많이 심으면 많이 거둔다는 법칙입니다. 그런데 자연 법칙뿐만 아니라 우리의 영적인 법칙도 이와 마찬가지입니다. 우리가 믿음의 법칙에 서서 믿음의 씨앗을 심고 하나님의 기적이 일어날 것을 기대할 때, 하나님께서는 심은 대로 거두는 법칙으로 역사하십니다. 그러므로 우리는 하나님 앞에 우리의 믿음을 내놓아야 합니다. 하나님께서는 우리의 믿음을 실천할 때에 믿음의 분량대로 응답해 주십니다.

내 마음속에 믿음이 있다고 아무리 큰 소리를 쳐도 눈에 보이지 않을 때는 소용이 없습니다. 행함이 없는 믿음은 바로 죽은 믿음이기 때문입니다. 마음속에 있는 믿음은 하나의 가능성을 가진 믿음일 뿐이며 실제로 그 믿음이 밖으로 나타날 때 하나님의 역사가 일어납니다. 야고보 선생님은 "나는 행함으로 내 믿음을 네게 보이리라"(약 2:18)고 했으며, 예수님께서도 백부장이 그의 믿음을 입으로 시인하는 것을 보시고, "네 믿은 대로 될지어다"(마 8:13)라고 말씀하심으로 백부장의 믿음을 풀어놓으셨습니다.

그러므로 어려운 문제를 당했을 때에는 먼저 나의 믿음을 풀어놓기 위해 믿음의 씨앗을 심어야 합니다. 그냥 엎드려 기도만 하면 마음속에 믿음이 있어도 있는 것인지 없는 것인지 알 수 없기 때문에 기도를 해도 자신이 생기지 않습니다. 예수님도 그의 제자들에게 "너희 믿음이 어디 있느냐"(눅 8:25)고 꾸짖으셨습니다. 그러므로 믿음으로 보여 주는 가장 좋은 길은 믿음의 씨앗을 심는 길입니다. 우리가 믿음의 씨앗을 심을 때 물질로만 심어야 하는 것은 아닙니다. 물질로도 믿음의 씨앗을 심을 수 있지만 몸을 드려 봉사하거나 시간을 내어 수고하는 등의 여러 가지 방법으로 주님께서 그 믿음의 분량에 맞게 지시하는 대로 심으면, 바로 그것이 하나님께 믿음의 씨앗을 심는 것이 됩니다.

아무것도 심지 않고 거두려고 할 때에는 하나님을 속이고 스스로를 속이는 결과가 나타납니다. 이럴 때 하나님을 만홀히 여기는 것이 됩니다. '만홀히 여긴다' 는 말은 코를 치켜 올린다는 뜻으로 남을 희롱하는 것을 말합니다. 그러나 하나님께서는 까닭 없이 사람들에게 희롱당하거나 멸시를 받는 분이 아닙니다. 하나님께서는 심판의 날에 우리가 심은 것을 그대로 거두게 하시고 우리는 그것에 따라 심판을 받게 됩니다. 그러므로 이 땅에서 거두지 못했다고 낙심해서는 안 됩니다. 후에 하늘나라에 가면 이 세상에서 상상한 것 이상으로 거두게 될 것이기 때문입니다.

**8절** 자기의 육체를 위하여 심는 자는 육체로부터 썩어질 것을 거두고 성령을 위하여 심는 자는 성령으로부터 영생을 거두리라

육적이고 정욕적인 삶을 사는 자들, 즉 육에 관한 생각과 염려로 살아가는 사람은 육으로부터 썩어질 것을 거두게 됩니다. 그러나 하나님 중

심으로 살고 하나님의 나라와 의를 위하여 사는 사람은 영원한 생명을 거두게 됩니다. 진실로 현재의 삶은 순간적인 만족만을 가져다줄 뿐 영원한 만족을 가져다주지 못합니다. 세상 사람들은 자신의 육체를 위하여 돈과 시간을 부지런히 심습니다. 그러나 그 결과는 허무뿐이고 썩는 것밖에 없습니다. 이에 반하여 하나님의 영광과 다른 사람들의 유익을 위하여 헌신하는 사람은 성령을 위하여 자신의 몸과 시간을 심고 심지어는 자신의 재산까지도 심습니다. 이러한 사람은 현재의 삶 속에서도 참된 위로와 평안을 소유할 뿐 아니라 영생을 얻게 됩니다.

예수님을 믿음으로 영생은 이미 얻은 것이지만 이 영생을 지켜 나가고 점점 더 풍성히 하기 위해서는 성령을 위해서 심는 것이 필요합니다. 성령을 위하여 심는다는 것은 하나님의 성령이 마음속에 인도하시는 대로 심는 것을 말하며, 그것은 바로 복음 전파를 의미하기도 합니다. 또한 이웃을 위하여 기도하는 것이나, 하나님의 사업을 위하여 물질을 드리는 것, 그리고 하나님을 위해서 몸 드려 봉사하는 것도 성령을 위하여 심는 것이 됩니다. 성령의 인도하심에 따라 살아간다면 우리는 더욱 풍성해진 삶과 더불어 영생을 거두게 됩니다.

또한 성령을 위해서 심는 것 중에 하나가 십일조 생활입니다. 우리가 십일조 생활을 충실히 할 때, 우리는 쌓을 곳이 없도록 부어 주시는 하나님의 축복을 경험하게 됩니다. 그것에 대해 하나님께서는 말라기 3장 10절에 분명하게 약속하여 주셨습니다. 하지만 십일조 생활을 충실히 하는데도 십일조 생활하기 전보다 더 어려워지고, 사업이 잘 안 되는 경우가 있습니다. 하나님께서 이런 어려움을 주시는 데에는 크게 두 가지의 이유가 있습니다. 하나는 십일조 생활하는 성도의 직업을 바꾸라는 하나님의 암시입니다. 다른 하나는 성도의 믿음을 시험해 보시기 위해서입니다. 열심히 십일조 생활을 하고 신앙생활에 충실했음에도 불구하고, 여러 가지 일이 되지 않을 때 먼저 자신의 직업을 살펴보십시오. 지금 나의 직업이 하나님께 영광 돌리는 직업인가, 아니면 하나님의 영광을 가리는 직업인가를 생각해 보아야 합니다. 만약 자신의 직업이 하나님께 영광 돌리는 직업이 못 된다고 생각되면 하나님께 직업을 바꿔 달라고 기도해야 합니다. 하나님께서 축복을 주시고자 해도 그릇이 좋지 못하면 부어 주시지를 않습니다.

예를 들면 술장사나 담배 장사를 하면서 주님께 열심히 십일조를 드린다면 하나님의 입장에서 어떻게 하시겠습니까? 만약에 하나님께서 그 사람에게 축복해 준다면 술이 잘 팔리고 담배가 더 잘 팔리게 될 것인데, 그렇게 되면 술과 담배로 인하여 많은 사람에게 피해를 끼치게 됩니다. 그럴 경우에는 하나님께서 직업을 바꾸라는 표시로 물질적인 축복을 주시지 않습니다. 그릇된 직업의 그릇을 올바른 직업의 그릇으로 바꾸십시오. 올바른 직업의 그릇으로 바꿀 때 비로소 축복이 나타납니다.

또한 올바른 그릇을 가지고 십일조 생활을 했는데 물질의 축복이 다가오지 않을 때에는 성령의 음성을 잘 들어보십시오. 믿음에 대한 시험을 통해 더 큰 그릇으로 사용하시려는 하나님이 계획이 있으신 것입니다. 그래서 결국 주님의 뜻에 순종하는 자에게는 주님께서 형통하게 되는 축복을 쏟아 부어 주십니다. 그러므로 우리가 성령을 위해서 심는다는 것은 결국 이 세상에 사는 동안 하나님의 축복을 받고 장래에도 하나님 앞에 떳떳하게 잘했다 칭찬받는 성도가 되는 결과를 가져다줍니다.

**9절** 우리가 선을 행하되 낙심하지 말지니 포기하지 아니하면 때가 이르매 거두리라

'선을 행한다' 는 것은 성령을 따라 행하는 것을 말합니다. 우리는 성령을 따라 선을 행하는 일에 싫증을 느끼거나 태만해져서는 안 됩니다. 하나님의 일은 오래 참음으로 그 결과를 볼 수 있습니다. 그런데 오늘날 성도들 중에는 주일날 열심히 교회에 나오고 복음을 전하고 십일조를 열심히 드리는데도 신속히 자기 뜻대로 되지 않는다고 낙심하는 사람이 많이 있습니다. 그러나 아무리 낙심이 다가와도 속에 성령이 충만한 사람은 이겨 나갈 수 있습니다.

여기에서 바울은 때가 이르면 거두리라고 말함으로 낙심해서는 안 될 이유를 밝히고 있습니다. 선행을 하는 신실한 사람들은 상급이 보존되어 있으며 그 상급은 각 사람에게 가장 알맞은 때에 주어집니다. 전도서 3장 1절에서부터 8절은 모든 일에는 때가 있음을 보여주고 있습니다. 그러므로 우리는 때를 기다릴 줄 아는 신앙인이 되어야겠습니다. 선을 행하는 길에는 낙심하게 하고 피곤하게 하는 마귀의 시험이 도사리고 있을 때도 있습니다. 그러나 선행은 끝까지 행하여 유종의 미를 거둘 때에야 비로소 가치가 있습니다. 눈물로 씨를 뿌리는 자는 반드시 기쁨으로 단을 거두게 됩니다(시 126:5-6).

**10절** 그러므로 우리는 기회 있는 대로 모든 이에게 착한 일을 하되 더욱 믿음의 가정들에게 할지니라

본문은 기독교의 박애 정신과 그리스도인의 형제애에 대해 가르치고 있는 말씀입니다. 착한 일을 행하는 데 있어서 대상이 제한되어서는 안

됩니다. 이 세상 사람 누구에게나 사랑과 자비를 베풀어야 합니다. 아무리 선을 행하고 싶어도 기회가 없으면 행할 수 없습니다.

선행의 기회는 두 가지 의미를 담고 있습니다. 첫째는 우리가 이 세상을 살고 있는 동안을 기회로 말할 수 있습니다. 우리의 생명이 주어진 이 세상의 시간들이야말로 이웃에게 선을 행할 수 있는 유일무이(唯一無二)한 기회가 됩니다. 죽은 다음에는 선을 행하고 싶어도 그때는 이미 늦습니다. 하늘에는 눈물도 없고 고통도 없고 가난도 없기 때문에 이웃을 위하여 일을 할 필요가 없습니다. 두 번째의 기회는 첫 번째보다는 좁은 의미로서 우리가 생활하는 가운데 순간순간마다 주어지는 기회가 있습니다. 우리에게 선을 행할 수 있는 기회가 주어지면 그때는 지체하지 말고 행하여야 합니다. 다음에 한다고 미루어 두었다가 죽는 순간까지 영영 기회를 잃게 될지도 모르기 때문입니다. 이것은 하나님 앞에 섰을 때 변명이 될 수 없습니다.

또한 과거에 선을 행했다는 자만으로 인해서 기회가 주어졌을 때에 태만해서도 안 됩니다. 우리가 이웃을 위하여 선을 행할 수 있는 기회는 생각하는 것처럼 그렇게 자주 오지 않습니다. 그러므로 새로운 기회가 주어질 때마다 우리의 능력이 자라는 데까지 선을 행해야 합니다. 그런데 이러한 기회가 주어졌을 때는 그리스도 안에서 한 형제가 된 믿음의 가족에게 우선권을 두어야 합니다. 이 말은 믿지 않는 사람은 차별해서 덜 행하라는 뜻이 아닙니다. 같은 상황에서 두 가지의 상황이 동시에 주어졌을 때에 이왕이면 믿음의 형제에게 먼저 우선권을 주어야 합니다.

하나님께서는 예수님을 믿는 사람들끼리 서로 도와주고 이끌어 주는 협조의 관계에 우선권을 두기를 원하십니다. 왜냐하면 그리스도인들은 그리스도 안에서 서로 지체이기 때문입니다. 하나님께서도 모든 사람들을 사랑하시고 모든 사람에게 선을 베푸시나 특히 당신의 자녀들에게는 특별한 방법으로 선을 베푸십니다. 그러므로 우리도 사랑과 자비를 베푸는 데 있어서 적절한 대상을 선택하려고 할 때 올바른 지혜와 분별력을 사용할 줄 알아야 합니다. 우리는 이 땅을 떠나는 그날까지 '가난한 자들이 항상 우리와 함께 있음' 을 기억해야 합니다(마 26:11).

## 3. 십자가밖에 자랑할 것이 없음(6:11-16)

**11. 내 손으로 너희에게 이렇게 큰 글자로 쓴 것을 보라 12. 무릇 육
체의 모양을 내려 하는 자들이 억지로 너희에게 할례를 받게 함은 그
들이 그리스도의 십자가로 말미암아 박해를 면하려 함뿐이라 13. 할
례를 받은 그들이라도 스스로 율법은 지키지 아니하고 너희에게 할
례를 받게 하려 하는 것은 그들이 너희의 육체로 자랑하려 함이라
14. 그러나 내게는 우리 주 예수 그리스도의 십자가 외에 결코 자랑
할 것이 없으니 그리스도로 말미암아 세상이 나를 대하여 십자가에
못 박히고 내가 또한 세상을 대하여 그러하니라 15. 할례나 무할례
가 아무것도 아니로되 오직 새로 지으심을 받는 것만이 중요하니라
16. 무릇 이 규례를 행하는 자에게와 하나님의 이스라엘에게 평강과
긍휼이 있을지어다**

**11절** 내 손으로 너희에게 이렇게 큰 글자로 쓴 것을 보라

바울은 보통 편지를 쓸 때에 대부분 대필(代筆)을 시켰습니다. 그런데 갈라디아 교인들에게 편지를 보낼 때에는 그 자신이 직접 글을 썼습니다. '큰 글자' 로 썼다는 것은 두 가지 의미로 볼 수 있습니다. 하나는 갈라디아서 4장 15절에 이미 기록된 것처럼 바울이 눈이 좋지 않아 시력이 나쁜 이유로 글씨를 작게 쓸 수가 없으므로 크게 쓴 것이라고 볼 수 있고, 또 다른 하나는 갈라디아 교인들에 대한 마음이 너무 안타까워 자세히 읽고 깨달을 수 있도록 크게 쓴 것이라고도 볼 수 있습니다. 바울은 이렇게 그들에 대한 사랑이 너무나 컸기 때문에 거짓 선생들의 나쁜 영향에서 성도들을 회복시키고자 하는 마음으로 정성을 다해 직접 편지를 썼습니다.

**12절** 무릇 육체의 모양을 내려 하는 자들이 억지로 너희에게 할례를 받게 함은 그들이 그리스도의 십자가로 말미암아 박해를 면하려 함뿐이라

본문은 율법주의자들에 대한 최후의 정면적인 공격을 하는 글입니다. 율법주의자들은 갈라디아 교인들에게 할례를 억지로 강요하고 있었습니다. 율법주의자들이 할례를 주장하는 이유는 첫째 '육체의 모양을 내기 위함' 이었습니다. 그들은 종교의 외적 신앙에 열심이었습니다. 육적인 오만과 허영의 마음을 가진 자들은 육체의 겉치레를 만족시키는 신앙만으로 만족하여 십자가의 도를 지키고 복음의 진리 가운데로 들어가는 것을 거부했습니다.

둘째로 그들은 '그리스도의 십자가로 말미암아 박해를 면하기 위하

여' 할례받기를 주장했습니다. 그들은 고난을 두려워하는 자들이었습니다. 그들이 할례를 주장하는 본심은 율법에 대한 존경심에서 나온 것이 아니라, 그들을 박해하는 유대인들과 타협하기 위한 인간적인 계산에서 나왔습니다. 유대인들을 기쁘게 해서 그들의 생활을 편하게 하기 위함이었습니다. 바울은 그와 같은 생각이 성령을 따라서 된 것이 아니라, 바로 육체를 따라서 나온 생각임을 단호히 꾸짖고 있습니다. 예수님도 믿고 할례도 받는다는 것은 하나님의 생각이 아니라 인간의 생각입니다. 그들은 하나님의 자녀가 아닌 '그리스도의 십자가의 원수로 행하는 자들' 입니다(빌 3:18).

**13절** 할례를 받은 그들이라도 스스로 율법은 지키지 아니하고 너희에게 할례를 받게 하려 하는 것은 그들이 너희의 육체로 자랑하려 함이라

할례는 율법의 일종이므로 예수님을 믿고 할례를 받아야 구원을 얻는다고 하면 결국 율법을 다 지켜야 한다는 것과 같은 말입니다. 그런데 문제는 할례를 주장하는 그들 스스로도 율법을 지키지 못한다는 사실입니다. 율법을 온전하게 지키지 못하면서도 갈라디아 교인들에게 율법 중의 하나인 할례를 주장하는 것은 갈라디아 교인들을 할례받게 함으로써 유대인들과 타협하고 갈라디아 교인들을 자기의 편으로 만들어 유대교로 개종시켰다는 것을 유대인들에게 자랑하기 위함입니다. 그것을 위해 율법주의자들은 갈라디아 교인들의 육체에 표시를 내고자 했고, 그것을 통해 유대인들로부터 박해를 면하고자 했습니다.

**14절** 그러나 내게는 우리 주 예수 그리스도의 십자가 외에 결코 자랑할 것이 없으니 그리스도로 말미암아 세상이 나를 대하여 십자가에 못 박히고 내가 또한 세상을 대하여 그러하니라

율법과 십자가의 사이에서 바울은 단호하게 십자가를 택하겠다고 선언하고 있습니다. 세상 성품을 지닌 율법 교사들은 유대인들의 박해를 피하기 위해 타협을 했지만 바울은 박해를 받을지라도 끝까지 십자가만 바라보는 사람이었습니다. 그는 십자가를 자랑하고 십자가 외에는 전하지 않기로 작정한 사람이었습니다(고전 2:2). 오직 구원받는 길은 예수 그리스도의 십자가밖에 없기 때문입니다.

여기서 바울이 '내 주 예수 그리스도' 라고 하지 않고 '우리 주 예수 그리스도' 라고 한 것에는 깊은 의미가 있습니다. 우리라는 것은 바울과 갈라디아 교인들을 포함합니다. 그러므로 예수님은 바울의 그리스도일 뿐만 아니라 바울과 갈라디아 교인들의 그리스도도 되십니다. 그리스도에게 우리 모두가 속해 있고 그 아래서 우리 모두가 그의 소유된 자로서 행복을 누리며 그분만을 섬긴다는 말입니다. 그러므로 율법주의자들이 할례받은 것을 자랑한다면 바울은 그리스도를 자랑하겠다고 단호히 밝히고 있습니다.

또한 바울은 "그리스도로 말미암아 세상이 나를 대하여 십자가에 못 박히고 내가 또한 세상을 대하여 그러하니라"라고 선언했습니다. 여기서 '세상' 이란 우리가 살고 있는 물질적인 세상을 가리키는 것이 아니고 정욕의 세상, 즉 자기 중심의 육체의 생각에 지배되는 세상을 말합니다. 그러므로 본문의 말씀은 '나는 세상을 버렸고 세상도 나를 버렸다' 는 뜻입니다.

원래 바울은 세상에서 자랑할 수 있는 많은 조건을 구비하고 있었습니다(빌 3:5-9). 그러나 그리스도를 알게 된 후 바울은 세상의 모든 가치 판단이 달라졌습니다. 그러므로 예수님을 믿는 우리들도 마귀가 지배하는 세상 정욕의 노예가 되지 말고 오직 예수 그리스도의 십자가를 통해서 성령 안에서 말씀으로 살아가야 합니다. 비록 우리의 육신은 이 세상에 살고 있지만 우리는 이 세상 사람이 아닙니다. 바로 저 하늘나라 시민입니다(빌 3:20). 우리는 성령으로 더불어 먹고 마시며 살다가 성령과 함께 천국으로 가야 하는 귀한 하나님의 백성이기 때문에 이 세상에 살면서도 이 세상에 속해 있지 않습니다.

**15절** 할례나 무할례가 아무것도 아니로되 오직 새로 지으심을 받는 것만이 중요하니라

구원에 대한 문제를 이야기하고 있는 구절입니다. 구원은 할례나 무할례 같은 종교적인 의식에 있지 않고 오직 그리스도로 말미암은 중생에서 출발합니다. '중생' 이란 예수 그리스도를 우리 마음 가운데 구주로 모셔 들이고 성령으로 거듭나는 것을 말합니다. 그러므로 중생은 그리스도의 십자가를 통해 나타난 하나님의 능력 안에서만 가능합니다. 따라서 할례는 참된 신앙의 본질과는 아무런 관계가 없습니다. 참된 신앙의 기준은 우리가 할례자냐 무할례자냐, 또는 이 교파냐 저 교파냐 하는 외적인 것에 있지 않고 오직 '우리가 그리스도 안에서 새로운 피조물이 되었느냐?' 하는 데에 있습니다. 다시 말해서 우리의 외모나 얼굴이 달라졌느냐가 문제가 아니라, 우리의 영이 새로워졌느냐가 문제입니다. 이것이 바로 하나님께서 가장 관심을 가지시는 일입니다. 그러므로 우리는 오직

새로 지음을 받아(고후 5:17), 사랑으로 역사하는 믿음으로 하나님의 계명을 지켜야만 합니다(고전 7:19).

**16절** 무릇 이 규례를 행하는 자에게와 하나님의 이스라엘에게 평강과 긍휼이 있을지어다

'규례' 란 헬라어로 '카논' (κανών)인데, '곧은 장대' 혹은 '자' 를 뜻하며 여기서는 복음, 즉 그리스도를 믿음으로만 구원을 받는다는 근본 진리를 의미하고 있습니다. 그러므로 '규례를 행한다' 는 것은 신앙과 생활에 있어서 율법의 행위가 아닌 그리스도를 믿음으로 의롭게 되어 하나님의 말씀을 행한다는 뜻입니다.

'하나님의 이스라엘' 이란 하나님의 선민을 말합니다. 이방인이든 유대인이든 간에 그리스도의 십자가를 믿고 성령을 따라 행하는 신실한 그리스도인들은 모두가 다 하나님의 선민입니다.

오늘날 우리들도 비록 혈통으로는 이스라엘 자손이 아니더라도 그리스도를 통하여 아브라함의 영적 자손이 되었으므로(3:29), 아브라함의 믿음의 상속자로서 그와 똑같은 축복을 받아 누릴 수 있습니다. 바울은 이러한 축복으로 '평강과 긍휼' 을 받게 된다는 사실을 말하고 있습니다. '평강' 이란 마음의 평안으로, 이 세상에서 필요한 성령님의 위로를 말합니다. '긍휼' 이란 그리스도 안에 나타난 하나님의 사랑과 자비로써 다른 모든 축복의 근원이 됩니다. 이러한 축복은 우리들 안에 이루어진 은혜로 말미암아 새롭게 변화될 때 얻을 수 있습니다.

## 4. 예수님의 흔적을 가진 바울(6:17-18)

**17. 이 후로는 누구든지 나를 괴롭게 하지 말라 내가 내 몸에 예수의 흔적을 지니고 있노라 18. 형제들아 우리 주 예수 그리스도의 은혜가 너희 심령에 있을지어다 아멘**

**17절** 이 후로는 누구든지 나를 괴롭게 하지 말라 내가 내 몸에 예수의 흔적을 지니고 있노라

복음의 참진리를 위해서는 온갖 곤경도 기꺼이 감수하는 바울의 모습을 볼 수 있습니다. 바울은 이제 더 이상 갈라디아 교인들이 지니고 있는 문제 때문에 고통 받기를 원치 않았습니다. 그래서 그는 그의 몸에 있는 흉터를 생각나게 하여 그들로 하여금 바울과 같이 굳게 흔들리지 않고 서도록 권면합니다. 바울의 이러한 소망은 개인의 소원이라기보다는 복음을 전하는 사도로서 복음적 소망입니다.

바울이 지닌 '예수의 흔적' 에서 '흔적' 은 고대 세계에서 가축이나 노예의 몸에 소유주를 표시하기 위해 찍은 낙인을 의미합니다. 바울은 복음을 전하면서 받은 많은 박해로 인해 자신의 몸에 난 상처 자국들을 예수의 흔적이라고 표현한 것입니다. 고린도후서 11장은 바울이 받은 고통과 박해에 대해 기록하고 있습니다. 이것은 바로 바울이 '그리스도의 종'

으로서 그리스도의 복음을 위하여 수고한 증거이며 그의 사도직에 대한 확고한 실증이 됩니다.

**18절** 형제들아 우리 주 예수 그리스도의 은혜가 너희 심령에 있을지어다 아멘

바울은 축도로 이 서신을 끝내고 있습니다. 이 축도가 목표하는 것은 갈라디아 교인들의 마음속에 그리스도의 형상이 이루어지는 것입니다(4:19). 바울은 갈라디아 교인들에게 심한 질책과 비난도 서슴지 않았으나, 마지막에는 그리스도 안에서 사랑을 다하여 '형제들아' 라고 호소함으로써 그들에 대한 바울의 사랑을 나타내고 있습니다. 그리고 축도 끝에 '아멘' 을 추가시킴으로 그의 사랑을 다시 한번 확증시키고 있습니다.

'심령' 이란 갈라디아 교인들의 영혼을 가리키고 있습니다. 그들의 영혼 속에 그리스도의 은혜가 충만하여, 그들이 그리스도인의 임무를 수행함에 있어, '영혼이 잘됨같이 범사에 잘되고 강건하기를' 바라는 마음이며(요삼 1:2), 인생의 모든 시련과 죽음에 직면해서도 용기와 위로를 받을 것을 기원하는 마음입니다.

이로써 갈라디아서를 다 살펴보았습니다. 갈라디아서는 예수님을 잘 믿다가 잘못된 이단 사설의 유혹에 빠져 잘못된 길로 들어가는 사람을 간절히 권면하여, 그들이 회개하고 예수님 앞에 다시 나올 수 있도록 하기 위하여 쓰여진 글입니다. 이 서신에서 특히 강조하고 있는 것은, 예수님께서 전해 주신 복음 외에 다른 어떤 것과도 타협하지 말라

는 것입니다. 어떠한 인간도 순수한 복음, 즉 예수께서 우리를 위해서 십자가에서 돌아가시고 장사 지낸 바 되어 부활 승천하심으로 인류 구원의 역사를 온전히 이루셨다는 진리 외에 다른 어떤 것도 보태서는 안 됩니다.

우리가 이와 같은 참된 복음을 믿을 때 구원을 얻게 됩니다. 실로 우리가 예수 그리스도를 마음 가운데 모셔 들이기만 하면 죄 사함을 받습니다. 죄를 한 번도 안 지은 사람처럼 의롭게 됩니다. 그 결과 하나님 앞에 부끄러움 없이 담대하게 서는 자격을 얻고, 마귀가 참소할 수 없는 아름다운 자리에 들어서게 되는 축복을 얻게 됩니다.

갈라디아서를 공부하신 여러분에게 예수 그리스도의 이름으로 묻습니다.

"여러분은 예수 그리스도를 영접했습니까?"

"여러분은 하나님의 영광을 위하여 살고 있습니까?"

"여러분은 영원한 하늘나라에 대한 소망이 있습니까?"

우리 주위에는 아직 예수 그리스도와 아무런 관계 없이 그날그날을 살아가는 사람들이 너무나 많이 있습니다. 예수 그리스도와 관계가 없는 삶은 허무한 삶입니다. 이러한 삶을 산 사람은 이 땅을 떠나는 순간 영원한 우주의 고아가 되고 맙니다.

여러분, 우리 예수님의 마음을 가지고 이웃에게 복음을 전합시다. 그들에게 길과 진리와 생명 되시는 예수님을 소개해 드립시다. 그래서 한 사람이라도 더 예수님을 만나고 하나님의 영광을 위해 살다가 하늘나라에 갈 수 있도록 하십시다.

"예수께서 이르시되 나는 부활이요 생명이니 나를 믿는 자는 죽어도 살겠고 무릇 살아서 나를 믿는 자는 영원히 죽지 아니하리니"(요 11:25-26).

# A Commentary on
# the First Epistle to the Thessalonians

# 데살로니가전서

# 서론 | 데살로니가전서

Preface

## 1. 주제 및 기록 목적

본 서의 주제는 '예수 그리스도의 재림' 입니다. 본 서는 하나님의 거룩하심을 입은 성도가 영, 혼, 육을 흠 없이 보존하며 살아야 한다는 것과 예수 그리스도의 재림 때에 들림 받는다는 것을 말하고 있습니다.

사도 바울이 받았던 심한 박해는 데살로니가 교인들에게도 계속되었습니다. 바울은 이 첫 번째 편지를 통해 데살로니가 교인들과 만나기를 몹시 원했던 심정을 전하고 있습니다. 그러나 그 계획은 번번이 이루어지지 않았습니다. 이러한 때에 디모데가 데살로니가 교회의 소식을 가져왔습니다. 그 소식은 크게 세 가지로 구분될 수 있습니다. 첫째로, 데살로니가 교인들은 환난 가운데서도 믿음을 굳건히 지켰다는 것이었습니다. 둘째로, 바울에 대한 그릇된 견해를 지닌 자들이 있다는 소식이었습니다. 마지막으로, 주의 재림을 기다리다 죽은 자들이 받을 상에 관해 혼란이 일고 있다는 것이었습니다. 따라서 바울은 환난 가운데서도 믿음을 가지고 인내한 그들을 위로하고 격려해야 했습니다. 또한 오해와 편견에 대한 자신의 입장과 재림에 대한 올바른 이해를 가르칠 필요가 있었습니다. 이러한 목적에서 바울이 본 서를 기록하였습니다.

## 2. 기록자 및 수신자

본 서의 저자는 사도 바울로, 사도들의 제자였던 당시 교부들도 본 서를 바울의 저작으로 인정해 왔습니다. 초기부터 정경으로 인정받았던 본 서는 데살로니가 교회의 성도들에게 보낸 편지였습니다.

## 3. 기록 연대 및 집필 장소

바울은 데살로니가 교회의 교인들에 대해 많은 염려를 했습니다. 왜냐하면 바울이 데살로니가를 떠날 때에 그들은 박해를 받고 있었기 때문입니다. 그래서 바울은 디모데를 파송하여 데살로니가 교인들을 위로하고 그곳의 소식도 듣기 원했습니다.

바울은 디모데로부터 데살로니가 교회의 소식을 들은 후 본 서를 기록

했습니다. 기록 시기는 주후 50년부터 52년 사이에 기록된 것으로 추정되며 기록 장소는 고린도였습니다.

## 4. 특징

본 서신은 바울에 의해 기록된 첫 번째 서신입니다. 그래서 바울이 후기에 쓴 서신에 비해 교리적인 내용이 많지 않은 반면, 연약한 교회를 사랑하는 그의 애정이 잘 나타나 있습니다. 또한 유대인들이나 이교도와의 강한 논쟁이 거의 나타나지 않고 주로 그리스도 재림의 문제가 다루어지고 있습니다. 이를 통해 우리는 초기 교회의 중요한 문제가 무엇이었는가를 알 수 있습니다.

## 5. 데살로니가와 데살로니가 교회

데살로니가는 오늘날 살로니카(Salonika)라는 이름으로 불리며, 온천지대에 위치해 있습니다. 이 도시는 마게도냐 왕 필립(Philip)의 사위인 카산더(Cassander)가 건축하여 그의 아내의 이름을 따서 '데살로니가' 라고 불렀습니다.

이 지역은 지리적으로 해상 무역과 육상 무역의 중심지로서 쉽게 부를 축적할 수 있었습니다. 그러나 쉽게 축적한 부는 그 도시를 사치와 방종의 도시로 전락시켰습니다.

이곳에 교회가 세워지게 된 것은 바울의 2차 전도 여행이 진행될 때였습니다. 당시 바울은 빌립보를 거쳐 이곳에 와서 3주 동안 머물면서 회당에서 복음을 가르쳤습니다. 이때 상당수의 유대인과 하나님을 두려워하는 이방인들, 그리고 귀부인들이 개종했습니다. 그 후 바울은 '야손' 의 집을 집회 장소로 사용했는데 바로 이곳이 훗날 데살로니가 교회로 발전하였습니다.

데살로니가 교회의 주된 문제는 유대인들이 당하는 박해와 주님의 재림에 대한 잘못된 종말론으로 인해 발생한 성도들의 문란해진 생활이었습니다.

제 1 장

# 환난 중에도 기쁨으로 충만한 **데살로니가 교회**

| | |
|---|---|
| 은혜와 평강을 기원하는 사도 바울 | 1:1 |
| 복음의 능력 | 1:2-5 |
| 믿는 자들의 본 | 1:6-7 |
| 우상을 버린 데살로니가 교회 | 1:8-10 |

A COMMENTARY ON THE
FIRST EPISTLE TO THE
# THESSALONIANS

**본 서는** 성령의 인도하심을 따라 살아가면 어떤 상황에서도 불가능이 없음을 보여 줍니다. 성령의 인도하심에 모든 것을 맡긴 데살로니가 교회는 환난 중에도 기뻐하여 주위에 있는 아가야와 마게도냐의 모든 믿는 자들에게 본이 되었습니다. 바울은 신실한 데살로니가 교인들에게 감사와 기쁨을 표하고 있습니다.

우리는 데살로니가 교회를 통하여 성령으로 충만한 교회와 성도만이 어떠한 환난 가운데서도 승리한다는 중요한 교훈을 배우게 됩니다.

## 1. 은혜와 평강을 기원하는 사도 바울(1:1)

**1. 바울과 실루아노와 디모데는 하나님 아버지와 주 예수 그리스도 안에 있는 데살로니가인의 교회에 편지하노니 은혜와 평강이 너희에게 있을지어다**

**1절** 바울과 실루아노와 디모데는 하나님 아버지와 주 예수 그리스도 안에 있는 데살로니가인의 교회에 편지하노니 은혜와 평강이 너희에게 있을지어다

바울은 자신의 동역자인 실루아노와 디모데와 함께 데살로니가 교회에 인사하는 것으로 편지를 시작합니다. 동역자들이 함께 문안함으로써 성도들에게 기쁨을 가중시키려고 했던 것입니다.

바울과 함께 거명되는 실루아노(실라〈Silas〉의 로마식 이름)는 유대인(행 16:19-20)으로서 로마의 시민권을 가진 사람이었습니다(행 16:37). 그는 예

루살렘 교회의 중요한 인물 중 한 사람으로서 최초의 이방인 교회인 안디옥 교회에 파송될 정도로(행 15:22) 신실한 사람이었습니다. 또한 바울과 전도 여행을 다녀온 뒤에도 또다시 베드로와 힘을 모아 일하는 등 복음 사역에 온 힘을 다한 충성스러운 일꾼이었습니다.

디모데는 깊은 믿음을 소유한 어머니 유니게로 인하여 어려서부터 경건한 신앙 교육을 받았습니다(행 16:1; 딤후 1:5). 그는 바울의 1차 전도 여행 때에 그리스도를 구주로 영접하고(행 14:6-7; 16:1) 바울의 동역자가 되어 훌륭하게 주의 일에 힘쓰다가 순교한 것으로 알려져 있습니다.

바울은 데살로니가 교회를 가리켜 하나님 아버지와 예수 그리스도 안에 있는 교회라고 했습니다. 삼위일체 하나님께서 데살로니가 교인들과 함께하심을 말하고 있는 것입니다. 우리가 예수 그리스도를 믿으면 하나님 아버지와 예수 그리스도 안에 있게 됩니다. 인간은 유한하지만 영원하시고 무한하신 하나님께서 모든 유한한 시간과 공간을 초월하여 믿는 자와 함께 계시기 때문입니다. 천국 가정에 소속되는 것입니다.

이것은 거듭난 자만이 누릴 수 있는 복입니다. 주 안에서 새로 태어나 중생한 그리스도인들은 삼위일체 하나님의 임재를 늘 체험할 수 있습니다. 그래서 어떠한 어려움과 고난이 닥친다 할지라도 하나님 아버지가 계시고, 구주 예수님이 계시고, 위로자 성령이 함께 계시는 천국 가정에서 위로를 받고 능히 문제를 극복하고 일어날 수 있습니다.

바울이 데살로니가 교인들을 향해 빌어 준 '은혜' (*χάρις*)는 헬라인의 인사말인 '기뻐하라' (*χαίρειν*)에서 유래된 말이며, '평강' (*εἰρήνη*)은 히브리인의 인사말입니다. 이 단어들은 그 당시 다른 여러 문서에서도 흔히 인사말로 쓰였습니다. 그러나 바울은 사람들이 평범하게 주고받는 인사말을 단순히 본 서신에 기록한 것이 아닙니다. 그는 데살로니가 교회에 하나님 아버지와 주 예수 그리스도로부터 흘러넘치는 풍요로운 은혜와 평강이 있기를 기원했던 것입니다.

은혜는 하나님께서 값없이 주시는 선물을 의미합니다. 불의하고 추악하여 마땅히 죽을 수밖에 없는 우리들이 예수 그리스도의 대속으로 인하여 의로워지고 영원히 살 존재가 되었습니다. 저주와 질병이 청산되고 축복과 건강을 누리게 된 것입니다. 이 은혜를 받으면 하나님이 주시는 평강이 임합니다.

하나님이 주시는 평강은 세상이 주는 평강과 다릅니다. 환경에 상관없이 아주 만족한 상태, 즉 더 이상 바랄 것이 없는 상태의 평안을 의미합니다. "야훼는 그의 얼굴을 네게 비추사 은혜 베푸시기를 원하며 야훼는 그 얼굴을 네게로 향하여 드사 평강 주시기를 원하노라 할지니라" (민 6:25-26)고 기록된 구약 성서 안의 평강처럼 하나님 품 안에 거하는 자만이 누릴 수 있는 느긋함이요, 어느 누구도 방해할 수 없는 온전한 안위를 의미합니다.

## 2. 복음의 능력(1:2-5)

**2. 우리가 너희 모두로 말미암아 항상 하나님께 감사하며 기도할 때**

**에 너희를 기억함은 3. 너희의 믿음의 역사와 사랑의 수고와 우리 주 예수 그리스도에 대한 소망의 인내를 우리 하나님 아버지 앞에서 끊임없이 기억함이니 4. 하나님의 사랑하심을 받은 형제들아 너희를 택하심을 아노라 5. 이는 우리 복음이 너희에게 말로만 이른 것이 아니라 또한 능력과 성령과 큰 확신으로 된 것임이라 우리가 너희 가운데서 너희를 위하여 어떤 사람이 된 것은 너희가 아는 바와 같으니라**

**2-3절** 우리가 너희 모두로 말미암아 항상 하나님께 감사하며 기도할 때에 너희를 기억함은 너희의 믿음의 역사와 사랑의 수고와 우리 주 예수 그리스도에 대한 소망의 인내를 우리 하나님 아버지 앞에서 끊임없이 기억함이니

'우리'는 바울과 실루아노와 디모데를 가리킵니다. 그리고 '너희 모두로 말미암아'란 '데살로니가 교인을 인하여'라는 말입니다. 바울은 그들의 헌신과 믿음의 열매로 인해 항상 하나님께 감사한다고 하였습니다.

데살로니가 교인들은 복음을 받아들인 지 얼마 되지 않았음에도 불구하고 전도와 봉사에 헌신적이었습니다. 이것은 그들에게 바울이 전한 말씀과 권고를 그대로 받아들였다는 증거입니다. 즉, 데살로니가 교인들은 말씀에 의하여 진정으로 거듭난 사실을 삶을 통해 보여 준 것입니다.

중생하지 않고는 열매를 맺을 수가 없습니다. 그러나 중생의 역사는 성령님의 도우심이 있을 때만 가능합니다. 그 역사는 순간적으로 일어납니다.

요한복음 4장을 보면 사마리아 여인이 변화 받고 동네 사람들에게 전도하는 감격적인 장면을 묘사하고 있습니다. 그런가 하면 성경은 어릴

때부터 말씀에 접하여 살아가지만 거듭나지 못한 바리새인과 사두개인들을 꾸짖기도 합니다(마 23:27).

데살로니가 교인들의 신앙생활은 "먼저 된 자로서 나중 되고 나중 된 자로서 먼저 될 자가 많으니라"(마 19:30)는 말씀을 생각나게 합니다. 데살로니가 교인들은 믿음의 연륜은 짧았지만 예수 그리스도 안에서 완전히 깨어지고 녹아져서 주님께 충성하고 있었습니다.

성령님으로 인하여 순간적으로 일어나는 중생의 역사는 2천 년 전 데살로니가 교회에서만 일어났던 것이 아니라 오늘까지도 계속되고 있어서 우리에게 소망과 기쁨을 안겨 주고 있습니다.

성령님의 역사는 지금도 언제, 어디서나 강력하게 일어나고 있습니다. 초대 교회의 불붙는 신앙으로 전도한 바울에 의하여 기독교인이 된 데살로니가 교인들에게는 더욱 성령님의 역사가 뜨겁게 일어났습니다.

데살로니가 교회가 보여 준 믿음은 성령님께서 역사하시는 살아 있는 믿음이었습니다. 살아 있는 믿음에는 역사하는 표적이 나타나야 합니다. 그 열매 중의 하나가 예배입니다.

구약 시대에는 예배가 제사의 형식으로 진행되었으므로 희생 제물이 반드시 필요했습니다. 물론 지금은 구약 시대와 같은 희생 제물을 드리지 않지만 시간을 드리고, 마음을 드리고, 정성을 드리면서 예배를 통해 하나님께 믿음을 고백하고 있습니다. 주일에 낚시나 등산을 하며 예배를 등한시하는 사람은 믿음이 있다고 말할 수 없습니다. 또한 돈이 아까워 하나님께 드리는 헌금을 유용하는 사람도 믿음이 있다고 말할 수 없습니다. 믿음의 사람은 기꺼이 자신의 소유와 시간을 하나님께 기쁘고 감사한 마음으로 드리는 것입니다. 주일 성수와 십일조가 그들이 하나님 앞에 헌신하는 최소한의 표현이라고 할 수 있습니다. 또한 믿음의 사람은 믿지 않는 사람들 앞에서 그리스도를 전합니다. 부활의 생명을 가진 자로서 마땅히 그 생명의 통로가 되시는 예수 그리스도를 증언하는 것입니다.

그다음은 '사랑의 수고' 입니다. 본 절에서 말하는 '사랑' 은 세상 사람들이 생각하는 사랑보다 더 깊고 넓은 하나님의 사랑(ἀγάπη)을 의미합니다. 즉, 이웃과 모든 주위 사람들을 사랑하는 것은 하나님께서 우리를 사랑하신 그 사랑이 넘쳐 나와서 행하게 되는 사랑을 의미합니다.

오래 전에 우리 교회에 출석하던 성도의 간증이 아직도 기억에 생생합니다. 그 성도는 아주 가난했는데, 엎친 데 덮친 격으로 어린 자식까지 죽는 불행을 경험하였습니다. 아무도 돌보는 사람 없고 교회에 갈 차비도 없는 상황에 처해 있을 때, 구역장 한 분이 그 집을 찾아갔습니다. 그 구역장님은 이미 주검이 되어 있는 아이의 장례를 치르기 위해 관을 사 가지고 가서 손수 아이를 관에 넣고 자기 머리에 이고 화장장까지 갔습니다. 비가 오는 것도 개의치 않고 직접 관을 이고 가서 아이를 화장했던 것입니다. 그 일이 끝난 후 그 성도가 나를 찾아와 눈물을 흘리며 "우리 구역장님 은혜를 잊을 수가 없습니다. 평생 그 은혜를 잊을 수가 없습니다. 저는 그분을 통해 예수님의 사랑을 알았습니다." 라고 간증하는 것을 들었습니다. 그 구역장님은 수고와 희생을 통해 예수님의 사랑을 전했던 것입니다.

사랑에는 수고가 뒤따르게 되어 있습니다. 말로만 사랑하고 사랑의 수고가 없으면 그 사랑은 아무 소용이 없습니다. 수고가 뒤따른 사랑의 극치는 죄인 된 우리를 위해 십자가의 희생을 기꺼이 치르신 예수님의 사랑입니다. 이러한 예수님의 사랑을 본받아 우리는 가족과 이웃을 사랑하는 수고를 아끼지 말아야 할 것입니다.

바울은 이어서 '우리 주 예수 그리스도에 대한 소망의 인내' 를 기억하고 있습니다. 인생을 살아가는 데 가장 중요한 요소 중 하나가 소망을 갖는 것입니다. 인체에 수분이 꼭 필요한 것처럼 마음속에는 소망이 반드시 필요합니다. 그러므로 우리는 환경이 아무리 어렵고 힘들지라도 내일은 오늘보다 낫고 다음 달은 이번 달보다, 명년은 금년보다 더 나아진다는 소망을 가져야 합니다.

이 세상이 주는 소망은 다 속이는 것입니다. 돈이나 권력, 명예가 있으면 인생을 행복하게 살 수 있을 것 같지만 실상은 그렇지 않습니다. 돈 있는 사람치고 번뇌의 고통에 시달리지 않는 사람이 없습니다. 권력과 지위도 이와 마찬가지입니다.

그리스도 안에서 주어진 소망만이 우리로 하여금 어떠한 고통도 견디며 인내하게 합니다. 하나님은 우리의 영혼이 잘됨같이 범사에 잘되고 강건한 복을 주시는 분이십니다(요삼 1:2). 또한 궁극적으로 천국으로 우리를 인도해 주십니다. 그러므로 믿는 자들은 장차 맞게 될 하나님 나라의 영광을 생각할 때, 비바람 치는 환경을 바라보지 않고 묵묵히 인내할 수 있습니다. 죽음까지도 뛰어넘어 저 천국을 바라보게 하는 주님의 선물을 받아 누리는 것입니다.

데살로니가 교인들은 이 진리를 깨달았기 때문에 어떠한 역경이 다가와도 참고 견뎠습니다. 바울은 이러한 소망의 기쁨을 가지고 인내해 온 데살로니가 교인들에게 칭찬을 아끼지 않았습니다.

**4-5절** 하나님의 사랑하심을 받은 형제들아 너희를 택하심을 아노라 이는 우리 복음이 너희에게 말로만 이른 것이 아니라 또한 능력과 성령과 큰 확신으로 된 것임이라 우리가 너희 가운데서 너희를 위하여 어떤 사람이 된 것은 너희가 아는 바와 같으니라

우리가 하나님의 택하심을 받았다는 것은 하나님의 일방적인 선택이며 주권입니다. 성경은 "곧 창세전에 그리스도 안에서 우리를 택하사 우리로 사랑 안에서 그 앞에 거룩하고 흠이 없게 하시려고 그 기쁘신 뜻대로 우리를 예정하사 예수 그리스도로 말미암아 자기의 아들들이 되게 하셨으니"(엡 1:4-5)라고 말하고 있습니다. 변하지 않는 하나님의 예정과 섭리 가운데 우리가 택함을 받았다는 것입니다.

하나님께서 왜 우리를 택하셨는지 우리는 알 수 없습니다. '그 기쁘신 뜻대로' 라는 말씀을 통해 이 일이 하나님의 오묘하신 섭리 안에 속하였다는 것만은 분명합니다. 그러므로 하나님께로부터 택하심을 받은 증거는 반드시 나타납니다. 그 증거는 첫째로, 하나님의 말씀이 내 마음 속에 임하여서 그 능력으로 나를 변화시키는 것입니다. 하나님의 능력이 구체적으로 나타나는 것은 기도와 전도와 헌신과 봉사와 병 고침의 기적과 저주가 물러가는 현상들입니다. 택함을 받은 자의 기도는 힘찬 물줄기와 같습니다. 회개가 터져 나오고 감사와 감격의 기도 소리가 드높아집니다. 회개한 심령은 전도하지 않으면 견딜 수 없는 불타는 마음으로 가득 찹니다. 이제는 주님을 위하여 봉사하고 싶고 헌신하고 싶어서 자발적인 헌신과 봉사를 하게 됩니다. 그리고 그가 기도하면 귀신이 쫓겨 가고 저주가 그의 생활 주변에서 물러가는 역사가 일어납니다.

둘째로, 택함 받은 증거는 성령 충만입니다. 바울이 에베소 지방에서 말씀을 전할 때 에베소 교인들에게 성령의 체험을 강조하고 나서 안수 기도를 하자 성령의 충만함을 받고 성도들은 택함 받은 기쁨으로 충만해졌습니다(행 19:1-7). 이처럼 성령 충만은 택함 받은 증거의 하나로서 강한 하나님의 임재를 경험하게 되는 것입니다.

셋째로, 택함 받은 증거는 확신입니다. 이 확신은 택함 받은 자에게 하나님께서 주시는 선물입니다. 인간의 어떤 이성적인 논리에 의해서 얻어지는 확신이 아니라 성령에 의하여 하나님 나라에 대한 확신, 구원받은 확신, 하나님의 자녀가 된 확신이 밀물같이 성도의 심령에 밀려옵니다. 이것이 곧 우리가 택함 받은 증거입니다. 믿음의 확신이 있을 때 우리는 하나님의 자녀로서 담대하게 세상에서 승리할 수 있습니다.

## 3. 믿는 자들의 본(1:6-7)

**6. 또 너희는 많은 환난 가운데서 성령의 기쁨으로 말씀을 받아 우리와 주를 본받은 자가 되었으니 7. 그러므로 너희가 마게도냐와 아가야에 있는 모든 믿는 자의 본이 되었느니라**

**6절** 또 너희는 많은 환난 가운데서 성령의 기쁨으로 말씀을 받아 우리와 주를 본받은 자가 되었으니 당시의 데살로니가 교회에는 큰 환난이 있었습니다. 데살로니가 교인들이 그리스도의 복음을 받아들이고 바울과 실라를 따르자 이것을 시기하는 유대인들이 불량배를 동원하여 폭동을 일으켰습니다. 이로 인하여 바울과 실라는 베뢰아로 피신하였습니다(행 17:1-10).

지도자를 잃은 데살로니가 교인들은 유대인들에게 심한 박해를 받았습니다(2:14). 그러나 그들은 성령께서 주시는 위로와 평안으로 좌절하지 않고 오히려 담대한 신앙으로 꿋꿋하게 나아가 모진 환난 중에서도 기뻐하였습니다. 그 결과, 복음은 데살로니가에서 더욱 왕성히 전파되었고 수많은 박해와 환난을 견뎌 낸 교인들은 그리스도와 사도들을 본받아 참된 성도가 되어 갔습니다.

**7절　그러므로 너희가 마게도냐와 아가야에 있는 모든 믿는 자의 본이 되었느니라**

데살로니가 교인들은 바울과 주님을 본받아 생활함에 따라 마게도냐와 아가야에 있는 그리스도인들에게 모범이 되었습니다. 데살로니가는 마게도냐 지역의 수도였고, 고린도는 아가야의 수도였습니다. 다시 말해 데살로니가 교인들의 믿음이 남쪽의 고린도 지역과 그들이 살고 있는 북쪽 데살로니가 지역의 모든 성도들의 본이 되었다는 것입니다.

'본' (*τύπος*)이라는 말은 '똑같이 따르게 하는 것' 을 의미합니다. 기계를 제작할 때에 설계도가 있어야 정확한 기계를 만들어 내고, 집을 지을 때도 설계도가 필요한 것처럼 인생에도 '나는 이런 사람처럼 되겠다.' 라는 본이 있어야 하는 것입니다.

신앙도 마찬가지입니다. 나의 일생에 신앙의 본을 보여 준 사람을 꼽

으라면 오랄 로버츠 목사님과 조지 뮬러 목사님을 들 수 있습니다. 오랄 로버츠 목사님의 긍정적인 사고와 말씀 이해, 기도로 3천 명의 고아를 먹이고 키운 조지 뮬러 목사님의 신앙이 나의 목회 생활에 큰 영향을 미치고 도전을 주었던 것입니다.

데살로니가 교인들은 바울과 그 동역자들의 신앙을 본받았던 사람들입니다. 바울과 실라가 빌립보 감옥에 갇혀서도 오히려 기쁨으로 찬송을 부른 것같이(행 16:19-25), 데살로니가 교인들이 유대인에게서 받은 험난한 박해를 기쁨으로 이긴 것은 모든 믿는 자들의 본이 되었습니다. 그리고 그들이 살아온 인내의 삶은 '그리스도인들이 환난 중에 어떻게 대처해야 하는가?' 라는 문제에 대하여 산 교훈이 되었습니다. 데살로니가 교인들은 바울과 그 동역자들의 충성과 절대 순종의 신앙을 본받아 이제 다른 사람들에게 영향력을 미치고 있는 것입니다.

이와 같이 믿는 성도의 좋은 본은 많은 성도들에게 좋은 열매의 씨앗을 심어 줍니다.

## 4. 우상을 버린 데살로니가 교회(1:8-10)

**8. 주의 말씀이 너희에게로부터 마게도냐와 아가야에만 들릴 뿐 아니라 하나님을 향하는 너희 믿음의 소문이 각처에 퍼졌으므로 우리**

**는 아무 말도 할 것이 없노라 9. 그들이 우리에 대하여 스스로 말하기를 우리가 어떻게 너희 가운데에 들어갔는지와 너희가 어떻게 우상을 버리고 하나님께로 돌아와서 살아 계시고 참되신 하나님을 섬기는지와 10. 또 죽은 자들 가운데서 다시 살리신 그의 아들이 하늘로부터 강림하실 것을 너희가 어떻게 기다리는지를 말하니 이는 장래의 노하심에서 우리를 건지시는 예수시니라**

**8절** 주의 말씀이 너희에게로부터 마게도냐와 아가야에만 들릴 뿐 아니라 하나님을 향하는 너희 믿음의 소문이 각처에 퍼졌으므로 우리는 아무 말도 할 것이 없노라

날로 성장하는 데살로니가 교회의 소식은 아시아에 있는 큰 도시로 즉각 퍼져 나갔습니다. 인접한 갈라디아로 퍼져 나갔으며 로마까지 전해졌습니다. 여행자들을 통하여, 혹은 소식을 들은 자를 통하여 전해졌습니다.

'들리다' (*ἐξήχέομαι*)라는 말은 뇌성이 들려오는 것과 같이 복음이 들려오는 것을 의미합니다. 데살로니가 교인들이 그만큼 힘 있게 복음을 전파했던 것입니다. 그들이 이렇게 주의 말씀을 전파할 수 있었던 것은 사도들과 주님을 본받아 행했기 때문입니다. 바울은 그리스도를 본받았고 데살로니가 교인들은 바울을 본받았습니다. 결국 그들은 그리스도를 본받았던 것입니다. 예수 그리스도를 본받는 가운데 강력한 힘이 나타남을 알 수 있습니다.

또한 '하나님을 향하는 너희 믿음' 이란 데살로니가 교인들이 이방신을 버리고 하나님을 섬기는 복된 행위를 말합니다. 하나님을 믿기까지는

데살로니가 교인들의 많은 희생과 수고가 뒤따랐을 것입니다.

우리가 사는 이 세대는 세속적인 분위기가 점차 심화되어 가는 때이므로 하나님께 신앙의 초점을 맞추며 깨어 있어야만 합니다. 만일 우리가 자칫 한눈을 팔게 되면 신앙을 송두리째 잃어버릴 수 있기 있기 때문입니다.

바울이 데살로니가 교인들에 대해서 "우리는 아무 말도 할 것이 없노라"고 한 것은 그들의 신실한 행위가 소문대로였음을 말합니다. 꾸짖고 책망할 것이 없다는 것입니다. 또한 이 말씀을 통해 우리는 복음을 전하는 일이 사도 바울처럼 특정인에게만 한정된 사역이 아니라 데살로니가 교인들처럼 그리스도인이라면 누구나 감당해야 하는 사역임을 알 수 있습니다.

**9절** 그들이 우리에 대하여 스스로 말하기를 우리가 어떻게 너희 가운데에 들어갔는지와 너희가 어떻게 우상을 버리고 하나님께로 돌아와서 살아 계시고 참되신 하나님을 섬기는지와

바울은 데살로니가에 들어가서 사역을 했던 기간을 잊을 수 없을 것입니다. 그는 유대인들의 강력한 저항에 부딪혀 선교지를 떠나려 했지만 성령께서 더욱 그를 강하게 붙잡으셨습니다. 성령의 능력을 힘입어 복음을 전하자 많은 데살로니가인들에게 우상을 버리고 하나님께로 돌아서는 회심의 역사가 일어나게 되었습니다. 바울이 데살로니가에서 복음을 전했던 기간은 3주에 불과하지만, 이 복음을 들은 데살로니가인들이 놀라운 변화를 보였던 것입니다. 이 같은 사실은 바울의 전도에 응하는 데살로니가인들의 순수한 신앙을 잘 보여 주고 있습니다.

'우상' (ϵἴδωλον)이란 말은 원래 '보다' (ϵἴδω)라는 동사에서 파생되었습니다. 오랫동안 데살로니가인들은 잘못된 대상을 섬겨 왔습니다. 즉, 잘못 바라보며 살아온 것입니다. 우상과 사신을 섬기고 점술을 의지했습니다. 하지만 이제 성령의 능력을 통해 섬겨야 할 대상을 바로 보게 된 것입니다.

데살로니가인들이 섬겼던 하나님, 그리고 현재 우리가 섬기는 하나님은 살아 계시고 참되신 하나님이십니다. 천지와 만물을 지으시고 인생을 만드시고 인간의 생사화복을 주장하시는 전지전능하신 하나님이십니다. 이 하나님께서 우리를 흑암에서 건져 내어 광명한 하나님의 나라로 옮기셨습니다. 우리에게 복을 주시는 분은 생명이 없는 죽은 우상이 아니라 바로 살아 계시는 하나님인 것입니다.

데살로니가인들은 복음을 받아들인 후 미련 없이 우상을 버리고 하나님께 돌아왔습니다. 십계명의 두 번째 계명에서 언급되고 있듯이 우상을 섬기는 것은 하나님의 진노를 사는 큰 죄악입니다. 우상은 생명이 없고 (시 135:16-17), 헛된 것(레 19:4)이지만 하나님은 참되실 뿐만 아니라 살아 계신 인격적인 분이십니다. 인격을 갖추신 하나님께서는 우리들의 아픈 고통이나 상처까지도 모두 아시고 자비의 손길로 싸매 주시며 온전한 치료와 긍휼을 베푸십니다.

**10절** 또 죽은 자들 가운데서 다시 살리신 그의 아들이 하늘로부터 강림하실 것을 너희가 어떻게 기다리는지를 말하니 이는 장래의 노하심에서 우리를 건지시는 예수시니라

바울이 디모데를 통해 들은 본 절의 보고는 그리스도의 부활과 재림,

그리고 심판 등 복음의 핵심 내용을 담고 있습니다. 데살로니가 교인들은 그리스도께서 하나님의 아들로 십자가에서 죽으셨다가 살아나신 분이심을 믿었습니다. 또한 다시 오실 분이심을 확신했습니다. 바울이 짧은 기간 동안 강한 저항을 받으며 어렵게 복음의 씨를 뿌렸으나 그 열매는 훌륭했습니다. 바울은 비록 자신이 씨를 뿌리고 아볼로는 물을 주지만 오직 자라나게 하시는 분은 하나님이심을 확신했습니다(고전 3:6).

"장래의 노하심에서 우리를 건지시는 예수시니라". 우리는 여기서 '심판'과 '구원'이라는 대조적인 의미를 발견할 수 있습니다. 불신자의 심판과 신자의 구원의 완성은 그리스도의 재림의 때에 이루어집니다. 이와 같은 신앙이 있었기에 데살로니가 교인들은 그리스도의 재림을 기다리는 마음이 열화와 같았습니다. 다른 지역의 성도들에게도 재림을 기대하는 신앙을 가지고 있었지만 데살로니가 성도들의 마음속에는 그 소망이 더욱 간절하였던 것입니다.

데살로니가 교인들의 신앙을 통하여 우리가 기억해야 할 것이 있습니다. 그것은 이 땅이 우리가 거할 영원한 도성이 아니라는 것입니다. 이 땅은 미완성의 과정일 뿐입니다. 아무리 몸부림쳐 보아도 이 땅에서는 완전한 행복이나 기쁨을 누릴 수 없습니다. 그렇기 때문에 그리스도인은 주님의 재림을 기다리는 소망을 가지고 살아가는 것입니다. 우리가 예수님과 함께 죽고 함께 부활하는 운명 공동체임을 믿는다면 천국에 대한 소망을 갖는 것은 당연한 생각입니다. 또한 예수님이 재림하시기 이전에 우리가 이 세상을 떠날 수 있다는 것도 잊지 말아야 합니다.

마귀는 어찌하든지 우리를 지옥으로 끌고 가려고 합니다. 반대로 예수님은 마귀의 유혹에 빠져 지옥의 길로 가는 우리를 건지시는 분이십니다. 이 땅에 사는 동안 죄에서 건지시고 세상과 마귀에게서 건지시고 병에서 건지시고 저주에서 건지시고 사망과 음부에서 건지십니다. 예수님은 항상 우리를 건져 주시고 시험과 환난을 이기게 해 주시고 우리에게 복 주시며 종국적으로 진노의 심판에서 우리를 건져 주시는 분입니다.

우리는 욕심으로 인하여 온 마음과 몸을 세상에 던진 채 신앙의 본질을 잃어버렸던 예수님 당시의 바리새인이나 사두개인을 알고 있습니다. 세속적인 것에 온통 잠겨 있는 현대의 많은 그리스도인들도 깨우쳐야 될 심각한 교훈인 것입니다.

물론 이러한 신앙이 너무 지나쳐서 현실을 도외시하는 경향이 있을 수도 있습니다. 그러나 바울은 "누구든지 일하기 싫어하거든 먹지도 말게 하라" (살후 3:10)는 지극히 현실적인 경고를 하고 있습니다.

각자 현실에 충실하면서 돌아갈 영원한 그곳을 바라볼 때 그 중심은 예수님을 기다리는 재림 신앙에 귀착될 수밖에 없습니다. 데살로니가 교인들의 인내로 이룩한 재림 신앙은 모든 그리스도인들에게 귀감이 되는 위대한 신앙이었습니다.

제 2 장

# 전도자 사도 바울의 기쁨

| | |
|---|---|
| 고난을 이겨낸 사도 바울 | 2:1-2 |
| 하나님이 기뻐하시는 복음 전파 | 2:3-5 |
| 겸손한 복음 전도자 사도 바울 | 2:6-12 |
| 마음이 청결한 데살로니가 교인 | 2:13-16 |
| 데살로니가 교인들을 그리워하는 사도 바울 | 2:17-20 |

A COMMENTARY ON THE
FIRST EPISTLE TO THE
THESSALONIANS

**바울은** 데살로니가 교인들에게 혼신의 힘을 다하여 사랑하고 열심을 쏟았던 일을 회상하면서 흐뭇해했습니다. 바울은 모진 박해와 고난을 꿋꿋이 이겨낸 데살로니가 교인들이 자랑스러웠습니다.

비록 그들과 헤어져 있지만 바울은 데살로니가 교회를 향하여 기도와 사랑을 끊임없이 전했습니다. 사도 바울의 행적에서 우리는 한 영혼을 구원할 뿐만 아니라 계속해서 사랑과 관심을 가지고 돌보아 주는 전도자의 모습을 볼 수 있습니다.

## 1. 고난을 이겨낸 사도 바울(2:1-2)

**1. 형제들아 우리가 너희 가운데 들어간 것이 헛되지 않은 줄을 너희가 친히 아나니 2. 너희가 아는 바와 같이 우리가 먼저 빌립보에서 고난과 능욕을 당하였으나 우리 하나님을 힘입어 많은 싸움 중에 하나님의 복음을 너희에게 전하였노라**

**1절** 형제들아 우리가 너희 가운데 들어간 것이 헛되지 않은 줄을 너희가 친히 아나니

복음은 '구원을 주시는 하나님의 능력' 입니다(롬 1:16). 바울이 이러한 능력에 힘입어 복음을 전했을 때 많은 사람들이 구원을 받았습니다.

사도 바울이 유대인의 회당에서 3주간 계속해서 말씀을 강론하며 복음을 전할 때, 많은 유대인들과 이방인들이 복음에 상반된 반응을 보였습니다. 그중에서도 복음을 반대했던 유대인들이 앞장서서 바울 일행을

공격했습니다. 이미 바울은 여러 곳에서 주의 복음을 전한다는 이유로 박해를 많이 받아왔습니다.

바울과 실라는 빌립보에서 복음을 전하다가 매 맞고 지하 감옥에 갇혀 쇠사슬에 채워져 마치 중죄인과 같은 취급을 받았습니다. 그럼에도 불구하고 그들은 하나님을 찬양했습니다. 그들의 감사의 찬양 소리는 하늘 보좌를 움직였고 감옥문은 기적적으로 열렸으며 쇠사슬은 풀어졌습니다. 그러한 신앙의 체험이 있었기에 바울은 복음을 위한 자신의 소신을 굽히지 않았던 것입니다. 복음의 위력을 체험한 바울 일행은 데살로니가를 향한 발걸음이 헛되지 않다고 했습니다.

복음에 대한 바울의 의연한 자세는 우리에게 많은 귀감을 주고 있습니다. 바울은 복음을 전하기 위하여 데살로니가로 갈 때 세상의 것은 하나도 갖지 않고 다만 하나님의 말씀과 성령의 능력과 권세를 힘입어 오직 깊은 기도로써 중무장을 하고 갔습니다.

하나님의 나라는 영적 무장을 단단히 한 믿음의 용사에 의하여 확장된다는 사실이 데살로니가 교회를 통하여 증명되었습니다. 사도들이 가는 곳마다 교인이 늘어났으며 온 도시는 새로운 말씀의 생동감으로 인해 흥분하기 시작했습니다.

물론 심한 반대와 방해의 세력들이 전도자들의 발걸음을 막아 무거운 걸림돌이 되기도 했습니다. 그러나 전도자들의 열심과 헌신과 불퇴전의 믿음이 동반된 복음 전파는 마침내 하나님 나라의 확장이라는 화려하고 찬란한 열매를 맺었습니다.

복음은 하나님의 주권적인 의지와 예정에 의해 심어지기 때문에 인간의 극렬한 반대나 박해가 결코 복음의 힘을 꺾지 못합니다. 이는 우리나라 복음의 역사만 봐도 잘 알 수 있습니다. 120여 년 전, 토마스라는 한 청년이 제너럴셔먼 호를 타고 대동강 변에 상륙했습니다. 그는 복음을 전하러 왔지만 군대의 저항에 부딪혀 제대로 복음을 전해 보지 못하고 참수되었습니다. 그러나 그가 가져온 성경을 받았던 사람이 훗날 성도가 되고 성경을 벽지 삼아 발랐던 집이 교회가 된 것을 보면 그의 순교가 헛되지 않았음을 알 수 있습니다.

세상의 일들은 세월이 지나면 사라집니다. 지위, 명예, 권세, 부귀, 영화도 죽음과 함께 사라집니다. 그러나 복음은 죽지 않습니다. 복음을 전하던 사람이 사라져도 복음이 살아서 변화를 일으키는 것입니다.

데살로니가에 전한 복음 역시 그 생명력으로 데살로니가인들뿐만 아니라 그 인근 지역에까지 변화시키는 놀라운 영향력을 발휘했습니다.

**2절** 너희가 아는 바와 같이 우리가 먼저 빌립보에서 고난과 능욕을 당하였으나 우리 하나님을 힘입어 많은 싸움 중에 하나님의 복음을 너희에게 전하였노라

바울과 그 일행은 빌립보에서 많은 박해를 받았습니다. 그럼에도 불구하고 그들은 감옥에서 풀려나자 데살로니가로 가서 당당하게 복음을 전하였습니다. 이렇게 할 수 있었던 것은 그들이 세상적인 것을 수단으로 삼지 않고 오직 하나님을 힘입었기 때문입니다.

'우리 하나님' 은 바울 일행과 하나님의 밀접한 관계를 강조하는 것입니다. 즉, 바울이 하나님과 연합하여 사는 동안 하나님은 바울에게 능력이 되셨습니다. 그러므로 많은 싸움 중에서도 바울은 복음을 무기 삼아 대처할 수 있었던 것입니다.

바울은 자신의 싸움, 즉 믿음의 싸움이 '혈과 육' 에 대한 것이 아니라고 말했습니다. 정사와 권세와 이 어두움의 세상 주관자들과 하늘에 있는 악의 영들을 상대하는 것입니다(엡 6:12). 그러므로 영적인 싸움은 하나님을 힘입지 않고는 이길 수 없습니다.

이 세상에는 공해처럼 귀신이 꽉 들어차 있습니다. 마귀와 귀신들은 우리를 훼방하며 복음을 전하지 못하게 하려고 안간힘을 씁니다. 바울이 복음을 전하는 곳마다 박해를 받았던 것 역시 단지 동족 유대인의 반대가 아니라 배후에 있는 악한 영들의 극렬한 방해였습니다. 바울은 그 영적인 의미를 간파하고 오직 하나님만을 의지하여 복음을 전파했습니다. 그리고 결국 복음의 위력이 그가 다녔던 곳마다 나타났던 것입니다.

바울이 전했던 복음은 인간의 말이 아닌 '하나님의 복음' 입니다. '하나님의 복음' 이란 복음의 원천이 하나님이심을 말합니다. 따라서 복음은 인위적일 수도 없고 변경될 수도 없습니다. 왜냐하면 복음은 하나님의 절대적인 뜻과 섭리가 담긴 말씀이며 하나님께서 주신 복 되고 기쁜 소식이기 때문입니다. 그래서 그 복음을 접하는 자들은 영혼이 잘되고 범사가 잘되며 강건하게 되는 복을 받게 됩니다.

그러나 이 세상에는 아직도 복음을 모르는 자들이 너무나 많습니다. 우리의 사명은 이들을 주께로 인도하는 것입니다. 바울은 자신의 형제와 친척을 사랑하는 마음이 강했습니다. 때문에 그들에게 복음이 들어가기만 한다면 자기 자신은 저주를 받아 그리스도에게서 끊어질지라도 그렇게 되기를 원한다고 고백했습니다(롬 9:3). 바울은 우리들에게 동족을 사랑하는 가장 고차원적인 방법이 바로 복음을 전하는 것임을 가르치고 있습니다. 본 절에서도 데살로니가인들을 복음으로 인도하려는 바울의 간절한 모습을 엿볼 수 있습니다.

바울 일행은 자신들의 관점에 따라 복음을 가감하지 않습니다. 그들은 단지 하나님의 도구라는 의식을 갖고 있어 복음을 전하는 데 사용되는 것만으로도 감사했습니다. 이러한 자들이 하나님 보시기에 순수하며 하나님께서는 이러한 자들을 통하여 영광을 받으십니다.

결국 바울이 빌립보 감옥의 심한 박해와 고난 중에서도 승리하고 데살로니가에서도 복음을 전할 수 있었던 것은 바로 하나님의 도우심이었다고 강조했습니다.

## 2. 하나님이 기뻐하시는 복음 전파(2:3-5)

**3. 우리의 권면은 간사함이나 부정에서 난 것이 아니요 속임수로 하는 것도 아니라 4. 오직 하나님께 옳게 여기심을 입어 복음을 위탁 받았으니 우리가 이와 같이 말함은 사람을 기쁘게 하려 함이 아니요 오직 우리 마음을 감찰하시는 하나님을 기쁘시게 하려 함이라 5. 너희도 알거니와 우리가 아무 때에도 아첨하는 말이나 탐심의 탈을 쓰지 아니한 것을 하나님이 증언하시느니라**

**3절** 우리의 권면은 간사함이나 부정에서 난 것이 아니요 속임수로 하는 것도 아니라 바울 일행이 복음을 어떠한 방법으로 전하였는가를 밝혀 주고 있는 말씀입니다. 그들의 행동은 진실에서 비롯되었습니다. 이를 설명하기 위해서 바울은 자신이 전한 메시지를 '권면' 이라고 표현했습니다. '권면' 이란 협박이나 위협적인 강압 또는 의도적으로 끌고 가려는 설득도 아닙니다. 청중들의 자발적이고도 자의적인 선택에 호소한다는 의미가 있습니다. 그런데 바울의 일행은 나쁜 동기로 사람들에게 접근하고 있다는 비난을 받고 있었습니다. 바울은 이러한 비난이 잘못된 것임을 설명하려고 애를 썼습니다. 당시 유포된 바울의 권면에 대한 비난을 살펴보면 다음과 같습니다.

첫째로, 적대자들은 바울의 권면이 '간사함' 에서 비롯되었다고 비난했습니다. '간사함' 을 가리키는 헬라어 '플라네' (πλάνη)는 '실수' 를 의미합니다. 이는 바울의 가르침에 오류나 잘못된 점이 있다는 뜻입니다. 바울 일행은 이에 대하여 자신들이 가르친 복음이 결코 오류나 거짓된 것이 아니라 야훼 하나님께로부터 나온 절대 진리임을 강조하였습니다.

둘째로, 적대자들은 바울의 권면이 '부정' 한 것이라고 비난했습니다. 바울의 가르침이 부도덕적이었다는 것입니다. 성적인 부정의 의미도 있지만 여기서는 탐욕이나 더러운 방법으로 복음을 전했다는 것입니다. 이는 복음이라는 거룩한 간판을 내걸고 사람들을 모은 후에 하나님의 거룩한 이름을 도용하여 성도들의 재물을 끌어 모으는 행위를 말합니다. 그러나 사도 바울은 손수 장막을 만들어 가면서 자비량 선교를 하였습니다. 바울의 복음 전파 방법은 순수했고 정결하며 참된 것이었습니다.

셋째로, 적대자들은 바울의 권면이 '속임수' 에 있다고 비난했습니다. '속임수' 란 인간적인 술책입니다. 당시 많은 순회 철학자들이나 자칭 전도자들이라는 사람 중 일부가 사람들을 언변으로 꾀어 돈을 빼앗고 자신의 잇속을 챙겼습니다. 인간적인 속임수로 구복을 채웠던 것입니다. 만약 바울이 이들과 마찬가지로 인간적인 술책에 의해 복음을 전했다면 그는 다가오는 박해를 견디지 못하고 벌써 도망갔을 것입니다. 이러한 모든 비난의 말들은 '복음' 이란 미명하에 하나님을 욕되게 하는 이단 무리들이 하는 행위입니다.

당시 사도들을 미워하는 무리들은 사도들을 이단의 무리들로 오인하도록 했기 때문에 사도 바울은 자신의 입장을 피력하였습니다. 자신들이 오직 하나님의 말씀만을 전하는 순수한 복음 전도자들임을 강력하게 주장했던 것입니다.

**4-5절** 오직 하나님께 옳게 여기심을 입어 복음을 위탁 받았으니 우리가 이와 같이 말함은 사람을 기쁘게 하려 함이 아니요 오직 우리 마음을 감찰하시는 하나님을 기쁘시게 하려 함이라 너희도 알거니와 우리가 아무 때에도 아첨하는 말이나 탐심의 탈을 쓰지 아니한 것을 하나님이 증언하시느니라

바울과 실라가 복음을 전파한 것은 인간의 박수갈채나 칭찬을 받기 위함이 아니었습니다. 인간의 평가는 진실하거나 고정된 것이 아닙니다. 성경은 "만물보다 거짓되고 심히 부패한 것은 마음이라" (렘 17:9)고 했습니다.

그러므로 어제의 칭찬이 오늘의 모욕으로 바뀔 수도 있고, 어제의 모욕이 오늘의 칭찬으로 변할 수도 있습니다. 우리는 정함이 없는 인간의 평가에 귀를 기울일 것이 아니라 오직 하나님 앞에서 올바로 행하여 하

나님을 기쁘시게 해 드려야 합니다.

바울 일행은 '하나님께 옳게 여기심을 입어' 복음을 위탁받았습니다. 여기서 '옳게 여기심을 입어'는 헬라어 '도키마조'(δοκιμάζω)로 하나님께 시험을 받아 통과되었다는 의미입니다. 시험에는 두 가지 종류가 있습니다. 하나님께 믿음의 테스트를 받는 '도키마조'와 멸망을 가져오는 마귀의 유혹인 '페이라조'(πειράζω)입니다. 다시 말해 바울 일행은 하나님께 믿음의 연단을 받아 복음을 전파하게 되었다는 말입니다.

내가 어렸을 때는 일제 치하였기 때문에 학교에서 일본 선생의 지시를 따라 보리밭에서 줄을 서서 보리를 밟았던 기억이 납니다. 그때 하루 종일 보리를 밟으면서 속으로 참 바보 같은 행동이라고 생각했습니다. '싹이 난 보리를 꺾으면 죽을 텐데 왜 이런 어리석은 일을 시키는가?' 하며 흙만 밟은 적이 있습니다. 그런데 나중에 보니 그 일이 어리석은 일이 아니었습니다. 보리는 싹이 나면 밟아서 새싹을 부러뜨려야 합니다. 새싹이 그대로 자라면 한 싹에 보리가 80-90개의 이삭이 맺히는데 부러뜨리면 한 줄기에서 4백여 개의 이삭을 맺는 것입니다. 연단이 보리 이삭을 풍성하게 만들었던 것입니다. 신앙도 마찬가지입니다. 도키마조 시험을 거치면 시험당하기 전보다 훨씬 더 많은 인생의 열매를 맺게 되는 것입니다.

바울 일행은 하나님 앞에 연단을 받은 후 세상 지위와 명예와 권세와 칭찬을 버리고 오직 하나님을 기쁘시게 하는 사람들로 변화되었습니다. 그리고 하나님의 복음을 거침없이 전파했던 것입니다. 그러므로 바울에게는 주인 되시는 하나님 마음에 합당한 복음 전도자가 되는 것이 최고의 관심사였습니다. 그리고 그것만이 하나님의 마음을 기쁘시게 해 드리는 최상의 길이라고 생각했습니다.

복음, 즉 하나님의 말씀은 우리에게 위로와 평강과 소망을 줍니다. 그러나 말씀은 진실 그 자체이기 때문에 때로는 우리의 귀에 거슬리게도 하고 마음을 찌르고 괴롭게도 합니다. 이것은 우리가 그 말씀 위에 굳게 서지 못할 때 더욱 그러합니다.

병든 사람들은 그 환부를 도려내야 치료가 됩니다. 그 환부를 도려낼 때에는 살을 깎는 아픔을 겪어야 합니다. 그러나 그 아픔이 지나면 환부는 말끔히 치료되고 새살이 돋습니다. 하나님의 말씀은 살아 있고 활력이 있어 좌우에 날선 어떤 검보다도 예리하여 혼과 영과 및 관절과 골수를 찔러 쪼개기까지 합니다(히 4:12). 그러므로 듣는 사람들에게 심한 아픔을 줄지라도 하나님의 말씀은 진실하게 전해야 합니다.

우편배달부가 편지 내용을 받는 사람의 마음에 드는 말만 골라 편집하여 전한다면 그 우편배달부는 이미 그의 본분을 저버린 것입니다. 하나님의 말씀을 전하는 자는 하나님 나라의 우편배달부입니다. 그러므로 하나님의 말씀을 그대로 전해야 합니다. 그런데 하나님의 말씀을 전할 때 세상적인 권세자들의 비위를 건드릴까 노심초사하여 자기 마음대로 개작하고 그들의 구미에 꼭 맞는 아첨의 말만 전하는 사람들이 간혹 있습니다. 그렇게 되면 그것은 이미 하나님의 말씀이 아니요, 인간의 말입니다.

아합 왕이 통치하던 시대에 시드기야와 같은 거짓 선지자는 왕에게 장차 밀어닥칠 환난이나 심판은 없으며 항상 평안하다고 왕이 듣기 좋은 아첨의 말만 했습니다(대하 18:5-10). 그 결과 참선지자 미가야는 옥에 갇히고 거짓 선지자는 그 탐심의 탈을 쓴 채 부귀와 명예를 누렸지만 결국에는 아합 왕을 비롯해서 그의 집에 속한 모든 거짓 선지자들까지도 멸망하고 말았습니다(왕하 10:11).

사도 바울은 이같이 아첨의 말로써 탐심의 길을 걷지 않은 것을 하나님이 친히 증언하신다고 담대히 말했습니다. 그들은 복음 전도자로서 오직 주의 말씀만을 전하는 올바른 자세를 성도들에게 보여 주었습니다.

이것은 오늘날 우리들에게도 해당되는 말씀입니다. 우리는 행인과 나그네 같은 이 광야의 행로에서 때로는 지치고 피곤하며 모든 사람들이 나를 외면할지라도 오직 하나님을 기쁘시게 하는 삶을 살아야 합니다.

## 3. 겸손한 복음 전도자 사도 바울(2:6-12)

**6. 또한 우리는 너희에게서든지 다른 이에게서든지 사람에게서는 영광을 구하지 아니하였노라 7. 우리는 그리스도의 사도로서 마땅히 권위를 주장할 수 있으나 도리어 너희 가운데서 유순한 자가 되어 유모가 자기 자녀를 기름과 같이 하였으니 8. 우리가 이같이 너희를 사모하여 하나님의 복음뿐 아니라 우리의 목숨까지도 너희에게 주기를 기뻐함은 너희가 우리의 사랑하는 자 됨이라 9. 형제들아 우리의 수고와 애쓴 것을 너희가 기억하리니 너희 아무에게도 폐를 끼치지 아니하려고 밤낮으로 일하면서 너희에게 하나님의 복음을 전하였노라 10. 우리가 너희 믿는 자들을 향하여 어떻게 거룩하고 옳고 흠 없이 행하였는지에 대하여 너희가 증인이요 하나님도 그러하시도다 11. 너희도 아는 바와 같이 우리가 너희 각 사람에게 아버지가 자기 자녀에게 하**

**듯 권면하고 위로하고 경계하노니 12. 이는 너희를 부르사 자기 나라와 영광에 이르게 하시는 하나님께 합당히 행하게 하려 함이라**

**6-7절** 또한 우리는 너희에게서든지 다른 이에게서든지 사람에게서는 영광을 구하지 아니하였노라 우리는 그리스도의 사도로서 마땅히 권위를 주장할 수 있으나 도리어 너희 가운데서 유순한 자가 되어 유모가 자기 자녀를 기름과 같이 하였으니

"우리는 그리스도의 사도로서 마땅히 권위를 주장할 수 있으나". 이 말씀은 그들이 그리스도의 사도로서 마땅히 존경받을 수 있음을 말하고 있습니다. 그러나 그 말이 사람들로부터 존경받기를 기대했다는 의미는 결코 아닙니다.

바울 일행은 "또한 우리는 너희에게서든지 다른 이에게서든지 사람에게서는 영광을 구하지 아니하였노라"고 말함으로써 하나님의 심부름꾼으로서의 뚜렷한 자기 위치를 자각하고 사람들의 칭찬이나 존경에 귀를 기울이지 않겠다고 말하고 있습니다.

오히려 그들은 사람들로부터 존경을 요구한 것이 아니라 사랑을 베풀었습니다. 유모가 자기 자녀를 기름과 같이 그들을 향한 애틋한 사랑을 표현했습니다. 부모는 자녀를 양육할 때 온갖 정성을 다 기울입니다. 바울 역시 신앙 연수가 짧아 뜨거운 열심은 있었으나 아직은 어린 아이 같은 데살로니가 교인들을 마치 부모가 자녀를 양육하듯 조심스럽고 귀하게 양육했다는 것입니다.

**8-10절** 우리가 이같이 너희를 사모하여 하나님의 복음뿐 아니라 우

리의 목숨까지도 너희에게 주기를 기뻐함은 너희가 우리의 사랑하는 자 됨이라 형제들아 우리의 수고와 애쓴 것을 너희가 기억하리니 너희 아무에게도 폐를 끼치지 아니하려고 밤낮으로 일하면서 너희에게 하나님의 복음을 전하였노라 우리가 너희 믿는 자들을 향하여 어떻게 거룩하고 옳고 흠 없이 행하였는지에 대하여 너희가 증인이요 하나님도 그러하시도다

바울은 데살로니가에서 복음을 전할 때 한 사람이라도 더 주께로 인도하기 위하여 힘쓰고 애썼습니다. 그는 그들을 하나님의 사랑으로 대하였으며 그들을 구원하기 위해 복음을 전했을 뿐만 아니라 자기 목숨까지도 내어 놓았습니다. 이와 같이 바울은 그들을 극진히 사랑했습니다.

그럼에도 불구하고 바울은 자신의 생계를 교회에 부담시키지 않았습니다. 원래 전도자의 생활은 교회에서 책임을 져야 합니다. 그러나 바울은 데살로니가 교인들에게 자신의 생활비를 부담시키고 싶지 않았습니다. 그래서 장막 짓는 기술로 돈을 벌어 자신의 생활비를 충당했습니다. 생활비를 벌기 위해 복음을 전하는 중에 틈을 내어 밤낮으로 일을 했으니 얼마나 힘이 들었겠습니까. 그래도 그는 데살로니가 교인들을 아끼는 마음에서 힘이 들어도 일을 했던 것입니다.

그리고 복음을 위해 헌신하는 자신의 삶을 거리낌 없이 사람들에게 보여 주었습니다. 바울은 빌립보서 3장 17절에서 빌립보 교인들에게 자신을 본받으라고 하였습니다. 이것은 이미 구원받은 성도들이 사람들에게 모범이 되어야 함을 가르치는 말씀입니다. 백 마디 말보다 한 번의 행동이 더 중요합니다. 말은 하기 쉬워도 행동은 실천하기 힘든 것입니다.

구원은 하나님의 은혜로 받았을지라도 행위는 보이는 믿음의 선배를 바라보기 마련입니다. 바울은 행위가 경건하고 정결하여 흠이 없는 본을 데살로니가 교인들에게 보여 주었습니다. 바울은 자신의 흠 없고 정결한 생활의 증인이 바로 데살로니가 교인이요, 하나님이신 것을 담대히 말할 수 있었습니다.

전도자는 윤리적으로나 인격적으로 모든 일에 흠 없이 행동함으로 사람들에게 본을 보여야 합니다. 바울은 "너희의 온 영과 혼과 몸이 우리 주 예수 그리스도께서 강림하실 때에 흠 없게 보전되기를 원하노라"(5:23)고 하였습니다. 이 말씀은 하나님께서 우리의 영뿐만 아니라 행위까지도 거룩하기를 원하신다는 뜻입니다. 그러므로 우리는 주님께서 다시 오시는 날까지 경건한 삶을 살아야 합니다.

**11-12절** 너희도 아는 바와 같이 우리가 너희 각 사람에게 아버지가 자기 자녀에게 하듯 권면하고 위로하고 경계하노니 이는 너희를 부르사 자기 나라와 영광에 이르게 하시는 하나님께 합당히 행하게 하려 함이라

복음 전파자가 전도한 영혼은 곧 영적 자녀입니다. 따라서 육신의 부모가 자녀를 가르치듯 영적 자녀도 책임감을 가지고 바른 길로 인도해야 합니다. 7절에서 어머니같이 부드럽게 권면하던 바울이 11절에서는 아버지같이 준엄한 태도로 권고한 것은 데살로니가 교인들이 하나님의 자녀다운 삶을 살게 하기 위해서입니다.

이와 같이 목회자는 한편으로는 어머니같이 자비롭게, 다른 한편으로는 아버지같이 준엄한 훈계로 성도를 잘 양육하여 하나님 앞에 흠 없는

자녀가 되게 해야 합니다.

바울이 데살로니가 교인들을 권면한 이유는 하나님 앞에 합당히 행하도록 하기 위함입니다. 본 절에서 '자기 나라'는 교회, 즉 하나님 나라요, '영광'은 하나님의 영광을 말합니다. 하나님께서는 자신의 백성을 택하셔서 교회로 인도하시고 이 땅에서도 하나님 나라의 속성을 누리게 하시며 이 땅에서의 삶이 끝나면 영원한 하나님 나라로 들어가게 하셔서 하나님의 영광을 누리게 하십니다. 그러므로 하나님 나라에 들어가고 하나님의 영광을 누리게 되는 성도들은 이 땅에서 하나님의 백성다운 생활을 해야 할 것입니다.

## 4. 마음이 청결한 데살로니가 교인(2:13-16)

**13. 이러므로 우리가 하나님께 끊임없이 감사함은 너희가 우리에게
들은바 하나님의 말씀을 받을 때에 사람의 말로 받지 아니하고 하나
님의 말씀으로 받음이니 진실로 그러하도다 이 말씀이 또한 너희 믿
는 자 가운데에서 역사하느니라 14. 형제들아 너희가 그리스도 예수
안에서 유대에 있는 하나님의 교회들을 본받은 자 되었으니 그들이
유대인들에게 고난을 받음과 같이 너희도 너희 동족에게서 동일한
고난을 받았느니라 15. 유대인은 주 예수와 선지자들을 죽이고 우리
를 쫓아내고 하나님을 기쁘시게 하지 아니하고 모든 사람에게 대적
이 되어 16. 우리가 이방인에게 말하여 구원받게 함을 그들이 금하**

여 자기 죄를 항상 채우매 노하심이 끝까지 그들에게 임하였느니라

13절 이러므로 우리가 하나님께 끊임없이 감사함은 너희가 우리에게 들은바 하나님의 말씀을 받을 때에 사람의 말로 받지 아니하고 하나님의 말씀으로 받음이니 진실로 그러하도다 이 말씀이 또한 너희 믿는 자 가운데에서 역사하느니라

구약 시대에 하나님은 제사장이나 예언자들을 통하여 말씀하셨습니다. 오늘날도 우리에게 직접 말씀하시기보다는 사람들을 통하여 말씀하실 때가 많습니다. 데살로니가 교인들은 사도 바울이 전하는 복음을 하나님의 말씀으로 받아들였습니다. 바울이 전하는 복음을 하나님의 말씀으로 들었던 것입니다. 이는 하나님께서 데살로니가 교인들의 마음을 주장하셨기 때문입니다. 또한 그것은 데살로니가 사람들을 구원하시고자 하는 하나님의 계획을 보여 주신 것입니다.

아무리 복음을 전해도 받아들이지 않는 사람들은 그의 마음이 매우 강퍅합니다. 그러나 그것까지도 하나님의 깊은 섭리 속에서 진행됩니다(롬 9:18). 그러므로 우리는 때를 얻든지 못 얻든지 항상 전도에 힘써야 합니다(딤후 4:2). 그 다음은 하나님께서 책임지십니다.

데살로니가 사람들이 열린 마음으로 받아들인 말씀은 그들 가운데서 놀라운 역사를 일으켰습니다. 말씀이 와서 죄인을 의인으로 만들고 세속적인 사람을 거룩하게 만들고 병든 자를 고치고 저주받은 자에게 축복을 주고 죽을 영혼에게 영생 천국을 주었습니다. 말씀이 와서 역사함으로 영혼이 잘됨같이 범사에 잘되며 강건하고 생명을 얻되 넘치게 얻는 역사가 나타났던 것입니다.

이러한 사실로 인하여 바울은 기뻐하였으며 끊임없이 역사하신 하나님께 늘 감사를 드렸습니다.

**14절** 형제들아 너희가 그리스도 예수 안에서 유대에 있는 하나님의 교회들을 본받은 자 되었으니 그들이 유대인들에게 고난을 받음과 같이 너희도 너희 동족에게서 동일한 고난을 받았느니라

그리스도인들을 박해했던 사람들은 이방인들뿐만 아니라 피를 나눈 동족들, 즉 유대인들도 있었습니다. 오히려 같은 동족들 사이에서 더 잔혹하고 혹독한 박해가 가해졌습니다. 예수님을 십자가에 못 박게 한 장본인도 다름 아닌 동족들이었고 당시 예수님을 따르던 자들을 잔인하게 박해하여 유대를 떠나 세계 각지에 흩어지도록 만든 주역도 역시 동족 유대인들이었습니다.

데살로니가에서도 역시 동족들에 의해 교회가 몹시 박해를 당하였습니다. 데살로니가인들이 사도들의 복음 전파를 하나님의 말씀으로 받아들인 것은 그곳에 성령께서 역사하셨기 때문입니다. 사도들이 하나님의 말씀을 전한다고 해도 성령의 능력이 함께하시지 않았다면 데살로니가 교인들의 마음이 그렇게 활짝 열리지 않았을 것입니다. 그러나 성령을 통하여 말씀이 선포되면서 변화의 기운이 돌기 시작했습니다. 먼저 성도들의 귀감이 되는 사도들에게 성령께서 함께하셨고 이들을 복음 전파의 도구로 사용하셨습니다. 이들이 말씀을 선포하면 성령의 능력으로 수많은 기적이 나타났습니다. 그래서 사도들을 보내셔서 말씀을 전하게 하셨고 성령의 강한 역사가 그들과 함께 임하게 된 것입니다.

그리스도인들에게 다가오는 고통은 크게 두 가지로 구분됩니다. 마귀

의 역사로 인한 고통과 하나님께서 허락하시는 고통으로 구분할 수 있습니다. 먼저 마귀의 역사로 인한 고통은 사람들을 죽이고 멸망시키려는 사특한 것입니다 이로 인하여 다가오는 가난과 질병, 그리고 저주와 환난의 풍파는 단호하게 예수님의 이름으로 물리쳐야 합니다. 그러면 우리를 대적하는 마귀는 한 길로 왔다가 일곱 길로 쫓겨 가기 때문입니다(신 28:7,25).

다음으로는 하나님께서 허락하시는 고통입니다. 그것은 하나님의 복음 전파를 위해 당하게 되는 박해와 인격적인 모욕, 그리고 어려움 등입니다. 이러한 고통은 우리가 기꺼이 받아들여야 합니다. 이러한 고통을 참고 인내하면 하나님께서 우리에게 더 좋은 것으로 채워 주십니다.

**15-16절** 유대인은 주 예수와 선지자들을 죽이고 우리를 쫓아내고 하나님을 기쁘시게 하지 아니하고 모든 사람에게 대적이 되어 우리가 이방인에게 말하여 구원받게 함을 그들이 금하여 자기 죄를 항상 채우매 노하심이 끝까지 그들에게 임하였느니라

유대인은 어느 민족보다도 하나님께로부터 특별한 은혜를 받은 민족으로서 하나님의 보살핌과 은혜 가운데 젖과 꿀이 흐르는 가나안 땅을 선물로 받았습니다. 그럼에도 유대인들은 거듭거듭 하나님을 반역하였고, 그때마다 하나님께서는 그들을 용서해 주셨습니다. '배반과 용서'의 악순환이 계속되었던 것입니다.

그들은 회개와 심판을 선포하는 선지자들을 수없이 죽였고 끝내는 예수 그리스도마저 십자가에 못 박았습니다. 그로 인하여 하나님의 진노를 사고 모든 족속들의 대적이 되었습니다. 유대인들은 여전히 선민사

상에 젖어 자신들은 아브라함과 이삭과 야곱의 자손이요, 이방 사람은 불경한 자들로 취급했습니다. 그러므로 유대인들은 극단적인 배타주의를 가지고 생활하면서 이방 사람과 함께 음식도 나누지 않고 교제도 거부하며 적대 관계를 자초한 것입니다.

그런 연유로 이들은 동족이 이방인들에게 복음 전하는 것조차 심하게 방해하였습니다. 하나님께서 가장 원하시는 것은 예수 그리스도의 복음이 온 천하에 전파되는 것입니다. 하나님께서 가장 기뻐하시는 이름이 바로 예수 그리스도입니다. 예수님께서는 하나님의 영광의 광채요, 본체의 형상이십니다. 하나님께서는 인간의 몸을 쓰고 오셔서 죽기까지 순종하신 예수님에게 모든 이름 위에 높은 이름을 주시고 만물이 그 앞에 무릎을 꿇도록 하셨습니다(빌 2:9-10). 유대인들은 이 예수님을 십자가에 못 박았을 뿐 아니라 오히려 "그 피를 우리와 우리 자손에게 돌릴지어다"라고 뻔뻔스럽게 말하였습니다(마 27:25). 이런 유대인들이 어떻게 형통한 삶을 살아갈 수 있겠습니까?

대역죄를 범하고도 깨닫지 못한 유대인들은 심판을 받아 결국 예수님의 말씀대로 주후 70년에 로마에 의하여 예루살렘이 폐허가 되고 돌 위에 돌 하나도 남김없이 무너져 버렸습니다(마 24:2). 그 후 유대 민족은 전 세계에 흩어져 멸시와 천대 속에 살면서 모멸과 곤욕을 치르게 되었습니다. 또한 제2차 세계 대전 중 6백만 명이나 학살되었습니다.

이러한 민족적 수난은 유대인들의 그릇된 선민의식과 예수 그리스도에 대한 불신앙에서 비롯된 것으로 우리는 이를 통하여 하나님의 백성들이 고난을 당하는 것은 하나님의 말씀대로 살지 않았기 때문임을 알 수 있습니다.

이제 그리스도인들은 민족의 운명을 걸고 기도의 횃불을 밝혀야 합니다. 그렇게 할 때 민족적 비극이 순환되지 않고 멈추는 것입니다. 우리 그리스도인은 나라와 민족, 나아가 세계를 걸머진 사명자임을 명심해야 합니다.

## 5. 데살로니가 교인들을 그리워하는 사도 바울(2:17-20)

**17. 형제들아 우리가 잠시 너희를 떠난 것은 얼굴이요 마음은 아니니 너희 얼굴 보기를 열정으로 더욱 힘썼노라 18. 그러므로 나 바울은 한 번 두 번 너희에게 가고자 하였으나 사탄이 우리를 막았도다 19. 우리의 소망이나 기쁨이나 자랑의 면류관이 무엇이냐 그가 강림하실 때 우리 주 예수 앞에 너희가 아니냐 20. 너희는 우리의 영광이요 기쁨이니라**

**17-18절** 형제들아 우리가 잠시 너희를 떠난 것은 얼굴이요 마음은 아니니 너희 얼굴 보기를 열정으로 더욱 힘썼노라 그러므로 나 바울은 한 번 두 번 너희에게 가고자 하였으나 사탄이 우리를 막았도다

사도 바울은 황무지를 개척하여 데살로니가 교회를 세웠습니다. 하나님을 모르던 우상의 도시에 갑자기 성령의 열풍이 뜨겁게 몰아쳤고 강팍

한 심령들은 봄눈 녹듯 주께로 돌아왔습니다. 그들은 하나님의 백성이 되어 열심을 갖고 주를 섬겼습니다. 전도의 불이 붙고 하나님을 사랑하는 마음이 하늘을 찌를 듯했습니다. 그러나 그들은 아직 믿음의 연한이 짧은 영적 어린아이였습니다. 데살로니가 교회를 향한 바울의 마음은 마치 젖먹이 아기를 떼어 놓은 어머니의 심정과 같았습니다.

나는 어린 시절에 어머니와 물건을 사러 시장을 다녔는데, 어머니가 물건을 사면서 서두르실 때가 있었습니다. 이유를 물으니 젖이 부었기 때문에 동생에게 얼른 젖을 먹이러 가야 한다는 것이었습니다. 나는 '어머니 젖이 부은 것하고 동생하고 무슨 상관이 있는가?' 라고 생각했는데, 어머니의 마음은 그렇지가 않습니다. 몸은 떠나 있어도 마음은 젖먹이 동생과 늘 함께 있는 것입니다.

바울 역시 마찬가지로 몸은 비록 그들을 떠났지만 마음은 온통 데살로니가 교인들에게 가 있었습니다. 그러므로 바울은 자랑스러우나 한편으로는 아직 신앙적으로 어린 데살로니가 교인들을 다시 보기를 간절히 원했습니다. 그러나 방문이 뜻대로 이루어지지 않았습니다. 사탄이 바울의 진로를 막았던 것입니다.

이 세상에는 성령께서 막으시는 일과 사탄이 막는 일이 있습니다. 바울이 아시아에 복음을 전하고자 했을 때, 그 길을 막으셨던 분은 성령이셨습니다. 성령님께서는 바울에게 마게도냐로 갈 것을 지시하셨습니다. 인간이 가는 길이 실패의 길일 때는 하나님께서 막으십니다.

그러나 사탄이 인간의 길을 막으려는 것은 인간을 죽이고 멸망시키려는 의도입니다. 그러므로 하나님께서 길을 막으실 때에는 순종하여 우리의 계획을 취소하여야 하지만 사탄이 막을 때는 예수 그리스도의 이름으로 사탄을 쫓아내고 막힌 길을 뚫어야 합니다. 이 때문에 우리는 어떤 사건에 부딪혔을 때, 그것이 하나님께서 막으시는 것인지 사탄의 방해 공작인지를 분별하여 행동하여야 합니다.

바울은 데살로니가 교인들을 보기 위하여 그곳에 가기를 원했지만 번번이 좌절되었습니다. 이때 바울은 사람들과 환경을 통하여 길을 막은 사건들이 바로 사탄의 계략이라는 것을 감지한 것입니다.

**19-20절** 우리의 소망이나 기쁨이나 자랑의 면류관이 무엇이냐 그가 강림하실 때 우리 주 예수 앞에 너희가 아니냐 너희는 우리의 영광이요 기쁨이니라

전도한 사람이 구원을 받으면 전도자에게 큰 기쁨이 됩니다. 자식을 키우는 부모가 자식이 잘 되면 그 자식이 부모에게 더없이 큰 소망이요, 기쁨이요, 자랑이요, 면류관이 되는 것과 한가지입니다.

전도하여 구원을 받게 하는 사람은 주님 앞에 서는 날 하나님께로부터 큰 상급을 받습니다. 지금 하나님께서는 하나님의 백성을 구원하기 위하여 이 세상의 심판을 길이 참고 계십니다. 이러므로 심판의 날이 올 때까지 성도들은 세상에서 방황하는 하나님의 택한 백성을 하나님께로 인도하는 일에 전력을 다해야 합니다. 이러한 사람에게 하나님께서 면류관을 씌워 주시는 것입니다.

바울 일행은 데살로니가 교인들을 가리켜 "너희는 우리의 영광이요 기쁨이니라" 고 했습니다. 그만큼 전도로 얻은 영혼들이 전도자에게 큰 기쁨과 영광을 안겨 주는 것입니다. 하나님께서 기뻐하시고 구원받은 영혼이 기뻐하는 전도의 열매는 전도자의 한없는 자랑입니다. 나 역시

주님 앞에 서게 되면 나의 영광과 기쁨은 여의도순복음교회 성도들이라고 대답할 것입니다.

구원받은 백성들이 전도하여 불신자들을 새 생명으로 인도하는 것은 하나님께서 원하시는 일이요, 자신에게는 영원무궁한 상급과 칭찬이 주어지는 영광의 길입니다. 그러므로 우리가 전도하여 구원받은 영혼들이 훗날 주님 앞에 자신이 받게 될 면류관이라는 사실을 항상 기억하고 날마다 복음 전파에 힘써야 하겠습니다.

제 3 장

# 디모데를 데살로니가로 보내는 **사도 바울**

| | |
|---|---|
| 디모데의 파송 | 3:1-5 |
| 디모데가 전하는 데살로니가 교회의 소식 | 3:6-10 |
| 데살로니가 교회를 위한 사도 바울의 간구 | 3:11-13 |

A COMMENTARY ON THE
FIRST EPISTLE TO THE
# THESSALONIANS

**바울은** 환난 가운데 있는 데살로니가 교인들로 인하여 마음이 편하지 않았습니다. 왜냐하면 그들의 신앙은 뜨거웠으나 영적으로는 미숙한 상태였기 때문이었습니다. 바울은 이러한 그들을 위로하여야 했고 소망을 주어야 했습니다. 그래서 바울은 데살로니가 방문을 소원했으나 사탄의 방해로 뜻을 이루지 못하고 그의 가장 신실한 동역자 디모데를 데살로니가로 파송하였습니다.

바울은 데살로니가를 다녀온 디모데에게서 어려운 환경 가운데에서도 굳건히 믿음을 지켜 나가는 데살로니가 교회의 소식을 들었습니다. 바울은 오직 믿음으로 고난의 바다를 헤쳐 나가는 데살로니가 교회에 위로와 격려를 아끼지 않고 있습니다.

## 1. 디모데의 파송(3:1-5)

1. 이러므로 우리가 참다못하여 우리만 아덴에 머물기를 좋게 생각하고 2. 우리 형제 곧 그리스도의 복음을 전하는 하나님의 일꾼인 디모데를 보내노니 이는 너희를 굳건하게 하고 너희 믿음에 대하여 위로함으로 3. 아무도 이 여러 환난 중에 흔들리지 않게 하려 함이라 우리가 이것을 위하여 세움 받은 줄을 너희가 친히 알리라 4. 우리가 너희와 함께 있을 때에 장차 받을 환난을 너희에게 미리 말하였는데 과연 그렇게 된 것을 너희가 아느니라 5. 이러므로 나도 참다못하여 너희 믿음을 알기 위하여 그를 보내었노니 이는 혹 시험하는 자가 너희를 시험하여 우리 수고를 헛되게 할까 함이니

**1-3절** 이러므로 우리가 참다못하여 우리만 아덴에 머물기를 좋게 생각하고 우리 형제 곧 그리스도의 복음을 전하는 하나님의 일꾼인 디모데를 보내노니 이는 너희를 굳건하게 하고 너희 믿음에

대하여 위로함으로 아무도 이 여러 환난 중에 흔들리지 않게 하려 함이라 우리가 이것을 위하여 세움 받은 줄을 너희가 친히 알리라

바울과 실라는 데살로니가 교회를 심하게 박해하는 유대인들을 피하여 베뢰아로 가면서 디모데를 데살로니가에 남겨 두었습니다(행 17:10).

이후에 바울의 전도 여행은 다시 아덴으로 옮겨갔습니다. 바울이 아덴에서 실라와 디모데를 만났을 때, 디모데에게서 극심하게 박해받고 있는 데살로니가 교회의 참상을 듣게 되었습니다. 그 심한 박해는 데살로니가 교인들의 신앙을 뿌리째 흔들어 놓았습니다. 몸서리나는 박해의 생생한 보고를 들은 바울은 그가 전도하여 키운 성도들에 대한 사랑과 안타까움으로 밤잠을 이루지 못했습니다. 바울은 직접 가서 그 고통을 함께 나누며 그들의 신앙을 격려해 주고 싶었으나 사탄의 방해로 뜻을 이루지 못했습니다(2:17-18).

바울은 견디다 못하여 자기 대신 신실한 하나님의 종 디모데를 보내기로 작정하였습니다. 당시의 데살로니가 교회가 당하는 환난은 참으로 크고 깊었습니다. 교회가 세워질 때 이와 같은 시험과 고초가 뒤따르는 것을 이상하게 여길 필요는 없습니다. 왜냐하면 하나님 나라가 확장되면 사탄의 세력이 대적해 오기 때문입니다.

우리나라도 조선 말에 가톨릭의 신자들을 향한 박해와 일본 제국주의자들의 박해, 그리고 6·25 동란 때 공산주의자들의 박해로 인해 수많은 순교자의 피가 이 강산을 물들였습니다. 그러나 예수님께서 십자가에서 승리하신 이후 사탄과의 모든 싸움은 이미 승리한 것입니다.

사탄이 사도 바울의 길을 막았지만 주님께서는 주님의 일을 위해 디모

데라는 다른 일꾼을 세우셨습니다. 이처럼 하나님의 계획은 사탄이 아무리 방해를 해도 언제나 성취됩니다.

바울은 디모데를 가리켜 '우리 형제' 라고 불렀습니다. 이 단어는 그리스도의 보혈로 속죄함을 입어 하나님의 자녀가 된 자를 의미합니다. 이들은 기쁜 마음으로 하나님의 사역을 감당하는 일꾼이요, 동역자이기도 합니다.

디모데의 사명은 심한 박해를 받고 있는 데살로니가 교회와 교인들의 믿음을 굳게 잡아 주고 하나님은 언제나 승리자이심을 증거하는 것이었습니다. 인간적으로 볼 때 디모데는 세상의 특별한 힘을 가진 사람도 아니었고, 박해자들과 어떤 긴밀한 관계가 있어 그들을 설득할 수 있는 방법을 가진 자도 아니었습니다. 다만 그는 젊은 전도자로서 주님의 말씀과 성령의 역사하심만을 의지한 채 그곳에 보내졌습니다.

신앙의 위기가 닥쳤을 때 믿음의 선배나 스승의 권면과 위로는 싸움터에서 천군만마를 얻은 것이나 다를 바 없습니다. 혼자 있으면 외로워서 쓰러질 수 있지만 두세 사람의 믿음의 동지가 있어 함께 기도하고 찬양하고 위로해 주면 용기백배해서 나갈 수 있는 것입니다. 무거운 짐은 나눌수록 가벼워지고 슬픔은 함께 나눌수록 작아지며 기쁨은 함께 나눌수록 더욱 커집니다. 위급한 상태에 처한 데살로니가 교회에 디모데를 파송한 것은 마치 목마른 자에게 생수를 공급하듯 그들에게 신앙의 용기와 말씀의 확신, 소망의 인내를 주기에 충분했습니다.

디모데 파송의 또 다른 목적은 환난으로 인하여 데살로니가 교인들의 신앙을 흔들리지 않게 하려는 것이었습니다. '흔들리다' 로 번역된 '사이네스다이' (σαίνεσθαι)의 원형 '사이노' (σαίνω)는 개가 꼬리를 흔드는 모습을 표현할 때 사용되는 단어로 아첨하거나 유혹하는 것을 의미합니다. 이는 데살로니가 교인들이 외부로부터 오는 박해와 세속적인 유혹, 아첨의 손길로 인해 갈 길을 찾지 못하고 방황하고 있음을 보여 줍니다. 그러나 참된 성도들은 환난 속에서 더욱 돋보이게 됩니다. 환난은 마치 키질을 통해 알곡과 쭉정이를 가리는 작업과 흡사합니다. 알곡 성도들은 하나님의 유업을 받게 되지만 쭉정이는 그렇지 못합니다.

과거 신앙의 선조들은 모두 어려운 환난을 통과해 하나님의 복을 받았습니다. 오히려 환난이 그들의 신앙을 성장시키는 요소가 되었습니다. 바울은 훗날 디모데에게 "무릇 그리스도 예수 안에서 경건하게 살고자 하는 자는 박해를 받으리라"(딤후 3:12)고 말한 바 있습니다. 이와 같은 환난이나 박해는 성도들을 흔들리게 하기보다는 오히려 견고히 설 수 있도록 만들어 줍니다. 환난은 하나님께서 자녀들을 외면하여 버리셨다는 표시가 결코 아닙니다. 바울은 디모데를 통하여 이와 같은 메시지를 전하고자 했던 것입니다.

데살로니가 교인들에게 닥친 온갖 환난은 하나님께서 허락하신 것임을 분명히 명시하고 있습니다. "우리가 이것을 위하여 세움 받은 줄을 너희가 친히 알리라"는 구절에서 '세움'이란 말은 '작정되었음'을 의미합니다. 그것은 반드시 고난의 골짜기를 통과하여야 함을 암시하는 말씀입니다.

그러므로 환난은 예수님께서 다시 오실 때까지 계속됨을 명심하여, 깨어 근신하며 기도함으로 이겨 나가야겠습니다.

**4-5절** 우리가 너희와 함께 있을 때에 장차 받을 환난을 너희에게 미리 말하였는데 과연 그렇게 된 것을 너희가 아느니라 이러므로

나도 참다못하여 너희 믿음을 알기 위하여 그를 보내었노니 이는 혹 시험하는 자가 너희를 시험하여 우리 수고를 헛되게 할까 함이니

그리스도인이 천성을 향해 가는 길은 평탄하지 않습니다. 때로는 생명의 위협을 받을 수도 있고 험난한 길을 헤치며 싸워야 할 때도 있습니다.

본문에 '장차 받을' 이라는 말씀은 바로 그 환난이 하나님의 섭리 가운데 예정되어 있음을 의미합니다. 바울은 데살로니가 교인들과 함께 일을 할 때에 앞으로 그들에게 환난이 다가올 것이라고 예언했습니다. 그런데 그가 예언했던 대로 데살로니가 교인들에게 환난이 다가왔던 것입니다.

그런데 데살로니가 교인들이 받는 환난은 바울과 무관하지 않았습니다. 바울에게는 데살로니가 교인들에 대한 영적인 양육권이 있기 때문에 그들의 환난을 무책임하게 바라만 보고 있을 수 없었던 것입니다. 바울은 자신의 영적 자녀인 데살로니가 교인들을 유혹하여 넘어지게 하고 시험하는 자들로 인해 근심하였습니다.

여기서 '시험하는 자' 란 데살로니가 교인들을 박해하는 동족이나 믿지 않는 자를 의미합니다. 그러나 영적 의미를 살펴보면 그 배후에서 역사하는 사탄의 세력을 가리킵니다. 이 사탄이 데살로니가 교인들의 마음과 그들의 주변 사람들에게 역사해서 때로는 극심한 박해의 형태로, 때로는 달콤한 유혹으로 그들을 괴롭혔습니다. 표면적으로는 사람들이 믿는 자들을 괴롭히는 것 같아도 그 배후에는 사탄이 진을 치고 있다는 사실을 우리는 잊지 말아야 할 것입니다.

바울은 이로 인해 데살로니가 교인들이 영적으로 흔들리고 사탄의 계략에 빠져 전도자의 수고가 헛되이 되는 것을 안타까워했습니다. 따라서 디모데를 파송하여 데살로니가 교인들을 돕고 그들의 신앙 상태를 파악하고자 했던 것입니다.

사탄은 수단과 방법을 가리지 않고 성도들을 넘어뜨리려고 합니다. 그러나 사탄의 종국은 영원히 꺼지지 않을 불과 유황 못에 들어가는 것입니다(계 20:10).

## 2. 디모데가 전하는 데살로니가 교회의 소식(3:6-10)

**6. 지금은 디모데가 너희에게로부터 와서 너희 믿음과 사랑의 기쁜
소식을 우리에게 전하고 또 너희가 항상 우리를 잘 생각하여 우리가
너희를 간절히 보고자 함과 같이 너희도 우리를 간절히 보고자 한다
하니 7. 이러므로 형제들아 우리가 모든 궁핍과 환난 가운데서 너희
믿음으로 말미암아 너희에게 위로를 받았노라 8. 그러므로 너희가
주 안에 굳게 선즉 우리가 이제는 살리라 9. 우리가 우리 하나님 앞
에서 너희로 말미암아 모든 기쁨으로 기뻐하니 너희를 위하여 능히
어떠한 감사로 하나님께 보답할까 10. 주야로 심히 간구함은 너희
얼굴을 보고 너희 믿음이 부족한 것을 보충하게 하려 함이라**

**6-7절** 지금은 디모데가 너희에게로부터 와서 너희 믿음과 사랑의 기쁜 소식을 우리에게 전하고 또 너희가 항상 우리를 잘 생각하여 우리가 너희를 간절히 보고자 함과 같이 너희도 우리를 간절히 보고자 한다 하니 이러므로 형제들아 우리가 모든 궁핍과 환난 가운데서 너희 믿음으로 말미암아 너희에게 위로를 받았노라

데살로니가 교인들을 염려하고 있던 바울은 디모데로부터 그들이 사탄의 계략을 뛰어넘어 의연하게 믿음을 지키고 있다는 것과 바울 일행을 사모하여 만나기를 소원하고 있다는 기쁜 소식을 듣고 감격하지 않을 수 없었습니다.

이것은 데살로니가 교인들이 신뢰할 만한 위치에 이르렀음을 말합니다. 그들은 어려운 상황 속에서도 굳건히 믿음을 지키고 있었습니다. '믿음' 이란 세상을 믿는 믿음이 아닙니다. 환경이나 감각을 믿는 것도 아닙니다. 믿음은 말씀을 믿는 것입니다. 그들은 바울이 전한 복음, 즉 말씀에 굳게 서 있었습니다.

또한 데살로니가 교인들은 사랑의 교제를 나누고 있었습니다. 이를 가리켜 바울은 '기쁜 소식' 이라는 표현을 사용했습니다. '기쁜 소식' 이란 단어는 원래 복음을 전하는 의미에서 사용되었습니다(갈 1:7; 딤전 1:11). 그러나 여기에서는 그리스도인들이 주 안에서 나누는 사랑의 교제를 의미합니다. 예수님을 중심에 모시니 사랑의 역사가 나타나는 것입니다. 따라서 복음은 구원에 대한 기쁨뿐 아니라 이웃을 사랑하고 교제를 나누는 기쁨까지도 포괄한다고 말할 수 있습니다.

데살로니가 교인들은 믿음과 사랑의 교제를 모두 갖춘 신앙생활을 하

였으며, 이 소식은 바울과 사도들에게 큰 보람과 기쁨을 안겨 주었습니다. 당시 바울 일행은 끝없는 전도 여행을 수행함으로 인하여 한 곳에 정착할 수 없었으므로 생활에 많은 어려움을 겪어야 했습니다. 잠을 자지 못하거나 굶주리는 때도 있었고 전도를 방해하는 세력들이 여기저기서 복병처럼 나타나기도 했습니다(고후 6:4-10).

이런 모진 고난과 환난 가운데에서도 데살로니가 교인들이 믿음에 굳건한 터전을 세우고 소망의 말씀 위에 굳건히 서 있다는 소식은 그들에게 큰 위로를 가져다 주었습니다. 이처럼 전도된 자들이 복음의 좋은 열매를 맺고 있다는 소식을 들었을 때 전도자로서의 보람과 기쁨은 이루 말할 수 없이 큰 것입니다.

**8-9절** 그러므로 너희가 주 안에 굳게 선즉 우리가 이제는 살리라 우리가 우리 하나님 앞에서 너희로 말미암아 모든 기쁨으로 기뻐하니 너희를 위하여 능히 어떠한 감사로 하나님께 보답할까

바울은 디모데가 가져온 소식, 즉 데살로니가 교인들의 신앙이 굳건하다는 말을 듣고 위안을 받고 새로운 활력을 얻었습니다. 바울은 데살로니가 교인들의 영적인 부모와 같습니다. 부모는 자식과 그 운명이 연결되어 있기 때문에 자식이 고통스러우면 부모도 같이 고통스럽고 자식이 잘 되면 부모가 삶의 보람을 느낍니다. 살맛이 나는 것입니다. 사도 바울도 마찬가지였습니다. 그는 자식과 같은 데살로니가 교인들이 주 안에 굳게 서 있다는 소식을 듣고 힘을 얻고 생기를 회복했습니다.

데살로니가 교인들의 신실한 삶의 모습은 '주 안' 에서 비롯된 것이었습니다. 주님 밖, 즉 세상에서 얻을 수 있는 것은 인생의 불투명한 미래뿐

입니다. 바울은 철저히 '주 안'에 초점을 맞춘 인생을 살았습니다. 데살로니가 교인들도 바울에게서 배운 대로 실천에 옮겼고 결국 '주 안'에서 살아가는 방법을 터득했던 것입니다. 훗날 바울은 고린도 교회에 편지할 때 "선 줄로 생각하는 자는 넘어질까 조심하라"(고전 10:12)고 당부한 바 있습니다. 주 밖에 서 있는 삶은 무의미합니다. 서 있으나 곧 넘어질 수 있는 위험이 도사리고 있습니다. 주 안에 서 있는 삶은 바로 믿음으로 사는 삶이기 때문에 온갖 시련이 다가온다 해도 문제가 될 수 없습니다.

'살리라'는 단순하게 인생을 살아간다는 뜻이 아니라 그리스도께서 우리와 함께하시기 때문에 이 땅에서의 생활이 행복과 희락이 넘쳐 남을 말합니다. 데살로니가 교인들의 신앙이 견고하다는 소식만으로도 사도들은 기뻐할 수 있었습니다. 진정한 그리스도인은 조건으로 인하여 감사하거나 기뻐하기보다는 예수님으로 인하여 기뻐하고 감사합니다. 바울은 그리스도를 얻을 때 모든 것을 해로 여기고 배설물로 여길 수 있었습니다(빌 3:8). 바울이 데살로니가 교인들의 소식에 감격할 수 있었던 것도 바로 그들이 그리스도를 얻었기 때문입니다.

세상 사람들은 생활환경이 유복하고 평안할 때 비로소 조건부적인 만족을 느끼지만 사도들은 그렇지 않았습니다. 사도들은 자신들의 일이 아닌 교인들의 신앙생활에서 인생을 살아가는 이유와 가치와 보람을 느꼈습니다.

"우리 하나님 앞에서 너희로 말미암아 모든 기쁨으로 기뻐하니". 이는 기쁨을 허락하신 이가 바로 하나님이심을 가리키는 말씀입니다. 바울은 이처럼 모든 일이 하나님과 연결되어 있음을 고백하는 신앙인이었습니다.

데살로니가 교인들은 사도들에게 용기를 주고 소망을 주고 보람을 주며 큰 환희에 잠기게 하였습니다. 그러나 바울은 그 기쁨이 하나님으로부터 왔으므로 감사함으로 하나님께 보답해야 한다고 했습니다.

바울 일행은 열악한 환경 속에서도 하나님으로부터 오는 평강과 기쁨으로 만족했습니다.

**10절** 주야로 심히 간구함은 너희 얼굴을 보고 너희 믿음이 부족한 것을 보충하게 하려 함이라

앞에서 데살로니가 교인들의 견고한 믿음 생활로 인하여 기뻐하던 바울이 갑자기 믿음의 부족함을 언급하고 있는데 이것은 어찌 보면 상호 모순이 되는 것처럼 보입니다. 그러나 여기서 '믿음의 부족' 이란 그들에게 믿음이 없다는 의미가 아닙니다. 바울은 데살로니가 교인들이 신앙의 열심은 있었으나 신앙에 대한 지식이 부족하다는 것을 말하고 있는 것입니다.

특별히 데살로니가 교인들은 그리스도의 재림에 관해서 그러했습니다. 그들에게 박해와 환난을 기쁨으로 이겨 내는 신앙의 열심은 있었으나 재림에 대한 올바른 지식이 없었습니다. 그들은 그리스도께서 당대에 오신다는 그릇된 생각으로 인해 현실을 살아가는 생활인으로서의 태도가 잘못되어 있었습니다. 그들은 임박한 종말에 대한 맹목적인 기대 때문에 이 땅에서 당연히 해야 할 생업을 게을리 했으며 도덕적으로도 무질서했습니다(4:2-6).

이에 대하여 사도 바울은 훗날 데살로니가 교인들에게 "누구든지 일하기 싫어하거든 먹지도 말게 하라"(살후 3:10)고 경고하기도 했습니다.

바울은 데살로니가 교회의 여러 가지 상황을 안타깝게 여겨 그들을 방문하여 그들의 잘못된 신앙을 깨우쳐 주려고 했습니다.

바울이 데살로니가 교인들의 잘못된 재림 신앙을 바로잡아 주기 원했다면 나는 지금까지 우리 교회 성도들이 말씀 안에서 새로운 정체성을 확립하기를 간절히 원했습니다. 오늘날 너무나 많은 성도들이 교회를 왔다 갔다 하면서도 자기가 누구인지 알지 못합니다. 하나님 앞에서 정체불명의 사람들이 되어 있습니다. 자신이 누구인지 잘 알아야 합니다. 우리는 다음의 신분을 가슴에 새겨야 합니다.

첫째로, 나는 그리스도로 말미암아 용서받은 의인입니다.

둘째로, 나는 마귀에게서 해방된 거룩하고 성령 충만한 사람입니다.

셋째로, 나는 치료받고 건강한 사람입니다.

넷째로, 나는 아브라함의 축복을 받고 형통한 사람입니다.

다섯째로, 나는 그리스도를 통하여 부활 영생 천국인이 된 사람입니다.

이것이 바로 '오중복음' 입니다. 다음은 '삼중축복' 입니다. 우리는 예수님이 십자가에 못 박혀 몸 찢기고 피 흘리심으로 말미암아 아담과 하와가 가져온 영과 육과 환경의 삼대 재앙에서 벗어나 삼중축복을 받았습니다. 영이 죽고, 환경이 죽고, 생명이 끊어지는 저주가 영혼이 잘됨같이 범사에 잘되고 강건한 축복으로 바뀌었습니다. 또한 '사중신분' 을 부여받았습니다. 베드로전서 2장 9절의 말씀처럼 "택하신 족속이요 왕 같은 제사장들이요 거룩한 나라요 그의 소유가 된 백성" 이 되었습니다.

우리는 이 오중복음과 삼중축복과 사중신분을 가졌다는 사실을 가슴에 새겨야 합니다. 그리할 때 마귀의 참소와 세상의 유혹으로부터 자신을 지켜내고 담대하게 신앙생활 할 수 있는 것입니다.

아무리 신앙생활을 열심히 한다 할지라도 말씀을 올바르게 깨닫지 못하면 지극히 위험한 단계에 이를 수 있습니다. 신앙은 하루아침에 완성되는 것이 아니라 계속되는 시련과 말씀의 교훈으로 성장하는 것입니다.

## 3. 데살로니가 교회를 위한 사도 바울의 간구(3:11-13)

**11. 하나님 우리 아버지와 우리 주 예수는 우리 길을 너희에게로 갈 수 있게 하시오며 12. 또 주께서 우리가 너희를 사랑함과 같이 너희도 피차간과 모든 사람에 대한 사랑이 더욱 많아 넘치게 하사 13. 너희 마음을 굳건하게 하시고 우리 주 예수께서 그의 모든 성도와 함께 강림하실 때에 하나님 우리 아버지 앞에서 거룩함에 흠이 없게 하시기를 원하노라**

**11절** 하나님 우리 아버지와 우리 주 예수는 우리 길을 너희에게로 갈 수 있게 하시오며

사도 바울은 데살로니가 교인들이 열심히 신앙생활 하면서도 재림에 대한 잘못된 견해로 질서가 흐트러지고 있다는 소식에 마음이 편하지 않았습니다. 바울은 데살로니가 교인들이 예수님의 재림에 대해 잘못 알고

있는 것을 바로잡아 주기 위하여 할 수만 있으면 그들에게 갈 것을 원했습니다. 바울은 일찍이 사탄의 방해로 데살로니가로 가려던 길이 막혔던 것을 생각하면서 그 길이 막히지 않도록 기도하였습니다.

목회자라면 누구나 자기 교인들이 하나님께로부터 기도 응답받기를 원하여 많은 기도를 합니다. 그러나 하나님께서는 목회자에게 구체적인 기도를 요구하실 때가 있습니다. 사도 바울은 데살로니가로 가는 길이 막히지 않게 하기 위한 구체적이고도 간절한 기도를 드렸습니다. 모든 것이 하나님의 뜻이라 할지라도 하나님은 구체적인 기도를 통하여 하나님의 뜻을 이루십니다.

인간이 하는 것은 기도와 순종이고 하나님께서 하시는 일은 그의 선한 계획을 이루시는 것입니다.

**12-13절** 또 주께서 우리가 너희를 사랑함과 같이 너희도 피차간과 모든 사람에 대한 사랑이 더욱 많아 넘치게 하사 너희 마음을 굳건하게 하시고 우리 주 예수께서 그의 모든 성도와 함께 강림하실 때에 하나님 우리 아버지 앞에서 거룩함에 흠이 없게 하시기를 원하노라

'사랑' 은 하나님께로부터 온 귀한 선물입니다. 하나님은 사랑 그 자체이십니다(요일 4:16). 그러므로 사도들은 교인들을 사랑하고 교인들은 사랑의 교제를 통해 하나님의 뜻이 이 땅에 이루어지게 됨을 확인하게 됩니다. 교인들이 이웃을 사랑할 수 있다는 것은 그만큼 하나님의 사랑을 받고 있다는 증거입니다. 왜냐하면 사랑의 근본은 하나님께로부터 흘러 넘쳐 온 것이기 때문입니다.

예수님께서도 사랑 없이 율법만을 지키려고 하는 바리새인들에게 "정의와 긍휼과 믿음은 버렸도다"(마 23:23)라고 말씀하셨습니다. 사랑이 없는 사람에게는 의로움이나 자비는 물론이고 믿음조차 기대할 수 없다는 것입니다. 반대로 선한 사마리아인의 비유를 통해 당시 유대인들이 개처럼 취급했던 사마리아인이라 할지라도 사랑을 실천하는 자가 진정한 이웃이라는 교훈을 주셨습니다(눅 10:30-37). 하나님이 중요하게 여기시는 것은 율법이나 의식이 아닌 사랑임을 말씀하신 것입니다.

하나님께서 모세를 통하여 율법을 주신 것은 사람에게 무거운 짐을 부과하기 위해서가 아니라 하나님의 넓은 사랑에서 시작된 것입니다. 그럼에도 불구하고 그 사랑을 버리고 겉으로 나타나는 행위만을 강조하던 바리새인들에게 경각심을 주셨습니다.

사도 바울은 교인들의 사랑을 강조함으로써 하나님께로부터 사랑받고 있음을 확인하게 해 주려고 했습니다. 고난을 당해 본 사람만이 고난당한 사람을 이해할 수 있듯이 사랑도 받아 본 사람만이 사랑할 수 있습니다. 그리스도인이면서 서로 사랑할 수 없다면 이것은 신앙에 이상이 생긴 것이며 하나님께로부터 사랑받지 못하고 있다는 것을 말합니다. 바울은 신앙의 열매로 하나님의 사랑을 강조했으며 그 사랑은 곧 교인들 간의 사랑으로 표현되어야 함을 강조했습니다.

여기서 우리가 주의해야 할 점은 사랑은 감정이 아니라는 것입니다. 사랑하는 마음이 생겨서 뜨거워지면 사랑하고 사랑하는 마음이 식어져서 돌아서는 것은 그리스도인의 사랑이 아닙니다. 사랑은 감정이 아닌 마음의 작정이요, 의지의 산물인 것입니다. 사랑하기로 결단하고 사랑하는 것이 진정한 사랑입니다.

사도 바울은 하나님께서 데살로니가 교인들의 마음을 굳건하게 하시기를 원했습니다. 신앙 안에서 마음이 굳건하게 된다는 것은 말씀에 서 있을 때 가능합니다. 말씀이 시멘트라면 성령은 물입니다. 말씀의 시멘트를 성령의 물과 섞으면 그 신앙의 집이 굳건해집니다. 말씀 없이 굳건한 신앙이 세워질 수 없고, 성령 충만 없이 굳건한 신앙이 세워질 수 없습니다. 말씀과 성령이 잘 조화될 때 하늘나라가 굳건하게 서서 바람이 불고 창수가 나고 파도가 몰려와도 움직이지 않고 버틸 수 있는 것입니다.

또한 사도 바울은 "우리 주 예수께서 그의 모든 성도와 함께 강림하실 때에 하나님 우리 아버지 앞에서 거룩함에 흠이 없게 하시기를 원하노라" 고 간구했습니다. 죄악이 범람하는 세상에서 우리가 거룩하게 살기란 쉽지 않습니다. 왜냐하면 마음은 원하지만 육신이 약하기 때문입니다. 오리나 백조를 보면 물에 살지만 물속에 가라앉지 않습니다. 깃털에 기름이 묻어 있기 때문입니다. 시간만 나면 오리나 백조는 입에서 나오는 기름으로 깃털에 기름칠을 합니다.

신앙도 마찬가지입니다. 성령의 기름을 늘 바르고 있어야 세상의 물속에 가라앉지 않습니다. 성령의 능력만이 하나님 앞에서 거룩함을 지킬 수 있는 힘을 주시고 세상과 섞이지 않게 하십니다. 그러므로 우리는 예수님의 보혈과 성령의 도우심과 말씀을 통해 항상 거룩하신 하나님의 성품을 닮아 가기 위해 기도해야 할 것입니다.

제 4 장

# 데살로니가 교인들의 종말 의식

A COMMENTARY ON THE
FIRST EPISTLE TO THE
THESSALONIANS

**사도 바울은** 본 장에서 데살로니가 교인들에게 올바른 재림관에 관해 가르치고 있습니다. 여기에는 실생활에 대한 윤리적 교훈이 포함되어 있습니다.

데살로니가 교인들은 신앙에 열심은 있었으나 잘못된 재림관으로 인해 실생활을 등한시했습니다. 이로 인해 데살로니가 교회에 많은 문제점들이 발생하게 되었습니다. 즉, 데살로니가 교인들은 신앙과 생활면에서 일관성이 없고 오직 그리스도의 재림만을 기다릴 뿐이었습니다.

이런 연유로 바울은 본 장을 통하여 데살로니가 교인들에게 올바른 신앙인의 자세를 가르쳐 주고 있습니다.

## 1. 하나님의 기뻐하시는 것(4:1-2)

1. 그러므로 형제들아 우리가 끝으로 주 예수 안에서 너희에게 구하고 권면하노니 너희가 마땅히 어떻게 행하며 하나님을 기쁘시게 할 수 있는지를 우리에게 배웠으니 곧 너희가 행하는 바라 더욱 많이 힘쓰라 2. 우리가 주 예수로 말미암아 너희에게 무슨 명령으로 준 것을 너희가 아느니라

**1절** 그러므로 형제들아 우리가 끝으로 주 예수 안에서 너희에게 구하고 권면하노니 너희가 마땅히 어떻게 행하며 하나님을 기쁘시게 할 수 있는지를 우리에게 배웠으니 곧 너희가 행하는 바라 더욱 많이 힘쓰라

사도 바울은 데살로니가 교인들에게 올바른 재림관을 가르쳐 주기에 앞서 믿음의 권면을 하고 있습니다.

사도 바울은 데살로니가 교인들에게 예수님을 영접한 뒤 믿는 성도로서 행하여야 할 바와 하나님을 기쁘시게 해 드리기 위해 행할 바를 가르쳐 주었습니다. 하나님을 기쁘시게 하는 것은 하나님을 삶의 최우선 순위에 모시는 것입니다. 성수 주일 하고 십일조와 헌물을 드리고 열심히 전도하며 하나님의 나라와 의를 구하는 것입니다.

데살로니가 교인들은 바울이 가르쳐 준 대로 실천하고 있었습니다. 바울은 그 사실을 알고 있음을 말해 주며 그들이 바울에게서 배운 것을 더욱 힘써 행하기를 권유했습니다.

**2절** 우리가 주 예수로 말미암아 너희에게 무슨 명령으로 준 것을 너희가 아느니라

바울은 '주 예수로 말미암아' 라는 말을 통해 자신이 전했던 복음 사역이 예수님께로부터 위임받은 것임(마 28:20)을 강조했습니다. 복음을 전하는 데 있어서 인위적인 요소나 방법이 개입되지 않았음을 나타내 주는 말씀입니다. 그는 다메섹 도상에서 회심한 이후 줄곧 성령의 가르침을 통하여 그리스도에 대해 배웠습니다.

본 절 이후에서 바울은 헬라 문화의 영향으로 인하여 성적 부도덕과 향락적인 사고방식이 만연한 데살로니가 교인들에게 거룩한 삶을 살도록 하기 위해 몇 가지 권고를 했습니다. 이 세상에는 크게 히브리적인 문화와 헬라적인 문화가 있습니다. 히브리 문화는 오순절 다락방에서 성령 강림의 불길을 통해서 또는 유대 민족을 통하여 이 세상에 전해진 하나님의 계시를 아는 문화입니다. 헬라 문화는 그리스 문명, 즉 인본주의적이고 이성적인 문화입니다.

히브리적 사고는 하나님의 섭리를 깨닫게 합니다. 그래서 기독교의 복음이 들어가는 곳에는 개인과 가정 더 나아가 한 나라가 구원되는 복이 임합니다. 그러나 헬라적 사고에 바탕을 둔 그리스 문화는 지극히 인간 중심이므로 결국 인간을 타락시킵니다. 그 타락은 항상 음란으로부터 시작되고 사회의 멸망으로 끝이 납니다.

노아 시대에는 사람들이 육체의 노예가 되어 음란한 생활을 즐겼고 이로 말미암아 홍수로 멸망당하는 비극을 초래했으며 소돔과 고모라 성도 음란하였기에 멸망당했던 것입니다.

마지막 심판의 날에도 인본주의가 극치를 이루게 될 것이며 말로 다 할 수 없는 음란과 퇴폐적 향락이 만연하게 될 것입니다. 그리고 마침내 이 세상은 멸망당할 것입니다. 이처럼 음란은 타락의 근원적인 요소요, 파멸의 원인입니다.

그러나 복음은 사람들에게 무엇을 믿어야 하는가를 가르칠 뿐만 아니라 어떻게 살아가야 하는가도 가르칩니다. 따라서 성도들이 복음을 통해 자신들의 성품과 행동을 개선하고 절제하는 것은 매우 중요합니다. 그렇게 할 때 비로소 성도는 올바른 삶을 살아가게 되고 결국에는 하나님 나라로 인도됩니다.

거룩하신 하나님께서 가장 기뻐하시는 때는 성도의 행실이 거룩할 때입니다. 그러므로 우리는 인간을 기쁘게 하거나 육신을 기쁘게 하기보다는 하나님을 기쁘시게 하기 위한 행함 있는 믿음을 보여야 할 것입니다.

## 2. 음란에서 떠나라(4:3-8)

**3. 하나님의 뜻은 이것이니 너희의 거룩함이라 곧 음란을 버리고 4. 각각 거룩함과 존귀함으로 자기의 아내 대할 줄을 알고 5. 하나님을 모르는 이방인과 같이 색욕을 따르지 말고 6. 이 일에 분수를 넘어서 형제를 해하지 말라 이는 우리가 너희에게 미리 말하고 증언한 것과 같이 이 모든 일에 주께서 신원하여 주심이라 7. 하나님이 우리를 부르심은 부정하게 하심이 아니요 거룩하게 하심이니 8. 그러므로 저버리는 자는 사람을 저버림이 아니요 너희에게 그의 성령을 주신 하나님을 저버림이니라**

**3절** 하나님의 뜻은 이것이니 너희의 거룩함이라 곧 음란을 버리고

하나님의 뜻은 성도가 거룩하게 되는 것입니다. 성경은 "기록되었으되 내가 거룩하니 너희도 거룩할지어다 하셨느니라"(벧전 1:16)고 말씀하셨습니다. '거룩' 은 하나님의 본성으로서 하나님께서는 백성들에게 항상 거룩한 삶을 살도록 명령하셨습니다(레 19:2). 그렇기 때문에 하나님께서는 예수님의 피로 말미암아 우리 죄를 씻어 주시고 우리 속에 성령을 주신 것입니다.

'성령' 이란 '거룩한 영' 이란 뜻입니다. 그러므로 하나님께서 우리 가운데 성령을 통해서 역사하시면 죄로 물든 우리의 영혼은 점점 맑고 밝아짐으로 거룩하게 변화됩니다.

마귀는 사람들로 하여금 계속해서 음란하고 방탕하고 타락하게 만듭니다. 생각하는 것이 더럽고 말하는 것이 더럽고 행동하는 것이 더럽습니다. 반면에 성령은 사람들을 거룩하게 만듭니다. 이러므로 우리는 마귀의 역사인지, 성령의 역사인지 단번에 구분할 수 있습니다.

내가 어렸을 때, 한번은 아버님이 손수건에 꿩 알을 주워 오신 적이 있습니다. 햇빛에 비춰보니 꿩알 속에 이미 새끼가 자라고 있었습니다. 그래서 얼른 닭이 품는 달걀 속에 넣어 주었습니다. 시간이 지나 병아리와 꿩이 같이 부화했는데, 겉으로 보면 잘 구별이 안 갑니다. 그러다 위기 상황이 닥치면 전혀 다르게 행동합니다. 유독 꿩 새끼만 산으로 도망을 가는 것입니다.

또 한번은 외할아버지가 오리 알 몇 개를 칼로 긁어서 병아리와 함께 부화를 시켰는데, 이 오리들이 개천가에만 가면 물에 뛰어듭니다. 오리들이 자기 새끼인 줄 아는 닭은 물에 뛰어들어 "꼬꼬꼬" 소리를 치는데, 오리들은 유유히 헤엄을 칩니다. 그 본능을 따라 꿩은 산으로 가고 오리는 물로 가는 것입니다.

믿는 사람도 마찬가지입니다. 성령이 거하시는 영의 사람은 하늘을 향해 가고, 마귀가 거하는 육의 사람은 땅으로 갑니다. 성령으로 거룩하게 된 사람은 세속을 버리고 천국을 향해 가는 것입니다.

본문의 "음란을 버리고" 란 말씀은 영의 사람으로 살라는 말씀입니다. 음란은 성도로 하여금 무절제하고 무질서한 생활을 하게 하며 사회와 국가도 크게 병들게 합니다. 그러므로 믿는 자는 마음뿐 아니라 몸도 정결해야 합니다. 성령을 모시고 있는 하나님의 전으로서 하나님께 드려지고 구별되기 위해 깨끗하고 순결하게 보존되어야 하는 것입니다.

성경은 "음행을 피하라 사람이 범하는 죄마다 몸 밖에 있거니와 음행하는 자는 자기 몸에 죄를 범하느니라"(고전 6:18)고 말씀하심으로 음행에 대해서 경고하고 있습니다. 그러므로 우리는 음란을 버려야 합니다.

**4-6절** 각각 거룩함과 존귀함으로 자기의 아내 대할 줄을 알고 하나님을 모르는 이방인과 같이 색욕을 따르지 말고 이 일에 분수를 넘어서 형제를 해하지 말라 이는 우리가 너희에게 미리 말하고 증언한 것과 같이 이 모든 일에 주께서 신원하여 주심이라

그리스도인에게 있어서 정결한 생활은 명예가 됩니다. 반면 정결하지 못한 삶은 불명예가 됩니다. 성경은 몸을 영혼의 그릇으로 해석하고 있습니다(삼상 21:5). 따라서 영혼을 담은 그릇인 몸은 불타오르는 욕망으로 더럽히거나 수치나 부끄러움이 없도록 잘 보존해야 합니다. 그렇게 하는 것이 하나님의 백성으로서의 명예를 지키는 길입니다.

바울은 또한 가정생활에 있어서 부부간의 도덕과 윤리관을 강조하였습니다. 부부간의 가정생활은 하나님의 은총과 복 속에서 "남자가 부모를 떠나 그의 아내와 합하여 둘이 한 몸을 이룰지로다"(창 2:24)라고 하신 말씀으로부터 시작됩니다. 그러므로 하나님의 은혜와 복 가운데 거룩함과 존귀함으로 가정을 이룬 남편은 한 몸이 된 아내만을 사랑하여야 합니다.

가정이라는 테두리를 넘어선 불의한 성 관계는 하나님의 심판을 초래합니다. 2006년 말 세계보건기구의 발표에 의하면 에이즈 바이러스 환자가 이미 4천만 명을 넘어섰습니다. 우리나라에만 해도 2007년 3월 현재 약 4,755명의 환자가 있고 그 중 864명이 사망했습니다. 성적 쾌락이 낳은 무시무시한 결과입니다.

하나님을 아는 사람들은 한 남편과 한 아내가 서로 상대편의 의사를 존중하고 서로의 감정을 절제하며 상대를 쾌락의 도구가 아닌 인격적인 대상으로 대하여야 합니다.

그리스도인들은 이방인들과 같이 음란과 정욕과 술 취함과 방탕에 사로잡히고 우상 숭배를 자행해서는 안 됩니다. 그것은 예수 그리스도께서 이러한 정욕과 욕망을 지시고 십자가에 못 박히셨기 때문입니다.

또한 그리스도인들은 성적 관계에 관련된 음란한 죄를 범하지 말아야 합니다. 본문의 '이 일' 은 바로 성적 관계와 관련한 음란한 일을 말합니다. '형제를 해하지 말라' 는 것 역시 성적 욕망을 이기지 못하여 남의 아내를 꾀거나 남의 남편을 유혹하는 등 분수를 넘어서 형제에게 위해(危害)를 가하지 말라는 명령입니다.

사도 바울은 남의 아내나 남편을 빼앗는 행위는 형제를 해하는 것으로서 반드시 하나님의 심판이 따른다고 말했습니다. 그러므로 우리 그리스도인들은 가정의 신성함과 정결함을 굳게 지켜 나아가야 합니다.

마귀는 우는 사자같이 두루 다니며 삼킬 자를 찾습니다(벧전 5:8). 그러므로 우리는 전폭적으로 성령께 의지하여 육신의 약함을 지켜야 합니다. 성령께서는 하나님의 능력으로 우리에게 힘을 주시기 때문에 우리는 음란을 물리치며 이 세상 탁류에 휘말리지 않고 당당히 살아갈 수 있습니다. 사람의 힘과 의지와 능력만으로는 세상의 유혹을 이기기가 참으로 어렵습니다. 그러나 하나님의 말씀대로 살기 위해 결단하고 나아가면 성령께서 오셔서 넉넉히 이기도록 만들어 주십니다.

**7-8절　하나님이 우리를 부르심은 부정하게 하심이 아니요 거룩하**

게 하심이니 그러므로 저버리는 자는 사람을 저버림이 아니요 너희에게 그의 성령을 주신 하나님을 저버림이니라

마귀가 우리를 부르는 것은 부정하게 하려는 것이고 하나님께서 우리를 부르시는 것은 거룩하게 하려는 것입니다. 하나님의 율법은 모든 불결한 것을 금하시며, 복음은 우리를 부정한 곳에서 거룩한 곳으로 인도합니다. 거룩한 영인 성령께서 오셔서 우리를 거룩하게 이끌어 주시는 것입니다.

하나님께서 우리를 부르신 목적은 거룩한 삶을 살게 하기 위해서입니다. 그러므로 본문에서 말하는 '저버리는 자' 는 단순히 복음을 전한 바울을 저버린 자를 말하는 것이 아니라 우리를 부르시고 성령을 주신 하나님을 저버리는 자입니다.

우리가 성령을 의지하지 아니하고 세속을 따라 가면 하나님을 저버리는 것입니다. 육신의 정욕과 안목의 정욕과 이 세상의 자랑을 좇아 살 때 이러한 사람과 하나님의 성령이 함께하실 수가 없습니다. 우리가 하나님을 저버리면 하나님도 우리를 저버리십니다. 우리가 하나님을 떠나지 않는 이상 하나님도 우리를 버리시지 않습니다. 이 세상에서 거룩하게 살기 위해 노력하고 회개하고 부르짖는 이상 절대로 하나님은 우리를 포기하시지 않습니다.

그러므로 우리는 성령의 능력을 힘입어 거룩한 삶을 살아야 하겠습니다. 이 세상에 살 동안 인생의 가장 큰 투쟁은 세속과의 투쟁입니다. 하나님 앞에서 성결과 거룩을 지켜 나가기 위해 치열한 싸움을 벌이는 것입니다.

구원은 믿음으로 말미암아 받습니다. 그러나 거룩함에 이르는 성결함

은 성령님과의 끊임없는 교통으로 이루어집니다. 그럼에도 불구하고 우리는 완전하게 성결하다고 말할 수 없습니다. 완전한 분은 오직 예수 그리스도 한 분이십니다. 단지 우리는 완전에 이르기 위하여 성령께 의지할 뿐입니다.

따라서 그리스도인들은 순간순간 마귀와 싸우며 자신을 인내하고 절제하며 성령님의 도우심으로 말미암아 계속해서 성화의 단계를 밟아 가야 할 것입니다.

## 3. 더욱 많은 사랑(4:9-10)

**9. 형제 사랑에 관하여는 너희에게 쓸 것이 없음은 너희들 자신이 하**
**나님의 가르치심을 받아 서로 사랑함이라 10. 너희가 온 마게도냐**
**모든 형제에 대하여 과연 이것을 행하도다 형제들아 권하노니 더욱**
**그렇게 행하고**

**9-10절** 형제 사랑에 관하여는 너희에게 쓸 것이 없음은 너희들 자신이 하나님의 가르치심을 받아 서로 사랑함이라 너희가 온 마게도냐 모든 형제에 대하여 과연 이것을 행하도다 형제들아 권하노니 더욱 그렇게 행하고

사도 바울이 특별히 데살로니가 교인들을 칭찬한 것은 하나님의 은혜로 형제 사랑이 충만했기 때문입니다. 바울이 "너희들 자신이 하나님의 가르치심을 받아 서로 사랑함이라" 고 한 것은 하나님께서 데살로니가 교인들에게 선을 행하도록 가르쳐 주셨으므로 서로 사랑함이 가능했던 것입니다.

바울은 형제 사랑에 관해서 더 이상 데살로니가 교인들에게 쓸 것이 없다고 말한 바 있습니다. 더구나 "온 마게도냐 모든 형제에 대하여" 라고 언급하면서 데살로니가 교인들의 사랑이 구체적으로 확산되어 가고 있음을 말하고 있습니다. 데살로니가 교인들은 물질적인 원조와 마음의 사랑을 베풀며 도움을 필요로 하는 사람들에게 사랑을 실천하였습니다. 예수님 때문에 박해를 받아 집을 빼긴 사람이 있으면 그를 자신의 집으로 초청해서 함께 살도록 하고 직장을 잃은 사람에게는 먹을 것과 입을 것을 나누어 주었습니다.

그럼에도 바울은 "형제들아 권하노니 더욱 그렇게 행하고" 라고 함으로써 사랑하는 의무를 더욱 증대시킬 것을 권면하고 있습니다. 사랑은 아무리 강조해도 지나치지 않은 것입니다.

## 4. 그리스도인의 근면(4:11-12)

**11. 또 너희에게 명한 것같이 조용히 자기 일을 하고 너희 손으로 일**

**하기를 힘쓰라 12. 이는 외인에 대하여 단정히 행하고 또한 아무 궁핍함이 없게 하려 함이라**

**11절** 또 너희에게 명한 것같이 조용히 자기 일을 하고 너희 손으로 일하기를 힘쓰라

당시 데살로니가 교인들은 그리스도의 재림을 올바로 이해하지 못해 현실 생활과 노동의 직무를 등한시했습니다.

어느 교회를 막론하고 교회 안에는 남의 일에 참견하고 간섭하기를 좋아하는 사람들이 있습니다. 데살로니가 교회에도 자기의 일은 제대로 하지 못하면서 남의 일에 끼어들어서 간섭하고 교회와 교인들 사이를 혼란하게 만드는 사람들이 있었습니다. 바울이 데살로니가 교인들에게 명한 것은 뚜렷한 일 없이 돌아다니면서 말의 실수로 인해 교인들 간의 불화를 조성하는 자들을 경계하라고 권면한 것입니다.

실제로 자신의 일을 잘하는 사람은 자기 일에 조용히 전념합니다. 대개 자기 일을 잘하지 못하는 사람들이 다른 사람들의 일에 간섭을 합니다. 온갖 비난과 간섭을 하고 교회를 공격하여 교회를 무너뜨리려고 합니다.

바울이 "너희 손으로 일하기를 힘쓰라"고 한 것은 근면하여 남에게 누를 끼치지 않도록 하라는 것입니다. 왜냐하면 항상 남을 의지하여 도움받기만을 바라는 사람들이 있었기 때문입니다. 헬라 문화에서는 손으로 하는 일을 천하게 여겼습니다. 하지만 기독교와 유대교로 이루어진 히브리 문화는 일 자체를 존귀한 직업으로 여겼습니다.

우리나라도 조선 시대에는 양반들이 일하기를 싫어했습니다. 사흘을 굶어도 굶은 티 내지 않고 밥을 먹은 척 가식을 했습니다. 사농공상(士農工商)을 따지며 벼슬에만 혈안이 되어 있었습니다. 이처럼 사회가 구태의연하여 공업과 과학이 발달하지 못하고 문명이 뒤떨어진 이 시기를 틈타 일찍이 문호를 개방해 힘을 키운 일본이 조선을 삼키려고 했던 것입니다. 일하지 않고 먹는 것은 부끄러운 일입니다. 땀을 흘려서 먹고 사는 것을 자랑스러워해야 합니다.

솔로몬 왕은 "게으른 자여 개미에게 가서 그가 하는 것을 보고 지혜를 얻으라 개미는 두령도 없고 감독자도 없고 통치자도 없으되 먹을 것을 여름 동안에 예비하며 추수 때에 양식을 모으느니라"(잠 6:6-8)고 기록함으로 지혜롭게 일하는 자세를 강조했습니다.

현실을 도외시하고 내세에만 중점을 두고 몰입해 가는 신앙은 편협하고 병적인 신앙입니다. 최선을 다해 하나님께서 주신 직분을 수행하는 자세보다 아름다운 것은 없습니다. 이러한 자세는 우리에게 있어서도 시급히 요청되는 중요한 사항입니다.

**12절** 이는 외인에 대하여 단정히 행하고 또한 아무 궁핍함이 없게 하려 함이라

'단정히 행하고' 라는 말은 복장을 단정히 하라는 의미도 있으나 그것보다는 말과 행동과 마음씨를 단정히 하라는 것입니다. 그리스도인들은 말씨와 행동을 단정히 하여 그리스도의 향기를 발해야 합니다. 나아가서 그리스도인은 부드럽고 평화롭고 점잖은 성품, 즉 자기의 영혼 가운데 고요함을 지니며 다른 사람과 다툼이나 논쟁이나 분열을 초래하지 않는

아름다움을 지녀야 합니다.

그리스도인의 삶은 믿지 않는 자들에게 책과 같이 읽혀집니다. 그들은 우리의 말이 아닌 우리의 삶을 봅니다. 미국의 유명한 부흥사였던 무디 목사님은 "사랑은 혀끝에 있지 않고 손끝에 있다." 고 말했습니다. 그리스도의 사랑이 믿는 자들의 삶을 통해 나타난다는 말입니다.

사도 바울은 그리스도인들이 자신의 일에 충실하고 열심히 일하여 자신의 의식주 생활에 궁핍함이 없도록 하여 남에게 피해를 끼치지 말 것을 당부하고 있습니다. 지나치게 가난한 삶은 오히려 전도에 걸림돌이 됩니다. 불신자들이 보기에 극빈한 사람의 전도는 뜬구름 잡는 이야기처럼 들릴 수 있습니다. 복음을 전하면서 그들의 필요를 채워 주고 도움을 주는 것이 바람직합니다. 다른 사람에게 손 내밀고 빚지면서 살면 효과적으로 복음을 전파할 수 없는 것입니다.

그러므로 성도들은 항상 근면한 자세를 견지하면서 신앙생활을 빙자하여 게으르지 말고 자신의 생활에 충실해야 합니다.

## 5. 그리스도인의 소망(4:13-18)

**13. 형제들아 자는 자들에 관하여는 너희가 알지 못함을 우리가 원하지 아니하노니 이는 소망 없는 다른 이와 같이 슬퍼하지 않게 하려**

**함이라 14. 우리가 예수께서 죽으셨다가 다시 살아나심을 믿을진대 이와 같이 예수 안에서 자는 자들도 하나님이 그와 함께 데리고 오시리라 15. 우리가 주의 말씀으로 너희에게 이것을 말하노니 주께서 강림하실 때까지 우리 살아남아 있는 자도 자는 자보다 결코 앞서지 못하리라 16. 주께서 호령과 천사장의 소리와 하나님의 나팔 소리로 친히 하늘로부터 강림하시리니 그리스도 안에서 죽은 자들이 먼저 일어나고 17. 그 후에 우리 살아남은 자들도 그들과 함께 구름 속으로 끌어 올려 공중에서 주를 영접하게 하시리니 그리하여 우리가 항상 주와 함께 있으리라 18. 그러므로 이러한 말로 서로 위로하라**

**13절** 형제들아 자는 자들에 관하여는 너희가 알지 못함을 우리가 원하지 아니하노니 이는 소망 없는 다른 이와 같이 슬퍼하지 않게 하려 함이라

성경은 여러 곳에서 '죽은 자'를 '자는 자'로 표현하고 있는데 이는 죽은 자들이 부활하는 것은 잠자는 자들이 다시 깨어나는 것과 같기 때문입니다. 사람들이 죽었다고 말하는 자들이 하나님 안에서는 실제로 살아 있습니다. 예수님께서도 나사로가 죽었을 때 '잠들었다'고 표현하셨습니다(요 11:11). 믿는 자들의 죽음은 영원한 이별이 아닙니다. 자는 사람과 깨어 있는 사람이 서로 대화를 할 수 없는 것처럼 잠시 동안 교제를 할 수 없을 뿐입니다. 그리스도의 재림 때 모두 살아 있는 모습으로 만나게 될 것입니다.

그리스도인들의 죽음은 그리스도의 품 안에서 편안히 쉼을 누리는 안식을 말하며 주님께서 다시 오실 때는 부활의 모습으로 나타나게 됩니다. 그러나 본 절에서 데살로니가 교인들은 죽음을 안식의 개념으로 보

고 있지 않았는데 이는 그들의 재림 신앙이 잘못되었음을 의미합니다.

"소망 없는 다른 이와 같이 슬퍼하지 않게 하려 함이라". 이 말씀의 배경은 다음과 같습니다. 당시 데살로니가 교인들은 주께서 재림하실 때까지 살아 있어야만 구원에 참여할 수 있다고 생각했으므로 그리스도의 재림 전에 죽은 그의 동료들로 인해 불신자와 같이 슬퍼했습니다. 슬픔은 미래의 운명을 알지 못할 때 더욱 심화됩니다. 미래에 대하여 무지한 사람들은 절망적인 슬픔에 빠지게 되며 이와 같은 슬픔은 결국 그 영혼을 무디게 만들어 놓습니다. 데살로니가 교인들이 죽은 자들로 인하여 슬퍼하는 것은 그들의 불신앙과 잘못된 재림 신앙 때문이었습니다. 다시 만날 소망이 없기 때문에 괴로움을 견디지 못했습니다.

따라서 바울은 데살로니가 교인들에게 재림 신앙에 대한 혼선된 개념을 바로잡아 주어야 했습니다. 그래서 바울은 주님께서 재림하실 때 그리스도 안에서 죽은 자들이 산 자들보다 먼저 주님을 영접하게 될 것임을 말하면서 데살로니가 교인들을 위로하였습니다.

**14-15절** 우리가 예수께서 죽으셨다가 다시 살아나심을 믿을진대 이와 같이 예수 안에서 자는 자들도 하나님이 그와 함께 데리고 오시리라 우리가 주의 말씀으로 너희에게 이것을 말하노니 주께서 강림하실 때까지 우리 살아남아 있는 자도 자는 자보다 결코 앞서지 못하리라

그리스도인들의 죽음은 이 곤고한 세상에서 은퇴하여 온갖 수고와 슬픔으로부터 벗어나 안식하고 예수님 안에서 잠자는 것을 말합니다. 즉, 주님과 하나로 연합된 영혼은 주님의 품에서 잠자며 주님의 특별한 돌보

심과 보호 아래 거하는 것입니다. 죽음은 잃는 것이 아니라 오히려 더 큰 것을 얻는 것입니다. 또한 이 세상으로부터의 떠남은 더 좋은 것으로 예비된 곳을 향해 이주하는 것을 의미합니다. 무너진 육신의 장막을 떠나 영원한 집으로 들어가는 것입니다.

죽음의 날은 성도의 영혼이 영원한 하나님 나라로 들어가는 날입니다. 죽음은 영혼의 육체를 떠나 바로 그리스도와 함께 있게 되는 것이며 삶의 수고가 끝나는 것이고 선하신 하나님께서 피곤한 자녀들을 조용히 쉬게 하시는 것입니다.

그리스도인들은 주님께서 재림하실 때 비로소 영광의 옷을 입고 거룩한 잠에서 깨어나 들림 받을 것입니다. 죽은 자의 부활은 하나님께서 하시는 일입니다. 성경은 "내가 그들을 스올의 권세에서 속량하며 사망에서 구속하리니" (호 13:14)라고 기록하고 있습니다. 하나님께서는 성도를 사망에서 구속하실 뿐만 아니라 주님께서 재림하시는 날에 하나님의 영광에 참여하게 하십니다.

따라서 그리스도의 부활과 재림의 교훈은 죽음에 대한 지나친 슬픔과 공포에 대한 훌륭한 해독제가 됩니다. 우리가 교훈을 확신하는 것은 그리스도의 죽으심과 다시 사심을 믿기 때문입니다. 그리스도인에게 있어서 예수님의 부활은 지식적인 차원에서 끝날 일이 아닙니다. 부활을 알고 믿는 것은 바로 그리스도인의 신앙 고백이며 그리스도인이라고 말할 수 있는 근거가 됩니다.

그리스도의 죽음과 부활은 기독교의 근본적인 가르침이며 그것은 또한 우리에게 부활의 기쁨과 희망을 줍니다. 왜냐하면 그리스도께서는 죽은 자 가운데서 다시 살아나셔서 잠자는 자들의 첫 열매가 되셨고 그 안에서 모든 성도가 부활의 영광을 얻기 때문입니다(고전 15:20). 예수 그리스도에 대한 믿음을 심었기 때문에 예수 그리스도와 함께 부활하는 것입니다.

바울은 데살로니가 교인들에게 "주의 말씀으로 너희에게 이것을 말하노니"라고 했습니다. 이것은 바울이 말하고자 하는 바가 하나님의 계시에 따른 것임을 뜻합니다. 그리스도께서 재림하실 때 '살아남아 있는 자'와 '자는 자'에 대한 명확한 입장을 해명해 주는 것이었습니다. 바울은 여기서 살아남아 있는 자들이 자는 자들보다 "결코 앞서지 못하리라"고 선언했습니다. 이 말은 데살로니가 교인들을 죽음의 두려움으로부터 자유롭게 하는 의미 있는 말씀입니다.

바울은 그리스도의 재림이 하나님 계시의 주제이며 명백한 사실임을 증거하고 있습니다.

**16-17절** 주께서 호령과 천사장의 소리와 하나님의 나팔 소리로 친히 하늘로부터 강림하시리니 그리스도 안에서 죽은 자들이 먼저 일어나고 그 후에 우리 살아남은 자들도 그들과 함께 구름 속으로 끌어 올려 공중에서 주를 영접하게 하시리니 그리하여 우리가 항상 주와 함께 있으리라

예수님은 십자가에서 죽으시고 사흘 만에 부활하셔서 하늘로 올라가셨습니다. 예수님은 다시 오시되 하늘의 권능을 입으시고 영광의 모습으로 오실 것입니다.

예수님께서는 십자가 위에서 운명하시기 직전에 큰 소리로 "다 이루었다"(요 19:30)고 외치셨습니다. 이 외침은 모든 율법의 완성을 의미합니

다. 죄와 불의와 악에 대한 선한 싸움의 승리자로서 인간 세상의 모든 슬픔과 고뇌와 고난을 정복하신 외침이었습니다.

이제 그리스도께서 재림하실 때 그의 호령은 위대한 정복자의 웅대하고 승리의 기쁨이 넘치는 군령과 같을 것입니다. 위대한 정복자로서 권능과 권위를 갖춘 왕이 오실 때 천사장은 그의 오심을 외치고 무수한 천군 천사는 그리스도를 옹위할 것입니다. 야훼의 만군을 지휘하는 천사장이 주님의 나타나심을 알리고 위대한 구속자요, 심판주로 오시는 주님의 영광스러운 재림을 하나님의 나팔 소리로 선언하며 공포할 것입니다.

이때에 땅에서는 죽은 자들이 먼저 깨어 일어날 것이요, 살아 있는 자들은 변화될 것입니다. 주님은 살아 있는 자들의 위대한 변화가 있기 전에 죽은 자들을 먼저 일으키십니다.

나는 예전에 미국 하나님의 성회 출신의 몽골 선교사의 간증을 읽은 적이 있습니다. 이 선교사는 몽골에 선교사로 갔다가 어린 외딸을 잃었습니다. 그는 큰 슬픔에 빠졌습니다. 매일 무덤에 가서 몇 시간씩 울고 돌아왔습니다. 그러던 어느 날 잠을 자는데 꿈에 예수님의 호령 소리와 천사장의 소리와 하나님의 나팔 소리가 웅장하게 울려 퍼졌습니다. 그 순간 자신은 딸의 무덤 앞에 서 있더랍니다. 그런데 무덤이 갈라지더니 웬 아름다운 금발의 장성한 여인이 위로부터 내려와 영광스러운 천사의 모습으로 변화를 받았습니다. 그리고 자신을 향해 "아버지, 왜 우세요?" 라며 말을 건넸습니다. 그 선교사의 죽은 딸은 불과 예닐곱 살의 소녀에 불과했는데, 아름다운 여인이 '아버지' 라고 부르니 깜짝 놀라지 않을 수 없었습니다. 그때 그 여인이 다시 말했습니다.

"아버지, 아버지의 딸은 이 무덤에 있지 않으니 매일 찾아오지 마세요. 저는 지금 낙원에 있으면서 주님의 호령과 천사장의 소리와 하나님의 나팔 소리가 울려 퍼지는 부활의 날에 완전히 장성한 하나님의 자녀의 모습으로 나타나 아버지를 만나게 될 거예요. 그러니 너무 슬퍼하지 마세요."

이 말을 들으며 선교사는 잠을 깼는데, 그 순간 마음에 큰 깨달음이 왔습니다.

'아, 내 딸은 묘지에 있는 것이 아니구나. 그곳에는 이제 흙밖에 없다. 내 딸은 지금 낙원에 있으니 내가 슬퍼할 이유가 없다.'

그다음 날부터 이 선교사는 마음에 큰 위로와 확신을 가지고 무덤에 가지 않았고, 즐거움과 충실함으로 선교 사역을 감당했습니다.

주님 안에서 잠자는 자들이 일어나는 순간 살아 있는 자들은 진토에서 부활한 자들과 더불어 구름 속으로 끌려 올라가 공중에서 주님을 영접하게 됩니다(계 11:12). 여기서 말하는 '구름'은 수증기가 아닙니다. 하나님의 영광의 구름입니다. 나는 평신도 때 이 영광의 구름을 본 적이 있습니다. 방 안에 활활 타는 불꽃이 가득하고 그 안에서 구름이 뭉게뭉게 피어올랐습니다. 그 가운데에 예수님이 서 계셔서 나를 부르시는데, 그때 주의 종으로의 소명을 확실히 받았습니다. 그 구름은 수증기도 아니고 숨이 막히는 연기도 아니었습니다. 영광의 구름이었습니다.

이 구름 속으로 우리가 끌어 올려져 공중에서 주를 맞이하게 될 것입니다. 우리가 겪게 될 이 변화는 너무도 신비하므로 이해할 수는 없습니다. 다만 우리의 육신이 하나님의 나라를 상속하기에 알맞게 변화된다는 것을 알 뿐입니다.

변화된 몸으로 공중에서 주님을 영접한 성도들은 주님과 함께 영원히 살게 됩니다.

**18절** 그러므로 이러한 말로 서로 위로하라

그리스도의 강림에 대한 기대는 가족이나 친지, 이웃의 죽음으로 인해 슬퍼하는 사람들을 위로하기에 적절합니다. 즉, 가장 훌륭한 위로는 하나님의 말씀입니다. 성경에 기록된 하나님의 말씀과 세상이 주는 위로의 말은 다릅니다. 데살로니가 교인들은 사랑하는 사람을 죽음으로 떠나보낸 후 슬퍼하고 괴로워했습니다. 그래서 바울은 부활의 소망으로 서로 위로하라고 했습니다. 우리는 슬픔을 당했을 때에 서로서로 도와주어야 합니다.

다른 사람의 영혼을 약화시키거나 다른 사람의 손을 나약하게 하지 말고 피차가 격려와 위로에 힘써야 합니다. 우리는 죽은 자들로 인해 슬퍼하는 그리스도인들에게 죽은 자들은 주님께서 강림하실 때 부활하므로 그때 다시 만날 수 있으며 다시는 헤어지지 않고 예수님과 함께 영원히 사는 것을 확신시켜 줌으로 그들로 하여금 소망을 갖게 해야 합니다.

우리는 장차 상상할 수 없을 정도의 영광스러운 모습으로 죽은 자들과 함께 부활의 몸을 입고 영원히 살 존재임을 잊지 말아야 할 것입니다.

# 제 5 장

# 깨어 근신하라

A COMMENTARY ON THE
FIRST EPISTLE TO THE
# THESSALONIANS

**바울은** 잘못된 종말관을 가지고 있는 데살로니가 교인들에게 실생활에 관한 교훈을 주었습니다. 그것은 주의 재림의 날이 그리스도인들의 삶에 비윤리적인 결과를 초래하면 안 된다는 것이었습니다. 계속해서 바울은 본 장에서 세상의 종말을 경고하고 있습니다. 특히 재림 시기로 인해 논란이 일던 데살로니가 교회에 대하여 바울은 깨어 있을 것을 권면합니다. 깨어 있는 자들에게 있어서 주의 재림은 급작스러운 것도 두려움의 대상도 될 수 없습니다.

바울은 데살로니가 교인들의 영과 혼과 몸이 재림 때까지 흠 없이 보전되기를 간절히 기원하면서 본 서신을 마무리 짓고 있습니다.

## 1. 밤에 도둑같이 이르는 주의 날(5:1-3)

**1. 형제들아 때와 시기에 관하여는 너희에게 쓸 것이 없음은 2. 주의 날이 밤에 도둑같이 이를 줄을 너희 자신이 자세히 알기 때문이라 3. 그들이 평안하다, 안전하다 할 그 때에 임신한 여자에게 해산의 고통이 이름과 같이 멸망이 갑자기 그들에게 이르리니 결코 피하지 못하리라**

### 1절 형제들아 때와 시기에 관하여는 너희에게 쓸 것이 없음은

바울은 "때와 시기에 관하여는 너희에게 쓸 것이 없음은" 이라고 말함으로써 자신은 재림의 날에 관하여 아무것도 알지 못함을 고백하고 있습니다. 예수님께서도 "그 날과 그 때는 아무도 모르나니 하늘의 천사들도, 아들도 모르고 오직 아버지만 아시느니라"(마 24:36)고 말씀하심으로 재림의 때에 관한 입장을 분명히 하셨습니다.

우리는 그리스도의 재림에 관한 소문이 그 어느 때보다 만연되어 있는 세대에 살고 있습니다. 이와 같은 상황에서 재림의 때에 관한 바울과 예수님의 분명한 입장 표명은 여러 이단 사설과 시한부적인 종말론으로부터 우리의 신앙을 지킬 수 있는 근거를 제공해 줍니다.

그러나 예수님께서는 "너희가 저녁에 하늘이 붉으면 날이 좋겠다 하고 아침에 하늘이 붉고 흐리면 오늘은 날이 궂겠다 하나니"(마 16:2-3)라고 말씀하심으로 세상의 징조를 통해 그날을 준비할 수 있음을 가르치셨습니다. 예수님께서 말세의 징조에 대해 말씀하셨는데, 사람을 미혹하는 일, 난리와 난리의 소문이 있으며 전쟁과 기근, 그리고 처처에 지진이 일어나고 불법이 성하여 사랑이 식을 것이라고 하셨습니다(마 24:4-12).

**2절** 주의 날이 밤에 도둑같이 이를 줄을 너희 자신이 자세히 알기 때문이라

'주의 날' 이란 구약 시대의 '야훼의 날' 에 해당됩니다. 불신자들에게는 심판의 날이요, 믿는 그리스도인들에게는 부활과 승리의 날로서 하나님의 통치가 완전히 실현되는 날을 가리킵니다.

'밤' 이란 말은 온 세상의 현실이 밤같이 어두운 것을 말합니다. 정치와 경제가 어둡고 인류의 도덕이나 세계의 역사도 어두워지고 밝은 점을 찾아보기 힘든 상황을 밤으로 표현한 것입니다. 세상은 완전히 타락해서 하나님을 찾지 아니하고 믿는 자들의 신앙 또한 밤과 같이 어두워져 있을 것입니다.

바울은 이날이 마치 도둑같이 이를 것이라고 말하였습니다. 도둑은 자신이 행하는 모습을 아무도 눈치 채지 못하게 할 뿐만 아니라 목적을 달

성하기 위해 굉장히 조심하기 때문에 그 누구도 도둑이 오는 것을 알아차리지 못합니다. 예수님 자신도 "생각하지 않은 때에 인자가 오리라"(마 24:44)고 말씀하셨고, 또 "그러므로 깨어 있으라 집 주인이 언제 올는지 혹 저물 때일는지, 밤중일는지, 닭 울 때일는지, 새벽일는지 너희가 알지 못함이라 그가 홀연히 와서 너희가 자는 것을 보지 않도록 하라"(막 13:35-36)고 말씀하셨습니다. 모든 사람들이 깊이 잠든 한밤중에 도둑이 오듯이 주의 날도 갑자기 임할 것입니다.

오늘날 재림의 시기를 알고 있다고 큰소리치면서 어리석은 사람들을 미혹하는 거짓 종교인들이 날로 늘어나고 있습니다. 성도들은 이러한 유혹에 넘어가지 않도록 신앙을 잘 지키고 도둑같이 오실 주님의 재림을 준비하는 거룩한 성도들이 되어야 합니다.

**3절** 그들이 평안하다, 안전하다 할 그 때에 임신한 여자에게 해산의 고통이 이름과 같이 멸망이 갑자기 그들에게 이르리니 결코 피하지 못하리라

온갖 죄악의 온상에서 쾌락에 탐닉하고 있는 세상 사람들은 멸망이 가까이 온 것과 홀연히 나타나실 주님을 전혀 생각하지 못합니다. 인본주의자들은 세상이 점점 평안하고 안전하다고 주장할 것이고, 인간의 능력과 수단과 방법으로 유토피아를 건설하려고 주력할 것입니다. 세상은 평안해 보이고 사람들은 더 좋은 미래가 기다리고 있으리라는 착각 속에 영적으로 잠들어 있습니다.

그러나 '멸망의 날' 은 잉태된 여자에게 해산의 고통이 임하는 것처럼 정해진 시간에 밀물처럼 닥쳐올 것입니다. 세상 사람들이 피할 수 없는

멸망의 날입니다. 뿐만 아니라 불꽃으로부터 자신들을 가려 주고 덮어 줄 그늘도 발견할 수 없을 것입니다. 이러한 사실은 노아의 홍수와 소돔과 고모라 성의 심판을 통해서 이미 계시된 바 있습니다.

## 2. 빛의 아들로 깨어 있으라(5:4-8)

**4. 형제들아 너희는 어둠에 있지 아니하매 그날이 도둑같이 너희에게 임하지 못하리니 5. 너희는 다 빛의 아들이요 낮의 아들이라 우리가 밤이나 어둠에 속하지 아니하나니 6. 그러므로 우리는 다른 이들과 같이 자지 말고 오직 깨어 정신을 차릴지라 7. 자는 자들은 밤에 자고 취하는 자들은 밤에 취하되 8. 우리는 낮에 속하였으니 정신을 차리고 믿음과 사랑의 호심경을 붙이고 구원의 소망의 투구를 쓰자**

**4-5절** 형제들아 너희는 어둠에 있지 아니하매 그날이 도둑같이 너희에게 임하지 못하리니 너희는 다 빛의 아들이요 낮의 아들이라 우리가 밤이나 어둠에 속하지 아니하나니

데살로니가 교인들은 이미 복음을 통하여 그리스도의 구속의 은총을 누리는 자들이었습니다. 그러나 주의 재림의 날에 대한 잘못된 이해로 그들 중에는 두려움과 번민으로 밤을 지새우는 사람들이 적지 않았습니

다. 바울은 이러한 데살로니가 교인들에게 빛과 어둠을 통해 하나님의 자녀 됨을 설명해 주고 있습니다.

복음을 받아들인 자들은 더 이상 어둠에 속해 있지 않습니다. 때문에 믿고 바라고 기다리는 주의 백성들에게는 그날이 친구와 같이 친근하게 임할 것입니다. 그러나 어둠에 속한 사람은 주의 날을 준비할 수 없기에 그들에게는 도둑같이 임하게 되는 것입니다.

그리스도인들이 '주의 날'을 평안하게 맞이할 수 있는 이유는 그들이 빛의 자녀들로서 빛 되신 하나님 안에 거하기 때문입니다. '빛'은 진리와 생명과 의, 이 세 가지를 상징합니다. 그러므로 빛의 아들들은 어둠의 권세와 불경건한 언행의 권세에서 벗어나 있습니다. 날마다 주의 가르침에 순종하여 살며 항상 주의 날을 맞이할 만반의 태세가 갖추어져 있습니다. 예수님이 새벽에 오셔도 좋고, 초저녁에 오셔도 좋고, 밤중에 오셔도 좋습니다. 영적으로 깨어 있으므로 언제든 예수님을 맞이할 준비가 되어 있습니다. 어둠에 속해 있었던 우리가 이와 같이 빛의 자녀로서의 특권을 누리게 된 것은 주께서 우리에게 은혜를 값없이 베풀어 주셨기 때문입니다.

그러므로 우리는 날마다 옛 생활과 구습을 버리고 빛의 자녀다운 선한 삶을 살아야 합니다. 우리는 모두 빛의 아들이요, 낮의 아들이기 때문에 밤이나 어둠에 속하지 않습니다. 우리는 이미 주님과 함께 밝은 곳으로 나온 자들입니다. 그리스도인들은 이제 불신앙의 밤, 죄악의 밤, 멸망의 어둠에 속해 있지 않습니다. 또한 영혼을 항상 어둡게 했던 율법 아래 있지도 않습니다. 왜냐하면 그리스도인들은 복음의 밝은 빛 아래 거하기 때문입니다.

**6절** 그러므로 우리는 다른 이들과 같이 자지 말고 오직 깨어 정신을 차릴지라

세상 사람들은 세상에 취하여 안일한 생각 속에 빠져 있으며 죄악 속에 살기 때문에 그들에게 닥쳐 올 하나님의 진노의 심판을 모르고 지냅니다. 죄에 대해 무감각하여 그리스도의 재림을 준비할 생각조차 하지 못합니다. 따라서 불신자들은 무절제한 생활을 하게 되어 주의 재림의 날에도 깨어 있지 못하므로 불행을 자초할 것입니다.

문제는 그리스도인들조차도 세상일에 탐닉하여 순간적인 즐거움과 쾌락에 눈이 멀 수 있다는 것입니다. 마음속에 실개천같이 세상에 대한 사랑이 들어오는 것이 문제입니다. 이 실개천이 도랑이 되고 강이 되고 바다가 되면 주님과 완전히 멀어져서 빛의 자녀가 어둠 가운데 떨어지고 세상의 노예로 전락하는 것입니다. 그렇게 되면 그리스도인이라 할지라도 어쩔 수 없이 나태해져서 영적으로 잠자는 상태에 이르게 됩니다.

이러한 일을 피하기 위해서는 항상 정신을 차리고 회개하고 근신해야 합니다. 왜냐하면 빛의 아들은 '빛' 과 '낮' 에 일치되는 행동을 해야 하기 때문입니다.

우리 생활 주변에는 너무나 많은 유혹이 있기 때문에 무절제한 생활을 하기 쉽습니다. 그러다 보면 신앙인들도 넘어지고 시험에 빠지게 됩니다. 그러므로 예수님께서 제자들을 향하여 "방탕함과 술 취함과 생활의 염려로 마음이 둔하여지고 뜻밖에 그날이 덫과 같이 너희에게 임하리라" (눅 21:34)고 경고하셨던 것입니다.

그리스도인이 하나님 자녀의 특권을 누리려면 항상 근신과 경계와 절

제하는 생활을 해야 합니다. 특히 주님의 때가 임박한 오늘날 더욱 절제의 생활을 해야 합니다.

스위스를 여행하던 한 여행객이 호숫가에 위치한 아름다운 별장을 방문하게 되었습니다. 그곳에는 늙은 관리인 한 사람이 별장을 지키고 있었습니다. 그는 여러 해 동안 홀로 별장을 지켜 왔지만 주인이 곧 올 것처럼 별장은 깨끗하게 손질이 되어 있었습니다. 그래서 여행객이 물었습니다.

"별장 주인이 이곳에 자주 오십니까?"

"아니오, 그분은 좀처럼 오시지 않습니다. 마지막으로 이곳에 다녀가신 지가 벌써 3년이 넘었습니다."

"그런데도 마치 내일 주인이 올 것처럼 별장이 깨끗하군요."

그 말에 늙은 관리인은 고개를 설레설레 흔들며 대답했습니다.

"내일이 아닙니다. 나는 오늘 주인이 오실 줄 생각하고 준비했습니다."

그는 항상 주인이 그날 오리라 생각하고 모든 것을 준비했던 것입니다.

우리의 삶도 이와 같아야 합니다. 신랑을 맞이하기 위해 스스로 삼가 깨어 근신하는 신부와 같이 등불을 준비한 채 늘 몸가짐을 신중히 하여 신랑을 기다려야 할 것입니다.

**7-8절** 자는 자들은 밤에 자고 취하는 자들은 밤에 취하되 우리는 낮에 속하였으니 정신을 차리고 믿음과 사랑의 호심경을 붙이고 구원의 소망의 투구를 쓰자

잠자는 일과 술 취하는 일은 거의 밤에 행해지는 일입니다. 어둔 밤에

사물을 올바로 보고 분간하기란 쉽지 않습니다. 신앙의 양심을 제대로 지키기가 곤란한 때가 바로 밤입니다. 예수님께서도 "밤에 다니면 빛이 그 사람 안에 없는 고로 실족하느니라"(요 11:10)고 하심으로 밤에 대한 속성을 알려 주셨습니다.

하나님을 모르는 불신앙의 세계는 육신의 정욕과 안목의 정욕과 이 세상 자랑에 따라 사는 세상입니다(요일 2:16). 캄캄한 죄악의 밤에서 세상 사람들은 영적으로 잠자고 취합니다. 이들은 영적 문제에 관해서는 경계심조차 갖지 않습니다.

반면에 성도들은 긴장을 늦추지 않습니다. 바울이 종종 성도들을 비유한 것처럼 군인과 같이 근신합니다. 본 절에서 바울은 낮에 속한 자들의 모습을 경계 태세에 임하고 있는 보초병의 모습에 비유해 설명했습니다. 이것은 그리스도인들이 사탄의 유혹과 공격에 대비하여 철저한 경계와 무장을 하여야 함을 강조하는 것입니다.

호심경과 투구는 오늘날의 방탄조끼와 철모에 해당합니다. 이처럼 바울은 믿음의 사람들을 십자가 군병으로 간주하여 전투 용어를 사용하고 있습니다. 호심경을 가슴에 붙이면 적의 칼이나 창을 막아낼 뿐만 아니라 화살에 맞아도 해를 받지 아니합니다. 이와 같이 우리가 믿음과 사랑의 호심경을 붙이면 원수 마귀가 우리를 아무리 공격해도 넘어지지 않습니다. 믿음은 우리를 구원으로 이끌며 사랑은 그리스도의 계명을 이루게 합니다. 우리 그리스도인들은 믿음과 사랑의 호심경을 붙이고 살아가기 때문에 두려워할 것이 없습니다.

바울은 믿음과 사랑의 호심경 다음으로 "구원의 소망의 투구를 쓰자"고 하였습니다. 투구는 적과의 싸움에서 자신을 보호하는 도구입니다.

믿음과 사랑에 소망이 추가되었습니다. 믿음, 사랑, 소망, 이 세 가지는 데살로니가 교인들을 환난과 의심에서 지켜 줄 수 있었습니다. 그리스도인은 어떠한 환난 중에서도 믿음과 사랑으로 견디고 인내하며 굳건히 서야 합니다. 그렇게 할 때 주님께서는 구원의 소망으로 궁극적인 승리를 허락하십니다. 그것은 "그가 네 모든 죄악을 사하시며 네 모든 병을 고치시며 네 생명을 파멸에서 속량하시고 인자와 긍휼로 관을 씌우시며 좋은 것으로 네 소원을 만족하게 하사 네 청춘을 독수리같이 새롭게 하시는도다"(시 103:3-5)는 시편의 말씀과 같이 우리에게 좋은 것을 주기 원하시는 하나님을 믿고 견디며 좋은 미래를 소망하는 것입니다.

그리스도인은 대적을 경계해야 할 뿐만 아니라 말씀과 기도로 무장하고 담대하게 싸워야 합니다. 즉, 그리스도인은 영적 군인이요, 파수꾼입니다. 그리스도인은 때로는 주님을 위해서, 교회를 위해서, 또한 진리와 의를 위해서 어렵고 격렬한 투쟁도 감수해야 합니다. 그러므로 성숙한 그리스도인에게 있어 믿음, 사랑, 소망은 영혼의 완전한 전신 갑주가 되는 것입니다.

사람의 신체 중에 가장 중요한 두 부분은 머리와 가슴입니다. 머리와 가슴이 온전하고 건강하면 몸 전체가 건강합니다. 그러므로 우리는 머리가 세상의 미혹으로 인해 오류를 범하지 않도록 구원의 소망의 투구를 쓰고 죄악과 정욕에 빠지지 않도록 가슴에 믿음과 사랑의 호심경을 붙여야 하겠습니다.

## 3. 피차 권면하고 덕을 세우라(5:9-11)

9. 하나님이 우리를 세우심은 노하심에 이르게 하심이 아니요 오직 우리 주 예수 그리스도로 말미암아 구원을 받게 하심이라 10. 예수께서 우리를 위하여 죽으사 우리로 하여금 깨어 있든지 자든지 자기와 함께 살게 하려 하셨느니라 11. 그러므로 피차 권면하고 서로 덕을 세우기를 너희가 하는 것같이 하라

**9절** 하나님이 우리를 세우심은 노하심에 이르게 하심이 아니요 오직 우리 주 예수 그리스도로 말미암아 구원을 받게 하심이라

'우리를 세우심' 이란 말은 '선택하다' 라는 뜻입니다. 하나님께서 우리를 선택하신 것은 진노를 내리기 위함이 아니라 궁극적으로 우리를 구원하기 위함입니다. 구원의 모든 계획은 하나님의 섭리와 주권 하에 빠짐없이 실현되었습니다.

하나님께서는 예수 그리스도를 구원 사역의 도구로 삼아 우리의 죄를 대신해서 죽게 하시고 부활시키셨습니다. 하나님의 은혜로 우리가 그리스도를 믿음으로써 구원을 받게 된 것입니다. 이제 심판의 폭우가 쏟아져도 예수님의 날개가 우리를 덮고 있기 때문에 그 진노가 우리에게 임하지 못합니다.

하나님께서는 태초부터 우리를 구원하기 위한 계획을 세우셨고 또 지

금도 구원의 계획을 이루고 계십니다. 그러므로 우리의 구원은 하나님의 약속과 함께 그리스도의 속죄를 힘입은 능력입니다.

**10절 예수께서 우리를 위하여 죽으사 우리로 하여금 깨어 있든지 자든지 자기와 함께 살게 하려 하셨느니라**

"예수께서 우리를 위하여 죽으사". 이 고백은 사실은 구원에 관한 바울의 모든 가르침의 기초입니다. '깨어 있든지 자든지' 라는 말은 우리가 '살든지 죽든지' 그리스도와 함께 있다는 말입니다. 예수님께서 우리를 위해 죽으심으로 말미암아 우리는 깨어 있든지 자든지 영원히 주님과 함께 있게 되었습니다.

그러므로 그리스도인들은 주님께서 강림하실 때 들림 받지 못할까 두려워할 필요가 없습니다. 예수님이 우리 인류를 모두 끌어안고 십자가에 올라가셨기 때문에 예수 죽음 내 죽음, 예수 무덤 내 무덤, 예수 부활 내 부활, 예수 승천 내 승천이 되었습니다. 그리스도와 하나가 되었습니다. 이제 우리는 '빛의 아들' 이요, '낮의 아들' 입니다.

바울은 데살로니가 교인들이 주님의 재림에 참여할 수 있음을 그들에게 확신시킴으로써 그들의 두려움을 진정시키고 있습니다.

**11절 그러므로 피차 권면하고 서로 덕을 세우기를 너희가 하는 것같이 하라**

데살로니가 교인들이 그리스도의 은혜를 입어 주님과 함께 영원히 살게 된 것은 굉장한 복이었습니다. 바울은 데살로니가 교인들이 이처럼 하나님께로부터 큰 은혜를 입었으므로 이제는 "피차 권면하고 서로 덕을 세우기를 너희가 하는 것같이 하라" 고 권면하고 있습니다. 무사 안일주의에 사로잡혀 게으르고 부도덕한 삶을 살아서는 안 되며 오히려 자신의 성장을 위해서라도 피차간에 서로 덕을 세우는 일에 힘쓰라고 당부하고 있는 것입니다(롬 14:19).

'덕을 세운다' 는 것은 헬라어로 '오이코도메오' (οἰκοδομέω) 라고 하며 '집을 짓는다' 는 뜻을 가지고 있습니다. 벽돌을 한 장 한 장 쌓아서 집을 짓는 것입니다. 신앙도 이와 마찬가지입니다. 서로 덕을 세움으로 신앙의 집을 쌓아갈 수 있습니다.

그리스도인의 정신은 어려운 일, 슬픈 일을 서로 위로하고, 덕망과 덕성을 증진시키는 것입니다. 이웃과 사랑을 나누고 친절을 베풀며, 어려운 짐을 나누어 지는 것이 열매로 나타납니다.

## 4. 사역자를 존경하고 피차 화목하라(5:12-13)

**12. 형제들아 우리가 너희에게 구하노니 너희 가운데서 수고하고 주 안에서 너희를 다스리며 권하는 자들을 너희가 알고 13. 그들의 역사로 말미암아 사랑 안에서 가장 귀히 여기며 너희끼리 화목하라**

**12절** 형제들아 우리가 너희에게 구하노니 너희 가운데서 수고하고

주 안에서 너희를 다스리며 권하는 자들을 너희가 알고

바울은 목회자의 사명과 교인의 의무를 말하고 있습니다. 먼저 '목회자의 사명' 이란 수고하고 다스리며 권하는 것입니다. 목회자들은 교인들을 말씀으로 가르치고 양육할 뿐만 아니라 경우에 따라서는 훈계도 해야 합니다. 왜냐하면 교인들 중에는 부도덕적이며 비신앙적인 삶을 사는 사람들도 있기 때문입니다. 목회자는 교회를 정화시키고 교인들을 영적으로 순수하게 이끌어야 합니다. 뿐만 아니라 그들을 위로하고 자신의 덕성과 인품을 성숙시키며 가르치는 일에 부지런해야 합니다.

특히 사랑이라는 관점에서 자신의 목회 사역을 늘 점검해야 할 것입니다. 주인처럼 권한 행세를 하거나 권위주의로 사역을 해서는 안 됩니다. 양은 유약하기 때문에 함부로 다스리면 안 됩니다. 또한 권위를 남용하면 다치고 상처받기가 쉽습니다. 그러므로 목회자는 주 안에서 교회와 공동의 연합을 이루어야 합니다. 양 떼들에게 좋은 본을 보여 주며 영적인 안내자의 입장에 서 있어야 합니다. 교인들이 신앙생활에서 탈선하거나 어긋남이 있다면 개인적으로나 혹은 상황에 따라서 공개적으로도 교훈해야 합니다. 때로는 충고와 경고도 해야 합니다. 그러나 독단적이거나 강권적이 아닌 진실과 애정으로 해야 합니다.

바울은 목회자의 사명을 말한 후 이어 교인들의 의무를 가르칩니다. "권하는 자들을 너희가 알고". 이 말씀은 목자가 자기 양들을 잘 알듯이 양들도 자기의 목자를 알아야 한다는 것입니다. 여기서 '안다' 는 것은 곧 목회자들을 '존경한다' 는 말이기도 합니다. 하나님께서는 주의 종을 택하셔서 그에게 중대한 책임과 사역을 맡기십니다. 그러므로 성도들은 주의 종의 말을 청종하고 목자로 존중히 여겨야 합니다.

또한 그들의 가르침과 다스리는 권위에 대하여 순종해야 합니다. 왜냐하면 목회자는 교인들의 파수꾼 역할을 담당하고 있을 뿐만 아니라 양들을 위해 마음 아파하고 염려하며 눈물의 수고를 아끼지 않기 때문입니다. 목회자들은 그리스도의 영광과 교인들의 영적 성장을 위하여 일하는 일꾼들입니다.

때로 목회자의 허물과 단점이 드러난다 할지라도 대적하고 다투는 것은 피해야 합니다. 목회자 개인은 평범한 인간에 불과합니다. 그러나 그를 종으로 삼고 사용하시는 분은 하나님이십니다. 그러므로 목회자를 욕하고 짓밟고 할퀴는 것은 결국 그 목회자를 사용하시는 성령을 훼방하는 것이요, 그를 보내신 예수님을 대적하는 행위입니다. 어떠한 일이 있어도 주의 종과 불화하지 말아야 합니다. 오히려 그를 위해 하나님께 기도하는 태도가 옳습니다.

내가 예전에 부산에서 평신도로 있을 때 리처드라는 미국 선교사가 순복음교회에 출석을 했습니다. 그런데 주일에 예배드리러 갔는데 한 집사님이 강대상에 올라가서 설교하고 있는 선교사를 끌어내리려고 하였습니다. 이에 선교사님은 안 내려오겠다고 하고, 집사님은 어찌하든지 끌어내리려고 멱살을 잡고 실랑이하다가 안경이 깨졌습니다. 성도들이 울고불고 난리가 났습니다.

나중에 서울에 올라와서 신학교를 다니다가 그 집사님을 만났는데, 모습이 아주 초췌했습니다. 후에 들어 보니 하는 일이 다 안 되고 가정은 풍비박산이 나서 한강에 투신자살을 했다고 합니다.

우리가 교회에서 싸움을 할 바에는 차라리 다른 곳으로 떠나는 것이

낫습니다. 교회는 그리스도의 몸이기 때문에 상처를 입혀서는 안 됩니다. 목자와 양이 주 안에서 서로 내 몸같이 사랑하고 아끼고 존경할 때 교회의 아름다운 모습은 더욱 풍성해질 것입니다.

**13절** 그들의 역사로 말미암아 사랑 안에서 가장 귀히 여기며 너희끼리 화목하라

교인들은 목회자뿐 아니라 교우들과의 관계에 있어 늘 관심과 사랑을 갖고 서로 간에 화평할 수 있어야 합니다.

바울은 데살로니가 교인들에게 교회의 지도자들을 "사랑 안에서 가장 귀히 여기며"라고 말하였습니다. 영의 양식을 제공하는 목회자들을 신뢰하고 존경하지 아니하면 결국 교인들 스스로가 영적 침체 상태에 빠지게 됩니다. 하나님께서는 목회자들을 통하여 그 귀한 사역을 이루십니다. 그래서 바울은 데살로니가 교인들에게 목회자에 대해서는 최상의 존경을 표하라고 권면한 것입니다.

또한 바울은 "너희끼리 화목하라"고 권면합니다. 이 말씀은 그리스도인이 먼저 세상 가운데 화목의 모범을 보이라는 뜻입니다. '너희끼리'는 데살로니가 교회라는 신앙 공동체를 말합니다. 그리스도인들은 말만 내세우고 행동으로 실천하지 않으면 세상 사람들에게 본이 될 수 없습니다. 이렇게 되면 그리스도의 복음 전파에 막대한 지장이 있게 됩니다.

## 5. 재림을 준비하는 성도들의 생활(5:14-22)

**14. 또 형제들아 너희를 권면하노니 게으른 자들을 권계하며 마음이 약한 자들을 격려하고 힘이 없는 자들을 붙들어 주며 모든 사람에게 오래 참으라 15. 삼가 누가 누구에게든지 악으로 악을 갚지 말게 하고 서로 대하든지 모든 사람을 대하든지 항상 선을 따르라 16. 항상 기뻐하라 17. 쉬지 말고 기도하라 18. 범사에 감사하라 이것이 그리스도 예수 안에서 너희를 향하신 하나님의 뜻이니라 19. 성령을 소멸하지 말며 20. 예언을 멸시하지 말고 21. 범사에 헤아려 좋은 것을 취하고 22. 악은 어떤 모양이라도 버리라**

**14절** 또 형제들아 너희를 권면하노니 게으른 자들을 권계하며 마음이 약한 자들을 격려하고 힘이 없는 자들을 붙들어 주며 모든 사람에게 오래 참으라

데살로니가에는 오합지졸처럼 질서가 없고 그들의 삶에 있어서 나태하고 방탕하고 무가치한 생활을 하는 게으른 자들이 있었습니다. 게으름은 영적으로뿐 아니라 육적으로도 가난을 가져다줍니다. 바울은 이런 자들을 타일러 훈계하라고 권고하였습니다.

또한 바울은 "마음이 약한 자들을 격려하라."고 했습니다. 당시 데살로니가 교회에서 위로가 필요했던 사람들은 그리스도 안에서 죽은 친구들로 인해 괴로워하던 자들이었습니다. 또한 주의 재림이 자신들에게 어

떤 효력을 미칠 것인가에 대해 두려워하던 자들이었습니다.

용기를 잃은 사람들, 인생의 삶에 지치고 낙심된 사람들, 또한 영적 상태에 관하여 끊임없는 의혹과 불안으로 괴로움을 당하는 사람들에게 승리할 수 있는 힘을 불어넣어 주어야 합니다. 무엇보다도 마음이 약한 사람들에게는 마음의 용기가 필요합니다. 어떤 사람들은 자기에게 주어진 일을 잘 수행해 나가지 못하거나 자기의 짐을 감당하지 못하는 경우가 있습니다. 우리는 이러한 자들을 격려해 주어야 합니다.

'힘이 없는 자들' 은 도덕적으로, 정신적으로 허약한 상태에 있는 사람들입니다. 이러한 사람들은 박해당함을 두려워하고 또한 부도덕한 유혹 속에서 배회하기 쉽습니다. 그러므로 믿음이 견고한 자들은 약한 자를 붙잡아 주고 허약함을 도와주며 그들의 무거운 멍에를 나누어 질 수 있어야 합니다.

바울은 또 "모든 사람에게 오래 참으라" 고 말합니다. 교회라는 신앙공동체 속에서 생활을 하다보면 여러 부류의 사람들과 접촉을 하게 됩니다. 대개 교회에 오는 사람들은 나름대로의 문제를 가지고 있습니다. 문제를 만나서 인간의 한계를 느끼고 자신의 약함을 깨달은 사람들이 교회에 나와 하나님께 도움을 구하는 것입니다. 그러므로 교회는 천사들이 모인 장소가 아니라 상처 입은 사람들이 모인 곳입니다. 인내심이 필요합니다. 성급하지 말아야 합니다. 교회 내에서 쉽게 화를 내고 감정을 표현하면 화목을 이룰 수 없습니다. 그러므로 분노의 감정을 절제해야 합니다. 규모 없는 자들과 마음이 약한 자들 그리고 힘이 없는 자들을 다루는 데도 인내가 필요합니다. 게으른 사람을 권계하고 부지런해질 것을 기대하며 참고, 마음이 약한 사람이 강해질 것을 기대하며 참고, 힘이 없는 사람을 붙들어 주며 참으면 하나님께서 역사해 주십니다.

예수 믿는 신앙의 가장 중요한 열쇠가 사랑이라면 사랑의 근본은 인내입니다. 용서하고 사랑하고 권면하고 화목하고 참는 것이 우리 삶의 가장 중요한 요소인 것입니다.

**15절** 삼가 누가 누구에게든지 악으로 악을 갚지 말게 하고 서로 대하든지 모든 사람을 대하든지 항상 선을 따르라

인간관계에서 용서를 빌고 또한 상대에게 은혜를 베푸는 것은 힘들고 어렵습니다. 훗날 바울은 디모데에게 마지막 때 사람들의 심성에 관해 말하는 중에 "무정하며 원통함을 풀지 아니하며 모함하며 절제하지 못하며 사나우며 선한 것을 좋아하지 아니하며"(딤후 3:3)라고 말한 바 있습니다. 오늘날만 해도 보복과 복수하는 일들이 곳곳에서 자행되고 있습니다. 사람의 타락한 본성이 악하기 때문에 악을 만나면 악으로 대응하는 것이 당연합니다. 그럼에도 바울은 "내 사랑하는 자들아 너희가 친히 원수를 갚지 말고 하나님의 진노하심에 맡기라 기록되었으되 원수 갚는 것이 내게 있으니 내가 갚으리라고 주께서 말씀하시느니라"(롬 12:19)고 말함으로써 그리스도인들이라면 성령의 힘을 의지하여 사랑과 용서의 정신으로 선을 베풀어야 할 것을 강조했습니다. 심판은 하나님의 영역입니다. 악의 한도가 차면 반드시 하나님이 심판하십니다. 우리가 악한 자에게 선을 베푸는 것은 그들의 머리에 심판의 숯불을 쌓아 놓는 것과 같습니다(롬 12:20).

율법에서는 "눈은 눈으로, 이는 이로"(출 21:24) 갚으라고 합니다. 사람들은 이것을 잘못 이해하여 복수하라는 말로 해석하는 경우가 있습니다. 그러나 이 말씀은 본래 백성들이 공동체에 대해 행해진 사회적 악행들을

응징할 때 받은 악행 이상으로 보복하지 못하도록 하려는 의도에서 나온 말입니다. 그러므로 피해를 준 상대방에게 보복하라는 말은 아닙니다. 악의 고리로 악을 대적하면 끝이 없습니다. 주먹을 주먹으로 갚고 이를 이로 갚으면 싸움은 그치지 않습니다. 양쪽 모두 상처투성이가 되고 맙니다.

예수님께서는 "원수를 사랑하라"(마 5:44)고 하셨습니다. 우리는 하나님의 용서를 통해 구원받았으므로 다른 사람을 용서할 수 있어야 합니다. 가장 고상한 보복은 선으로 악을 대하고 선으로 악을 갚는 것입니다. 선으로 끌어안아 악의 고리를 끊어야 합니다.

또한 바울은 "항상 선을 따르라"고 했습니다. 기분이 좋을 때나 형편이 허락할 때만이 아니라 어떤 상황이든지 선을 따라야 합니다. 마치 경기장에서 경주자가 달음질하듯이 선을 좇으라는 것입니다.

우리가 믿는 하나님은 선하시고 좋으신 하나님입니다. 억울한 일을 당하고 섭섭하고 답답한 일을 만난다 할지라도 선을 행하시는 하나님께 맡기면 하나님께서 합력하여 좋은 일로 만들어 주십니다. 이 사실을 믿고 언제나 말씀을 좇아 살아야 할 것입니다.

### 16절 항상 기뻐하라

그리스도인들은 가장 심한 역경에 처해 있을 때 오히려 하나님께서 주신 기쁨을 누릴 수 있습니다. "항상 기뻐하라"는 말씀은 기뻐할 일이 있을 때뿐만 아니라 어려움이나 힘든 일이 있을 때에도 기뻐하라는 뜻입니다. 인생에는 기쁜 일보다 염려, 근심, 불안, 초조, 절망, 슬퍼할 일들이 더 많습니다. 그럼에도 우리는 하나님께서 내 아버지 되신 것과 예수님께서 내 구주가 되신 것, 그리고 성령께서 내 보혜사 되심을 인하여 기뻐할 수 있습니다. 또한 천국의 소망이 있기에 기뻐할 수 있습니다. 또한 우리는 영원한 기쁨을 얻었기에 기뻐할 수 있습니다.

인간적인 견지에서 볼 때 데살로니가 교인들에게는 기뻐해야 할 이유가 전혀 없었습니다. 왜냐하면 그들은 외부로부터 심한 박해를 받고 있었고 내부에서는 자신들끼리의 불화가 있었기 때문입니다. 그런 상황에 있는 형제들에게 바울은 "항상 기뻐하라!" 고 권면합니다. 참된 신앙인이라면 믿음이 깊어 갈수록 영적 희열이 더욱 풍성하여집니다. 하나님을 믿는 백성들은 어떤 상황 가운데에서도 기쁨을 잃지 않습니다. 그것은 환난 중에서도 내세의 소망을 잃지 않게 하시고 모든 지각에 뛰어난 하나님의 평강이 마음속에 임하기 때문입니다(빌 4:7).

믿음의 사람으로 유명한 조지 뮬러 목사님은 30년을 함께 한 부인이 세상을 떠난 후 상당한 마음의 고통을 당했습니다. 그러나 며칠 후 교회에 나가 성도들에게 이렇게 간증했습니다.

"나는 아내가 이 괴로운 세상에서 고생하다가 이제 평안한 천국에 들어가서 주님과 기뻐하는 생활을 생각하니 마음이 기쁩니다."

예수님 안에서 천국의 소망을 상기하고 인간적인 슬픔을 이기고 천국의 희락을 회복한 것입니다.

우리는 무슨 일을 당하든지 항상 기뻐해야 합니다.

### 17절 쉬지 말고 기도하라

항상 기뻐하는 것과 밀접하게 관계되는 것은 바로 쉬지 않고 기도하는 생활입니다. 기도는 환난과 고통 가운데서도 기쁨을 얻게 하는 유일한 방법입니다. 우리가 극심한 역경에 처해 있을지라도 기도하면 낙심하지 않고 소망을 가지며 기뻐할 수 있기 때문입니다.

"쉬지 말고 기도하라"고 했다고 해서 우리가 골방에서나 교회에서 24시간 동안 앉아서 기도해야 하는 것은 아닙니다. 우리의 마음 자세가 늘 하나님을 향하여 있으면 쉬지 않고 기도하는 것입니다. 마음속으로 항상 하나님께 감사하고 찬송을 하는 것이 하나님을 영화롭게 합니다(시 50:23). 감사함으로 천국 문에 들어가고 찬송함으로 그 궁정에 들어갑니다(시 100:4). 하늘 문이 이런 사람에게 항상 열려 있습니다.

그러므로 우리는 늘 하나님을 향해 감사와 찬송의 기도를 드림으로 쉬지 말고 기도하는 자들이 되어야 하겠습니다.

### 18절 범사에 감사하라 이것이 그리스도 예수 안에서 너희를 향하신 하나님의 뜻이니라

우리는 범사에 하나님께 감사드리는 생활을 해야 합니다. '범사'란 좋은 일과 나쁜 일 모두를 말합니다. "좋은 일이 생기면 감사를 드릴 수 있지만 나쁜 일이 생겼는데 어떻게 하나님께 감사드릴 수 있습니까?"라고 반문하실 분이 계실 것입니다. 그리스도인은 나쁜 일이 일어나도 감사드려야 합니다. 왜냐하면 우리에게 일어난 나쁜 일을 하나님께서 종국적으로 유익이 되게 해 주시기 때문입니다.

나는 감사로 기적을 체험한 한 남자 성도님의 간증을 읽은 적이 있습니다. 그 성도님에게는 외동딸이 있었는데 술 취한 운전자가 모는 차에 부딪혀 뇌를 다치게 되었습니다. 이 성도님은 딸을 정신병원에 입원시킨 후 하루가 멀다 하고 병문안을 갔습니다. 그러나 딸은 아버지를 알아보지 못했습니다. 그런데 하루는 차를 몰고 병원을 가는데 문득 마음속에 성령의 음성이 들려왔습니다.

"너는 딸이 교통사고로 정신 이상이 된 것을 감사해 본 적 있느냐?"

그는 그 말을 이해할 수가 없어서 여쭤 보았습니다.

"하나님, 딸이 정신 이상이 되었는데 왜 감사를 해야 합니까?"

성령님은 그의 물음에 "네가 감사할 때 하나님의 능력이 나타나는 하늘나라의 비밀을 아직 모르는구나."라고 대답해 주셨습니다.

그 말을 듣자마자 성도님은 차를 길 한쪽에 세우고 감사 기도를 했습니다.

"하나님, 제 딸이 교통사고가 났으나 죽지 않음을 감사합니다. 팔다리가 부러지지 않고 정신 이상이 되었음을 감사합니다. 이유는 잘 모르겠지만 그래도 감사합니다."

이렇게 눈물을 흘리며 감사를 하고 다시 병원으로 향했습니다. 병원에 도착해서 복도에서 담당 의사와 마주쳤는데, 그 의사가 "따님에게 희한한 기적이 일어났습니다. 오늘까지 말 한마디 하지 않았었는데 갑자기 '아버지 보고 싶어. 아버지 보고 싶어.' 라며 말을 시작했습니다."라고 하는 것이었습니다. 성도님이 한달음에 뛰어가니 딸이 아버지를 끌어안고 "아버지, 왜 나를 이곳에 두셨어요? 아버지 너무 보고 싶었어요."라며 눈물을 흘렸습니다. 감사를 통해 딸의 정신이 돌아오고 깨끗하게 고침받은 것입니다.

하나님께는 악을 선으로 바꾸는 힘이 있습니다. 요셉의 형들이 그를 상인에게 팔았지만 하나님께서는 이를 통하여 요셉을 애굽의 국무총리로 만들어 주셨습니다. 저주의 상징인 십자가에 예수님이 달리셨으나 하나님께서는 사흘 만에 그 죽음을 부활로 바꾸셨습니다. 십자가의 가장 흉악한 사건이 가장 우주적인 선으로 바뀐 것입니다.

영국의 설교가 스펄전 목사님은 "촛불을 보고 감사하면 전등불을 주시고, 전등불을 보고 감사하면 달빛을 주시고, 달빛을 보고 감사하면 태양빛을 주시고, 태양빛을 보고 감사하면 천국을 주신다." 고 말했습니다. 하나님께서 감사하는 자에게 더욱 좋은 것으로 채워 주십니다.

이러므로 여러분은 범사에 감사를 드리십시오. 하나님께 감사를 많이 드릴수록 하나님의 은혜를 더 많이 체험할 수 있습니다.

### 19절 성령을 소멸하지 말며

오늘날 우리는 성령을 인정하고 환영하고 모셔 들이고 의지하며 살아갑니다. 우리가 예수님을 믿은 것도 성령께서 우리의 심령을 감화, 감동시켜 주신 결과입니다. 성령께서는 우리가 신앙생활 하는 동안 어머니가 자녀를 돌봄과 같이 우리를 돌보시고 이끌어 주십니다.

본문에서 '성령' 은 불에 비유되고 있습니다. '소멸하다' 란 말의 헬라어는 '스벤뉴미' (*σβέννυμι*)로 '불을 끄다' 라는 말과 같은 뜻입니다. 불은 구약에서 하나님의 임재(출 3:2)와 보호하심(출 13:21), 그리고 심판(레 10:2)으로 상징되어 왔습니다. 특히 오순절 성령 강림은 불의 혀 같은 모양으로 임했습니다(행 2:3). 또한 그리스도인의 침례는 '성령과 불' 에 의한 침례임(마 3:11)을 말하고 있습니다. 이처럼 신약에서는 불이 성령을 상징하는 경우를 보게 됩니다. 불은 금을 제련하여 불순물들을 제거하며 빛을 제공하고 에너지의 근원이 되는 등 삶에 많은 유익을 줍니다. 특히 성령의 불은 그리스도인의 삶에 열정을 불어넣어 헌신하게 합니다.

그러나 데살로니가 교회는 고린도 교회가 성령의 역사를 너무 무절제하게 받아들여 많은 문제점이 유발된 것과 반대로 성령의 활동과 역사하심을 배격하거나 제한했습니다. 성령을 소멸하는 것은 논과 밭에 물대기를 중단하는 것과 같아서 곡식이 말라서 죽는 것처럼 우리의 심령도 죽어가게 됩니다. 신앙은 마른 뼈와 같이 되고 열매가 맺히지 않는 것입니다.

성령께서는 우리의 연약함을 도우시며 기도와 감사 가운데서 우리를 도와주시는 분이십니다. 하나님을 예배하고 기다릴 때 우리의 양심을 통해서 말씀하십니다. 그러므로 기도할 때 성령의 음성에 귀를 기울여야 합니다.

또한 성령께서는 불과 같이 임하셔서 인간의 영혼을 빛나게 하시며 소생시키시고 순결하게 하십니다. 따라서 우리의 신앙생활에 원동력이 되는 성령의 불을 꺼뜨려서는 안 됩니다. 타오르는 불길에 물을 붓거나 많은 양의 흙이나 오물을 끼얹으면 불은 꺼지고 맙니다. 마찬가지로 우리의 마음이 육적인 욕망이나 불의로 가득 차게 되고 성령께 대항하게 될 때 성령은 소멸되고 맙니다.

그리스도인은 성경을 깊이 통달하고 성령의 역사하심을 잘 분별하여 순종하여야 합니다. 성령을 항상 인정하고 환영하고 모셔 들이고 의지할 때 성령은 소멸되지 않습니다.

### 20절 예언을 멸시하지 말고

당시 데살로니가 교인들 가운데는 예언의 말씀을 대수롭지 않게 생각하여 무시하거나 혹은 그 말씀을 자신들에게 유리하게 해석함으로 예언의 은사를 오용하는 사람들이 있었습니다. 이 일로 인하여 많은 그리스도인들이 예언을 대수롭지 않게 여기는 오류를 범했던 것입니다.

오늘날도 많은 성도들이 예언의 은사를 오용하고 있습니다. 소위 예언의 은사를 받았다는 사람들이 점치는 무당들처럼 다른 사람들의 장래 일을 점치듯이 예언하는 웃지 못할 일들이 종종 일어나고 있습니다. 그들은 하나님의 성령이 아닌 인간적으로 예언하는 자들입니다. 하나님이 우리에게 주시는 참된 예언은 소중히 간직해야 하지만 인간이 탐욕을 가지고 하는 예언에는 귀를 기울이지 말아야 합니다.

예언은 사사로이 풀 것이 아닙니다. 예언은 오직 영감을 받은 자들이 하나님의 역사를 이해하기 위해 성경 말씀을 깊이 연구하며 잘 해석하여서 오류를 범하지 않도록 해야 합니다.

그리스도인들은 하나님의 뜻을 깨닫기 위해 예언의 은사를 사모해야 합니다. 한편으로 예언의 말씀을 무조건 배격하거나 왜곡하여 예언을 멸시하는 잘못 또한 범하지 말아야 합니다.

**21-22절** 범사에 헤아려 좋은 것을 취하고 악은 어떤 모양이라도 버리라

바울은 성령의 은사나 예언이라고 해서 아무것이나 무분별하게 받아들이지 말고 잘 분별하여 좋은 것을 취하라고 하였습니다. 왜냐하면 성도들에게 나타나는 은사들 가운데에는 가끔 성령의 은사를 가장한 사탄의 간교한 역사가 나타나기 때문입니다(고전 12:2).

오늘날 성도들 가운데는 은사라고 하면 무턱대고 좋아하여 분별없이 신앙의 질서를 무시한 채 혼란과 혼동을 초래하여 교회 안에 물의를 빚는 일들이 많이 있음을 볼 수 있습니다. 그러므로 우리는 진리에 확고히 서서 선한 것을 견고히 붙잡아야 하며 영을 분별할 수 있는 능력을 가져야 합니다.

또한 바울은 좋은 것을 취할 것과 아울러 “악은 어떤 모양이라도 버리라” 고 하였습니다. ‘악’ 은 하나님을 대적하고 무시하는 것에 그 뿌리를 두고 있습니다. 그러므로 악의 요소가 조금이라도 그리스도인들 가운데 남아 있을 때 성령은 그들 가운데에서 역사할 수 없습니다. 어떠한 모양의 악이라도 버려야 합니다.

데살로니가 교회 안에서 성령의 은사를 받았다는 사람들 중에는 행실과 신앙에 있어 문제가 있는 사람들도 있었습니다. 이런 자들은 성령의 은사를 받았다기보다는 악한 영의 능력을 받은 자와 조금도 다를 바 없습니다. 속은 악령의 지배를 받고 있으나 겉으로는 성령을 받은 것처럼 거짓 행세를 하는 것입니다. 그러므로 그리스도인들은 항상 깨어 있어야 합니다.

악은 여러 매체와 사람과 시선을 끄는 갖은 형상을 통해 우리를 유혹합니다. 그러나 종국적으로 악이 우리에게 가져다주는 것은 파멸입니다. 우리는 어찌하든지 혼탁한 세상 가운데서 불의와 타협하고자 하는 육신의 정욕과 이생의 자랑을 과감히 십자가에 못 박아야 합니다. 그리할 때 우리는 악한 짓을 도모하는 마귀의 계략을 물리칠 수 있습니다.

## 6. 평강의 하나님이 성도들을 온전하게 하심(5:23-24)

**23. 평강의 하나님이 친히 너희를 온전히 거룩하게 하시고 또 너희의**

**온 영과 혼과 몸이 우리 주 예수 그리스도께서 강림하실 때에 흠 없게 보전되기를 원하노라 24. 너희를 부르시는 이는 미쁘시니 그가 또한 이루시리라**

**23절** 평강의 하나님이 친히 너희를 온전히 거룩하게 하시고 또 너희의 온 영과 혼과 몸이 우리 주 예수 그리스도께서 강림하실 때에 흠 없게 보전되기를 원하노라

바울은 데살로니가 교인들이 마지막 때 주님 앞에 설 때까지 거룩하고 성결한 삶을 살기를 소원하고 있습니다.

'거룩한 삶' 은 다시 말해 성령 충만한 삶입니다. 성령이 충만해야 거룩해질 수 있습니다. 성령께서 오시지 않으면 아무리 인간적인 노력을 해도 거룩해지지 않습니다. 찬물에 목욕하고 금식하고 철야해도 성령께서 계시지 않으면 거룩함은 임하지 않습니다. 그러므로 기도할 때마다 성령 충만을 주시도록 간절히 기도해야 합니다.

'성결한 삶' 은 윤리적, 도덕적인 면에서뿐만 아니라 신앙적인 면에서도 성결한 삶입니다. 바울은 이러한 삶을 가리켜 '온 영과 혼과 몸이 주 앞에서 흠 없이 보전된 상태' 라고 말했습니다. 성결한 삶은 오늘날 그리스도인들에게 절실히 요구되는 삶입니다. 왜냐하면 우리 자신이 성결하지도 못하면서 세상에서 빛과 소금의 역할을 감당할 수 없기 때문입니다. 날마다 하나님을 모심으로 우리의 영을 성결하게 하고, 철저한 신본주의적인 삶으로 혼을 성결하게 하고, 본성과 욕망을 십자가에 못 박음으로 육을 성결하게 보존해야 하겠습니다.

**24절** 너희를 부르시는 이는 미쁘시니 그가 또한 이루시리라

'미쁘시니' 라는 말은 '신실하다, 성실하다' 는 말로 하나님의 성품을 나타내는 표현입니다. 하나님께서는 신실하시기 때문에 예수 그리스도를 통하여 하나님 백성으로 부르신 자녀들을 끝까지 지키시고 보호하십니다.

바울이 하나님의 미쁘신 성품을 언급한 이유는 성결한 삶이 인간 자신의 노력으로는 힘들고 어렵지만 하나님의 신실하신 성품을 믿고 힘입어 의지할 때는 가능하다는 사실을 말하기 위해서입니다. 하나님께서는 신실하시므로 택하신 백성들을 끝까지 보호해 주시며 언약하신 약속을 이루시고 성도들을 향한 모든 선한 계획을 성취시켜 주십니다.

하나님께서는 사람들을 은혜로 구원하신 후에 그들을 홀로 내버려 두시지 않으십니다. 은혜로 부르셨고 의롭다 하셨으므로 하나님께서는 또한 은혜로 거룩하게 하십니다.

## 7. 맺음말(5:25-28)

**25. 형제들아 우리를 위하여 기도하라 26. 거룩하게 입맞춤으로 모든 형제에게 문안하라 27. 내가 주를 힘입어 너희를 명하노니 모든 형제에게 이 편지를 읽어 주라 28. 우리 주 예수 그리스도의 은혜가 너희에게 있을지어다**

## 25절 형제들아 우리를 위하여 기도하라

바울은 데살로니가 교인들에게 자신의 일행인 디모데와 실라 그리고 자신을 위해 기도해 줄 것을 당부하고 있습니다. 전도자 바울은 다른 교회 식구들에게도 종종 이와 같은 기도를 요청하였습니다.

하나님의 사역을 맡은 자에게는 중보 기도가 대단히 중요합니다. 비록 영적으로 갓 태어난 데살로니가 교인들이었지만 바울은 그들의 영적 도움을 대단히 중시했습니다. 이와 같은 예가 바울이 전한 많은 서신에서도 발견됩니다(롬 15:30; 엡 6:19; 골 4:3).

바울이 요청한 기도의 내용을 살펴보면 로마에 있는 교인들에게는 불순종하는 유대인을 위하여(롬 15:31), 에베소 교인들에게는 자신이 복음의 비밀을 담대히 전할 수 있게 해 달라고(엡 6:19), 그리고 골로새 교인들에게는 전도의 문이 열리게 해 달라는(골 4:3) 기도를 부탁하였습니다.

뿐만 아니라 바울은 데살로니가 교회에 보낸 두 번째 편지에서도 주의 복음이 영광스럽게 되고 전도 일행이 악한 무리들로부터 구원받게 해 달라고 기도를 요청하였습니다(살후 3:1-2). 이처럼 바울은 모든 교회의 교인들에게 주의 복음을 전할 수 있는 길을 넓게 그리고 순조롭게 해 달라는 기도를 당부하였습니다.

기도는 하나님의 능력과 응답을 받는 파이프입니다. 기도가 많으면 도움이 많고 기도가 적으면 도움이 적습니다. 바울은 세계 전도라는 무거운 짐을 지고 있었기 때문에 더욱 많은 기도가 필요했습니다. 마귀를 이기고 복음 전파의 사명을 감당하기 위해서는 하나님의 큰 능력이 필요했던 것입니다.

믿음의 형제들은 서로를 위해서 기도해야 합니다. 기도로써 사랑을 표시하며 서로를 연결하고 교통해야 합니다. 특히 전도자들은 그리스도인들의 기도를 필요로 하고 있습니다. 그러므로 그리스도인들은 복음의 사역자들을 위해 기도해야 합니다.

**26절** 거룩하게 입맞춤으로 모든 형제에게 문안하라

초대 교회 당시에는 남자는 남자끼리, 여자는 여자끼리 입맞춤으로 문안하는 풍속이 있었습니다. 그러나 본 절에 기록된 '거룩한 입맞춤' 은 존경을 표현하는 뜻으로 전래된 고대의 관습이나 종교 의식상의 한 절차도 아닙니다. 더구나 세속적인 사랑 표현의 한 방법과는 더욱 거리가 있습니다.

오늘날에는 볼에 입을 맞춤으로 문안하는 것을 관습으로 하는 지역이 있기도 합니다. 바울은 그러한 입맞춤과 구별하기 위해서 '거룩한 입맞춤' 이라고 말했던 것입니다. 거룩한 입맞춤으로 그리스도의 사랑을 표현하고자 하는 믿음의 식구들 간의 순수한 생활양식이었습니다. 또한 형제 간의 우정과 사랑의 신뢰성을 확인하는 아름다운 모습이기도 했습니다.

**27절** 내가 주를 힘입어 너희를 명하노니 모든 형제에게 이 편지를 읽어 주라

바울은 자신이 기록한 본 서신이 모든 믿음의 식구들에게 읽혀지도록 강력하게 부탁하고 권고했습니다. 그리고 가급적이면 이 서신이 많은 사람들에게 읽혀지기를 원했습니다. 그와 같은 바울의 소원은 훗날 골로새 교인들에게 『골로새서』를 라오디게아에 있는 교인들과 나누어 보도록 당부한 사실(골 4:16)을 통해서도 알 수 있습니다.

이 말씀은 바울의 권고일 뿐 아니라 주님의 권위에 의거한 명령입니다. 왜냐하면 하나님의 말씀은 계층 간의 구별 없이 모든 사람들에게 읽혀져야만 하기 때문입니다. 하나님의 말씀인 복음은 수단과 방법을 다 동원하여 많은 사람들에게 읽혀져야만 합니다. 왜냐하면 복음은 구원을 주시는 하나님의 능력이기 때문입니다(롬 1:16).

**28절** 우리 주 예수 그리스도의 은혜가 너희에게 있을지어다

바울은 본 서신을 시작할 때와 마찬가지로 축도로 끝을 맺고 있습니다.

'주 예수 그리스도의 은혜'는 인류를 부요하게 해 주시는 모든 선과 은혜의 원천이 되십니다. 그러기에 바울의 독특한 고별인사에는 '은혜'라는 말이 자주 사용됩니다. 모든 사람이 은혜에 참여하고 교회의 머리가 되시는 주 예수님 안에 거하는 것보다 더 복된 일은 없습니다.

본 서신 속에는 은혜의 귀한 세 가지 특징인 용서와 평강과 거룩이 분명히 제시되어 있습니다. 영육 간에 궁핍한 사람은 누구든지 그 복의 샘물을 언제라도 마실 수 있습니다.

# *A Commentary on*
# *the Second Epistle to the Thessalonians*

# 데살로니가후서

# 서론 | 데살로니가후서
Preface

## 1. 주제 및 기록 목적

본 서의 주제는 '재림에 대한 성도의 올바른 태도' 입니다. 본 서신은 그릇된 재림관으로 인해 실생활을 등한시하는 데살로니가 교인들에게 올바른 재림관과 언제 임할지 아무도 모르는 예수 그리스도의 재림의 날에 대비하여 깨어 근신하여 준비할 것을 가르치고 있습니다.

첫 번째 편지 이후 데살로니가 교회에 대한 유대인들의 박해는 갈수록 심해져 성도들은 점차 실망과 좌절 속에 빠져 들고 있었습니다. 더욱이 바울의 이름을 도용한 일련의 위조 편지와 거짓된 교훈들은 데살로니가 교인들에게 많은 혼선과 갈등을 가져왔습니다. 그러한 주장들은 바울이 가르친 '갑작스러운 재림' 을 '즉각적인 재림' 으로 잘못 해석했습니다. 따라서 데살로니가 교인들 가운데는 이에 동요되어 무위도식하고 게으름을 피우는 사람들도 있었습니다.

이에 따라 교훈을 순종하지 않는 자들에게 교회는 어떻게 해야 하는지에 대한 문제가 거론되기 시작했습니다. 바울은 이와 같은 데살로니가 교회를 위하여 지체하지 않고 잘못된 것을 바로잡기 위해 두 번째 서신을 썼습니다.

## 2. 기록자 및 수신자

본 서신은 데살로니가전서의 후편으로 같은 저자인 바울에 의해 기록되었습니다. 비록 재림에 관해서는 데살로니가전서와 약간의 견해 차이가 있기는 하지만 그것은 데살로니가 교회의 내부 사정을 감안한 설명에서 오는 표현의 차이일 뿐입니다.

수신자도 데살로니가전서와 같이 데살로니가 교인들입니다. 본 서신은 데살로니가전서와는 약간의 시차를 두고 기록된 것으로 보입니다.

## 3. 기록 연대 및 집필 장소

바울이 본 서신을 기록한 장소는 데살로니가전서를 기록한 곳과 동일한 고린도입니다. 바울이 첫 번째 서신을 쓴 직후에 기록했다는 증거는 그가 데살로니가를 두 번째로 방문하기 전에 서신을 보냈음이 분명하기 때문이며(행 20:1-16), 바울과 실라와 디모데가 두 번째 서신이 보내지기 전 공백기 동안 함께 머물렀던 장소는 고린도였기 때문입니다. 그러므로 본 서신은 데살로니가전서와 같이 고린도 체류 후반기인 주후 50년부터 52년경에 쓰여졌다고 볼 수 있습니다.

## 4. 특징

본 서신은 주로 종말론적인 사항들을 다루고 있습니다. 첫 번째 편지에서 바울은 그리스도의 재림을 '도둑같이 임할 것' 이라는 비유를 통해 설명한 바 있습니다. 이러한 바울의 메시지는 적지 않은 오해를 가져왔고 교인들은 당황했습니다. 이에 따라 바울은 본 서신을 기록함에 있어 그러한 오해를 없애고 건전한 재림 신앙을 가질 것을 교훈하고자 하였습니다. 이에 바울은 재림 전에 있을 징조를 강조하여 이러한 일들이 없이는 재림이 이르지 아니할 것으로 못 박고자 했던 것입니다. 여기서 말하는 재림 전의 징조는 거짓 교사들과 거짓 그리스도의 출현입니다.

첫 번째 편지인 데살로니가전서가 교인들을 사랑으로 위로하는 애정이 넘치는 편지라고 한다면, 두 번째 편지인 본 서는 교훈적으로 경고하는 엄격한 편지라고 말할 수 있습니다

# 제 1 장

# 다시 오실 예수 그리스도

| | |
|---|---|
| 인사말 | 1:1-2 |
| 사랑의 교제가 넘침으로 칭찬받는 데살로니가 교회 | 1:3-4 |
| 믿음과 행위에 따른 심판 | 1:5-10 |
| 데살로니가 교인들을 위한 기도 | 1:11-12 |

A COMMENTARY ON THE
SECOND EPISTLE TO THE
# THESSALONIANS

**바울은** 문안 인사와 함께 데살로니가 교인들의 믿음과 사랑이 자란 것을 하나님께 감사드리고 있습니다. 바울은 본 장에서 환난 가운데서도 믿음을 갖고 인내할 것을 강조합니다. 왜냐하면 데살로니가 교인들이 현재 당하고 있는 고난은 헛된 것이 아니라 훗날 하나님의 보상을 받게 되는 복의 씨앗이기 때문입니다. 이에 반해 박해자들에게는 심판이 있다고 했습니다.

이러한 보상과 심판의 분기점은 데살로니가 교인들이 그처럼 궁금해하는 '주의 재림의 날' 입니다. 이날은 믿는 그리스도인들을 위해 예비된 것이기에 기쁨 중에 맞이하게 될 날입니다.

## 1. 인사말(1:1-2)

**1. 바울과 실루아노와 디모데는 하나님 우리 아버지와 주 예수 그리스도 안에 있는 데살로니가인의 교회에 편지하노니 2. 하나님 아버지와 주 예수 그리스도로부터 은혜와 평강이 너희에게 있을지어다**

**1절** 바울과 실루아노와 디모데는 하나님 우리 아버지와 주 예수 그리스도 안에 있는 데살로니가인의 교회에 편지하노니

바울은 복음을 전하러 다닐 때 혼자 다니지 않고 실루아노, 디모데 또는 바나바와 같은 동역자들과 동행했습니다. 바울의 일행은 바울이 사역을 감당하는 동안 늘 삼 겹 줄과 같은 역할을 해 주었습니다. 삼 겹 줄은 쉽게 끊어지지 않습니다(전 4:12). 고난과 슬픔이 다가와도 쉽게 낙심하여 넘어지지 않습니다. 주님께서도 "두세 사람이 내 이름으로 모인 곳에는 나도 그들 중에 있느니라"(마 18:20)고 말씀하셨습니다.

나는 혼자서 선교 여행을 오래 다녔습니다. 여권도 나오지 않고 돈도 없을 당시에는 유럽이나 미국 선교를 갈 때 혼자 갔습니다. 혼자 다니면 굉장히 외롭습니다. 병들던지 사고가 나도 돌보아 줄 사람이 없으니 두렵기도 합니다. 한번은 선교 여행에 가서 심하게 아픈 적이 있었는데, 열이 펄펄 나고 괴로워도 혼자 이겨 내야 했습니다. 누구 한 사람 와서 머리에 찬 수건 하나 얹어 주지 않고, 먹을 것 하나 가져다주는 사람도 없어서 마음이 매우 외롭고 고통스러웠습니다. 요즘에는 선교를 갈 때 많은 사람들이 함께 동행하기 때문에 정신적으로도 위로가 되고 영적으로도 큰 힘이 됩니다.

복음 사역은 한 개인보다는 서로 협동하고 도와줄 때 그 열매가 더 많아집니다. 신앙의 동지가 큰 힘을 주는 것입니다. 바울은 복음 전파 사역에 관해 "나는 심었고 아볼로는 물을 주었으되" (고전 3:6)라고 언급하면서 동역하는 본을 우리에게 보여 준 바 있습니다.

**2절 하나님 아버지와 주 예수 그리스도로부터 은혜와 평강이 너희에게 있을지어다**

하나님께서 계획하시고 예정하신 것을 예수님께서 실행하기 위해 십자가에 못 박혀 죽으시고 부활하셨기 때문에 우리가 구원의 은혜를 받게 되었습니다. 은혜와 평강이 예수님을 통해서 오는 것입니다. 아무리 저수지에 물이 많아도 파이프가 연결되어 있지 않으면 집에 물이 나오지 않는 것과 같습니다. 예수 그리스도는 하나님의 은혜와 평강을 가져다주는 파이프 입니다.

'은혜' 란 아무 대가를 바라지 않고 거저 주는 것을 말합니다. 그렇다고 해서 그 은혜를 값싼 것으로 생각해서는 안 됩니다. 하나님의 은혜로 구원을 얻어 의롭다 함을 받고, 질병을 치료받고, 성령 충만을 받고, 아브라함의 축복과 영생 천국을 받았습니다. 너무나 값진 은혜의 선물이기 때문에 인간의 가치 기준으로는 절대 평가할 수 없습니다. 이 은혜는 오직 믿음으로 얻게 되며 은혜가 임하면 그 열매로 마음에 평강이 넘치게 됩니다. 이 평강은 돈이나 권력으로는 얻을 수 없습니다.

## 2. 사랑의 교제가 넘침으로 칭찬받는 데살로니가 교회(1:3-4)

**3. 형제들아 우리가 너희를 위하여 항상 하나님께 감사할지니 이것이 당연함은 너희의 믿음이 더욱 자라고 너희가 다 각기 서로 사랑함이 풍성함이니 4. 그러므로 너희가 견디고 있는 모든 박해와 환난 중에서 너희 인내와 믿음으로 말미암아 하나님의 여러 교회에서 우리가 친히 자랑하노라**

**3절** 형제들아 우리가 너희를 위하여 항상 하나님께 감사할지니 이것이 당연함은 너희의 믿음이 더욱 자라고 너희가 다 각기 서로 사랑함이 풍성함이니 바울과 실루아노와 디모데는 데살로니가 교인들로 인하여 두 가지를 하나님께 감사한다고 고백했습니다.

첫째는 데살로니가 교인들의 믿음이 자라난 것을 감사하고 있습니다. 우리가 아무 것도 하지 않는데 믿음이 저절로 자라는 것이 아닙니다. 우리가 예수 그리스도를 구주로 믿어 성령을 받고 하나님의 말씀을 먹고 전도와 봉사를 하면서 영적인 운동을 해야 건강하게 믿음이 자라게 되는 것입니다.

믿음이 자랐는지 알아보기 위해서는 시험을 당해 보면 알 수 있습니다. 환난과 시련이 다가올 때 믿음이 약한 사람은 쉽게 낙심하고 좌절하지만 믿음이 강한 사람은 믿음에 인내가 더하여짐으로 어떤 시험과 환난이 다가와도 흔들리지 않습니다. 나아가 성령의 열매를 그 생활 속에서 맺게 됩니다.

둘째는 그들의 풍성한 사랑으로 인하여 감사하고 있습니다. 바울은 "너희가 다 각기 서로 사랑함이 풍성함이니"라고 했습니다. 하나님은 사랑이십니다. 하나님은 눈에 보이지 않지만 우리가 모든 것을 사랑할 때 하나님의 임재하심을 느낄 수 있습니다.

하나님의 사랑은 감정에 의해 흔들리는 사랑이 아닙니다. 의지적인 사랑입니다. 한번 사랑하면 끝까지 사랑하는 그런 사랑입니다. 사람이 성장하면 어른이 되는 것처럼 영적으로 성장하면 하나님의 사랑이라는 영적 증거가 나타납니다. 영적인 어린아이는 감정적으로 사랑합니다. 그러나 믿음이 자랄수록 하나님을 닮아 의지적으로 사랑하는 것입니다.

신앙이 성장했는지의 여부는 믿음과 의지를 따라 사느냐의 정도로 측정할 수 있습니다. 믿음으로 살고 의지적인 결단으로 사는 사람은 장성한 사람입니다. 이를 토대로 볼 때 데살로니가 교인들은 영적으로 건강하게 성장하고 있습니다.

**4절** 그러므로 너희가 견디고 있는 모든 박해와 환난 중에서 너희 인내와 믿음으로 말미암아 하나님의 여러 교회에서 우리가 친히 자랑하노라

바울은 데살로니가 교인들의 '인내와 믿음' 으로 인하여 감사하고 있습니다. 그러한 인내와 믿음은 박해와 환난을 통해 이루어진 것입니다. '박해' 는 그리스도를 믿기 때문에 발생되는 어려움을 말합니다. 또한 '환난' 은 모든 종류의 괴로움을 다 지칭하는 말이기도 합니다. 바울이 다메섹 도상에서 변화된 후 스스로 자랑한 것이 몇 가지 있습니다. 그것은 자신의 약한 것(고후 11:30)과 그리스도의 십자가(갈 6:14), 그리고 본 절에 나와 있는 것처럼 손수 개척하여 열매 맺은 선교지 교인들의 인내와 믿음입니다.

당시 데살로니가 교회는 정부와 사회로부터 많은 박해를 받았습니다. 기독교가 갓 전파된 곳이어서 그 전까지 성행하던 우상 숭배와 충돌하지 않을 수 없었습니다. 여전히 우상을 섬기던 사람들은 그리스도인들을 소외시키고 사회적으로 차별했습니다. 그럼에도 데살로니가 교인들은 인내하며 믿음을 지키고 있었던 것입니다.

성경은 "여러 가지 시험을 당하거든 온전히 기쁘게 여기라"(약 1:2)고 했습니다. 그리스도인들은 시험과 환난을 통함으로 믿음이 자라납니다.

한 할아버지와 손자가 도낏자루에 쓸 나무를 구하려고 산에 올라갔습

니다. 산중턱쯤 가니 아주 잘 생긴 나무가 보였습니다. 손자가 좋은 도낏자룻감을 발견했다고 할아버지에게 말하니 할아버지가 그 나무를 보고 고개를 설레설레 저었습니다. 그리고 좀 더 높은 곳으로 올라갔습니다. 그곳에는 아까보다 더 잘 생긴 나무가 서 있었습니다. 손자가 그 나무를 베자고 하자 이번에도 할아버지는 고개를 저었습니다. 그리고 산꼭대기에 가서야 나무를 베었습니다. 손자가 보기에 겉으로는 산중턱의 나무와 별반 차이가 나지 않았습니다. 그래서 이유를 물었더니 할아버지는 말했습니다.

"바람이 많이 부는 산꼭대기의 나무가 단단하단다. 밑에 있는 나무는 겉으로는 멋지게 보이지만 많은 바람을 맞지 않았기 때문에 속이 무르다. 반대로 산꼭대기의 나무는 많은 바람을 맞으면서 나무가 흔들릴 때마다 쓰러지지 않으려고 애를 써서 그 속이 아주 단단하지."

신앙도 마찬가지입니다. 시련과 환난을 겪고 이기면서 믿음이 단단해지고 신앙이 성숙하는 것입니다. 우리가 시련과 환난을 이길 때 하나님께서 기뻐하시며 은총과 복을 주십니다.

## 3. 믿음과 행위에 따른 심판(1:5-10)

> 5. **이는 하나님의 공의로운 심판의 표요 너희로 하여금 하나님의 나라에 합당한 자로 여김을 받게 하려 함이니 그 나라를 위하여 너희가 또한 고난을 받느니라** 6. **너희로 환난을 받게 하는 자들에게는 환난**

으로 갚으시고 7. 환난을 받는 너희에게는 우리와 함께 안식으로 갚으시는 것이 하나님의 공의시니 주 예수께서 자기의 능력의 천사들과 함께 하늘로부터 불꽃 가운데에 나타나실 때에 8. 하나님을 모르는 자들과 우리 주 예수의 복음에 복종하지 않는 자들에게 형벌을 내리시리니 9. 이런 자들은 주의 얼굴과 그의 힘의 영광을 떠나 영원한 멸망의 형벌을 받으리로다 10. 그날에 그가 강림하사 그의 성도들에게서 영광을 받으시고 모든 믿는 자들에게서 놀랍게 여김을 얻으시리니 이는 (우리의 증거가 너희에게 믿어졌음이라)

**5절** 이는 하나님의 공의로운 심판의 표요 너희로 하여금 하나님의 나라에 합당한 자로 여김을 받게 하려 함이니 그 나라를 위하여 너희가 또한 고난을 받느니라

고난 그 자체가 하나님 나라의 백성이 되게 하는 것은 아니지만 고난은 그리스도인들이 하나님 나라에 합당한 자임을 보여 주는 증표가 됩니다. '하나님의 공의로운 심판의 표' 입니다. 하나님께서는 하늘나라를 위해서 고난받는 자로 인해 영광을 받으시고 그에게 상급을 주시는 것입니다.

고난 자체가 구원을 가져다주지는 않습니다. 구원은 오직 예수 그리스도를 믿음으로만 얻을 수 있습니다. 그럼에도 세상 종교나 이단 사설 가운데에는 고난을 자초하는 경우가 많이 있습니다. 그러나 그러한 고난은 지극히 인위적이며 자기 자랑과 거짓된 것에 기초한 고난입니다. 그리스도를 위한 것이 아니므로 어리석은 인간의 단면만을 보여 줄 뿐입니다.

예수님께서는 이 세상 모든 고통을 이미 십자가에서 다 당하셨습니다. 그렇게 하심으로 "다 이루었다"(요 19:30)고 말씀하신 것입니다. 즉, 우리의 삶에 관한 한 주님께서는 모든 것을 이루어 놓으셨습니다. 그러므로 우리가 괴로워하는 고통을 받아야 할 아무런 이유가 없습니다. 단, 복음 증거에 관한 한 그리스도인들에게 고난은 필요합니다. 바울은 복음을 위해 "자천하여 많이 견디는 것과 환난과 궁핍과 고난과 매 맞음과 갇힘과 난동과 수고로움과 자지 못함과 먹지 못함"(고후 6:4-5)을 견뎌 냈습니다.

따라서 만일 우리가 고난을 당하고 있다면 그것이 그리스도의 복음을 위한 것인지 나 자신이 복음을 이해하지 못해서 당하는 고난인지 분별해야 할 것입니다.

**6절** 너희로 환난을 받게 하는 자들에게는 환난으로 갚으시고

하나님은 '공의의 하나님' 이십니다. 때문에 믿는 자들의 아픔과 고통은 반드시 하나님께서 신원해 주십니다. 다윗은 하나님을 원수의 목전에서 상을 차려 주시는 공의로우신 분으로 인식했습니다(시 23:5). 바울 역시 다윗처럼 하나님의 속성을 잘 알고 있었기 때문에 늘 어려운 상황 가운데에서도 의연하게 대처할 수 있었습니다.

예수 믿는 사람은 자신이 이 세상을 홀로 살아가는 줄 착각하지 말아야 합니다. 예수 믿는 사람 안에는 예수님이 계시고 예수님 안에 그리스도인이 있기 때문에 그리스도인이 당하는 박해와 환난은 예수님이 당하는 박해와 환난입니다. 박해하는 자들은 단지 사람이 아니라 그 안에 계시는 예수님까지도 박해하는 것입니다. 그러므로 하나님의 심판을 받을 수밖에 없습니다.

성경은 최후 심판에서 있게 될 하나님의 절대적인 의를 강조하고 있습니다. 그때는 더 이상 정죄받은 자들이 공의의 심판에 대해 도전할 수도, 감히 질문할 수도 없습니다. 이에 반하여 신앙을 통하여 하나님의 의를 간직한 자들은 의로우신 하나님에 의해 의롭다고 칭함을 받게 됩니다.

**7-8절** 환난을 받는 너희에게는 우리와 함께 안식으로 갚으시는 것이 하나님의 공의시니 주 예수께서 자기의 능력의 천사들과 함께 하늘로부터 불꽃 가운데에 나타나실 때에 하나님을 모르는 자들과 우리 주 예수의 복음에 복종하지 않는 자들에게 형벌을 내리시리니

바울은 계속해서 주의 재림의 날에 있을 놀라운 장면들을 설명하고 있습니다. 그것은 하나님의 공의에 입각해서 집행되는 사건입니다. 사람들은 각각 자기의 행한 바에 따라 공의의 하나님의 심판을 받을 것입니다.

본 절에서 하나님께서는 복음 때문에 고난당하는 자들에게 '안식'으로 갚아 주실 것을 약속하고 계십니다. 고난과 안식은 서로 대조되는 개념의 용어입니다. 그러나 기독교에 있어 이 두 용어는 상당한 연관성이 있습니다. 즉, 서로 역설적인 관계에 있으면서 결국 하나로 귀착되는 의미가 있습니다.

고난당할 때 우리는 하나님께 부르짖습니다. 바깥의 환난을 이기기 위해 간절히 하나님을 찾으면 하나님께서 마음의 평안으로 우리를 지켜 주십니다. 심령을 천국으로 만드셔서 하나님 안에서 안식을 누리게 하시는 것입니다. 마귀는 우리의 외적인 영역에서만 환난을 가져올 수 있을 뿐입니다. 우리의 심령까지 흔들지는 못합니다. 심령을 지키시는 분

은 바로 하나님이십니다.

예수님은 우리를 대신하여 모든 환난과 징계를 당하셨습니다. 그로 인해 우리는 하나님 안에서 평안을 누릴 수 있습니다. 이사야 선지자는 이미 6백 년 전에 이 일을 예언했습니다. "그가 찔림은 우리의 허물 때문이요 그가 상함은 우리의 죄악 때문이라 그가 징계를 받으므로 우리는 평화를 누리고 그가 채찍에 맞으므로 우리는 나음을 받았도다"(사 53:5). 예수님 안에 있으면 안식을 누릴 수 있는 것입니다.

이 세상에서의 예수님의 생애는 겸비와 고난의 길이었습니다. 그러나 재림하실 예수님은 하늘로부터 불꽃 가운데에 나타나실 영광과 존귀와 위엄으로 옷 입으신 분이십니다.

예수님의 재림은 불신자의 심판을 의미합니다. 성경은 사람들이 윤리적으로나 도덕적으로 흠 없이 산다고 할지라고 하나님을 모르고 복음을 받아들이지 않는 사람들을 죄인으로 규정합니다. "죄에 대하여라 함은 그들이 나를 믿지 아니함이요"(요 16:9). 즉, 그리스도를 믿지 않는 것이 죄입니다.

많은 사람들이 남에게 피해를 주지 않고 자신만 올바르게 살면 된다고 합니다. 그러나 성경은 윤리나 도덕 그리고 법에 따라 외적으로 드러난 죄뿐 아니라 인간의 양심과 마땅히 피조물로서 행하여야 할 당위성에 대해서조차 책임을 물으신다고 했습니다. "하나님을 알 만한 것이 그들 속에 보임이라 …… 곧 그의 영원하신 능력과 신성이 그가 만드신 만물에 분명히 보여 알려졌나니 그러므로 그들이 핑계하지 못할지니라"(롬 1:19-20).

하나님께서 사람을 지으신 목적은 사람들을 통해 영광을 받으시기 위함입니다. 그러나 이 세상에는 이와 같은 창조주의 뜻에 위배된 인간 중심의 문화가 가득합니다.

민족과 국가를 막론하고 누구든지 하나님의 뜻을 거역하고 말씀을 거부하는 자들에게는 심판 때에 하나님의 형벌이 임할 것입니다. 특히 주님을 믿고 따른다고 하면서도 불신자들보다 더 하나님의 말씀을 거부하고 불의를 행하는 자들에게는 하나님의 형벌이 더 막중할 것입니다.

**9절** 이런 자들은 주의 얼굴과 그의 힘의 영광을 떠나 영원한 멸망의 형벌을 받으리로다

그리스도인들은 '주의 얼굴' 과 '그의 힘의 영광' 을 바라보는 사람들입니다. 다윗은 그 백성을 향한 하나님의 깊은 관심과 사랑에 관해서 아름다운 시로 찬양하였습니다.

"내가 주의 영을 떠나 어디로 가며 주의 앞에서 어디로 피하리이까 내가 하늘에 올라갈지라도 거기 계시며 스올에 내 자리를 펼지라도 거기 계시니이다 내가 새벽 날개를 치며 바다 끝에 가서 거주할지라도 거기서도 주의 손이 나를 인도하시며 주의 오른손이 나를 붙드시리이다"(시 139:7-10).

이처럼 하나님의 백성에게 있어서 주의 임재의 손길은 복이 됩니다. 그러나 세상에서 하나님을 알지 못하고 믿지 않는 사람들은 오히려 주의 얼굴과 그의 힘의 영광을 떠나 멸망의 형벌을 받게 됩니다.

'멸망의 형벌' 은 일시적이거나 순간적인 것이 아닙니다. 이러한 형벌은 불과 유황이 타는 못으로 떨어져 영원토록 고통받는 것을 말합니다

(계 21:8).

**10절** 그날에 그가 강림하사 그의 성도들에게서 영광을 받으시고 모든 믿는 자들에게서 놀랍게 여김을 얻으시리니 이는 (우리의 증거가 너희에게 믿어졌음이라)

'그날' 은 장차 예수님께서 다시 오실 날입니다. 불의를 행하던 자들에게는 그날이 환난과 멸망의 날이 되지만 그리스도인들에게는 그날이 그리스도를 영접하는 기쁨의 날이 됩니다. 그날에는 그리스도를 믿는 백성들에 의해 주께서 영광을 받으실 것입니다. 그날이 오면 우리는 모두 다 주님의 영광을 바라보고 주님께 감사와 찬양을 드리고 그 앞에 엎드려 경배하게 될 것입니다. 우리가 그리스도를 믿게 된 그것이 너무나 신기하고 주님의 은총이 너무나 감사해서 기뻐하며 춤추게 될 것입니다.

"우리의 증거가 너희에게 믿어졌음이라". 이 말씀은 바울이 전한 복음을 데살로니가 교인들이 받아들였을 뿐 아니라 인내로 믿음을 지켰기 때문에 그들도 그리스도의 영광에 참여하게 되었다는 것입니다. 바울은 데살로니가 교인들을 향하여 지금은 환난 가운데 있다 할지라도 소망과 확신을 가질 것을 격려하고 있습니다.

## 4. 데살로니가 교인들을 위한 기도(1:11-12)

**11. 이러므로 우리도 항상 너희를 위하여 기도함은 우리 하나님이 너희를 그 부르심에 합당한 자로 여기시고 모든 선을 기뻐함과 믿음의 역사를 능력으로 이루게 하시고 12. 우리 하나님과 주 예수 그리스도의 은혜대로 우리 주 예수의 이름이 너희 가운데서 영광을 받으시고 너희도 그 안에서 영광을 받게 하려 함이라**

**11절** 이러므로 우리도 항상 너희를 위하여 기도함은 우리 하나님이 너희를 그 부르심에 합당한 자로 여기시고 모든 선을 기뻐함과 믿음의 역사를 능력으로 이루게 하시고

바울과 그 일행은 늘 데살로니가 교인들의 영적 상태를 위하여 기도하였습니다. 바울은 데살로니가 교인들에게 많은 권면과 위로의 말씀을 하기에 앞서 늘 기도하는 것을 잊지 않았습니다. 기도하는 사람은 때로 시작이 미약할 수 있으나 궁극적인 승리를 얻어 내는 사람입니다. 기독교는 기도로써 그 기원이 시작되었습니다. 마가의 다락방에서 120문도는 하나님의 약속하신 것을 기다리며 기도하는 데에만 힘썼습니다. 기도했을 때 성령이 임재하셨고 기도했을 때 복음의 확산이 이루어졌습니다.

복음의 역사는 기도 없이 이루어지지 않습니다. 기도가 없으면 모든

것이 허사입니다. 기도 없는 좋은 교회당도 허사요, 학위를 여러 개 가지고 있어도 기도하지 않는 주의 종은 무력합니다. 아무리 조직이 잘 되어 있어도 기도가 없으면 허울만 좋은 조직에 불과합니다. 그 안에 성령의 역사하심이 없으므로 생명 없는 마네킹과 같습니다. 마귀의 장애를 무너뜨리고 하나님의 손길을 당기는 것이 기도이므로 무엇보다 기도에 힘써야 합니다.

바울은 데살로니가 교인들이 하나님의 부르심에 합당한 자가 되어 하나님의 능력으로 믿음의 역사를 이루기를 기도했습니다. 예수 믿는 사람이 합당하지 못하게 살면 하나님의 영광을 가릴뿐더러 자신도 수치와 모욕을 당합니다. '그 부르심에 합당한 자' 란 결국 하나님의 영광스러운 나라에 부합하는 자가 됨을 의미합니다.

바울은 데살로니가 교인들이 모든 선을 기뻐하고 믿음의 역사를 능력으로 이루게 해 달라고 하나님께 기도했습니다.

먼저 '모든 선을 기뻐함' 은 하나님께서 주신 선한 마음으로 선을 행하여 하나님을 기쁘시게 하는 것입니다. 우리는 선을 행하기에 앞서 생각이 달라져야 합니다. 아무리 환경을 변화시켜도 마음이 변화받지 않으면 소용이 없습니다. 죄를 지어서 감옥에 가는 사람들이 출소하여 또 죄를 범하는 이유는 그 마음이 변화받지 않았기 때문입니다. 사람을 변화시키는 것은 형벌과 환경이 아니라 그 마음입니다. 그러므로 무엇보다 우리 속사람이 하나님으로 인해 날마다 변화를 받아야 합니다. 성령의 내주하심으로 인해 악을 미워하고 선을 기뻐하는 마음이 되어야 합니다.

둘째, '믿음의 역사' 는 하나님의 성령으로 말미암아 믿음에 합당한 생활을 하도록 하는 역사입니다. 입술로만 '주여, 주여' 하는 것이 아니라 믿음이 행동으로 나타나는 삶입니다.

바울은 이처럼 마음의 변화와 믿음의 역사가 데살로니가 교인들에게 임하기를 위해 기도했습니다.

**12절** 우리 하나님과 주 예수 그리스도의 은혜대로 우리 주 예수의 이름이 너희 가운데서 영광을 받으시고 너희도 그 안에서 영광을 받게 하려 함이라

바울은 하나님의 은혜로 사는 사람이었습니다. 그러기에 바울은 "내가 나 된 것은 하나님의 은혜로 된 것이니"(고전 15:10)라고 고백한 바 있습니다. 그리스도인은 하나님의 은혜를 힘입어야만 합니다.

바울이 '하나님과 주 예수 그리스도의 은혜' 라고 말한 것도 그리스도인은 무슨 일을 하든지 하나님의 은혜가 전제되어야 할 것을 강조하는 의미에서 한 말입니다. 하나님의 은혜를 힘입어 사는 사람은 일이 잘되든 못 되든 하나님께 항상 감사로 영광 돌립니다.

본 절에서도 바울이 데살로니가 교인들을 위해 기도하는 목적이 기록되어 있습니다. 그것은 주 예수의 이름이 데살로니가 교인들을 통하여 영광받게 되는 것이었습니다. 바울이 고린도 교인들에게 언급한 바 있듯이 우리 그리스도인들은 하나님께서 값 주고 사신 존재입니다. 따라서 우리는 우리 몸으로 하나님께 영광을 돌려야 합니다(고전 6:20).

본 절에서 '주 예수의 이름' 은 그의 성품과 위엄과 주권과 능력을 가리킵니다. 따라서 "주 예수의 이름이 너희 가운데서 영광을 받으시고"라는 말은 그분의 주권과 능력을 높인다는 의미입니다.

믿는 사람들이 하나님의 뜻대로 살면 그 자체가 하나님께 영광이 됩니

다. 뿐만 아니라 그들 자신에게도 하나님의 은혜가 더욱 넘치게 되어 큰 영광을 받게 됩니다.

우리가 주님께 영광을 돌리면 우리에게도 영광이 다가옵니다. 성경은 "하나님이 이르시되 그가 나를 사랑한즉 내가 그를 건지리라 그가 내 이름을 안즉 내가 그를 높이리라"(시 91:14)고 말하고 있습니다. 하나님을 영화롭게 하는 사람에게 그만큼 영광을 주시겠다고 약속하신 것입니다.

# 제 2 장

# 적그리스도에 대한 경고

| | |
|---|---|
| 거짓 소문 | 2:1-2 |
| 모습을 드러내는 적그리스도 | 2:3-5 |
| 적그리스도의 유혹 | 2:6-10 |
| 불의한 자들의 심판 | 2:11-12 |
| 형제를 위한 감사 | 2:13-14 |
| 견고한 신앙 | 2:15 |
| 데살로니가 교인을 위한 기도 | 2:16-17 |

A COMMENTARY ON THE
SECOND EPISTLE TO THE
# THESSALONIANS

데살로니가 교인들은 자신들이 당하는 박해를 임박한 예수님의 재림의 징조로 이해했습니다. 따라서 극도의 현실 도피적인 성향이 교인들 중에 만연되어 있었습니다. 주의 날이 임박했다는 소문으로 인해 들떠 있는 자들도 있었고 심지어는 그날을 공포와 두려움의 날로 인식하는 자들까지 생겨나게 되었습니다.

이와 같은 상황 속에서 바울은 '주의 날' 이 오기 전에 먼저 뚜렷한 재림의 징조가 있을 것을 가르칩니다. 그것은 배교 사건과 적그리스도의 등장입니다. 이에 대하여 바울은 깨어 있는 그리스도인이라면 그날을 준비할 수 있을 것이며 주의 영광에 동참하게 될 것임을 교훈합니다.

## 1. 거짓 소문(2:1-2)

**1. 형제들아 우리가 너희에게 구하는 것은 우리 주 예수 그리스도의 강림하심과 우리가 그 앞에 모임에 관하여 2. 영으로나 또는 말로나 또는 우리에게서 받았다 하는 편지로나 주의 날이 이르렀다고 해서 쉽게 마음이 흔들리거나 두려워하거나 하지 말아야 한다는 것이라**

**1-2절** 형제들아 우리가 너희에게 구하는 것은 우리 주 예수 그리스도의 강림하심과 우리가 그 앞에 모임에 관하여 영으로나 또는 말로나 또는 우리에게서 받았다 하는 편지로나 주의 날이 이르렀다고 해서 쉽게 마음이 흔들리거나 두려워하거나 하지 말아야 한다는 것이라

데살로니가 교회에 들어온 이단은 예수 그리스도께서 이미 강림하셨다는 거짓말을 퍼뜨렸습니다. 이로 인해 데살로니가 교회의 적지 않은

무리는 자신들이 부활하거나 승천하지 못한 것에 대해 스스로 버림받은 존재로 인식하게 되었습니다. 이런 연유로 바울은 데살로니가 교인들에게 올바른 재림관에 대해 다시 한번 분명히 말해야 했습니다.

데살로니가 교인들은 이미 주의 날이 이르렀다는 거짓 소문으로 인해 마음에 큰 충격을 받고 정신적 소동을 일으켰습니다. 이러한 소동은 다각적인 방법을 통해 그리스도인들을 미혹시켰습니다.

'영으로' 란 말은 소동을 일으킨 자들이 성령의 계시를 받아 재림을 예언했다는 뜻입니다. 미혹된 영을 성령으로 착각하여 잘못되어 가는 교인들이 요즘도 많이 있습니다. 그러므로 그리스도인들은 기도에 힘쓰고 늘 말씀을 묵상함으로 거짓 영을 분별할 수 있도록 해야 하겠습니다.

'말로' 란 저들이 그와 같이 잘못된 말을 사도의 권위를 빌어 사용하고 있는 것을 의미합니다. 마귀는 신실한 주의 종이나 일꾼들로 위장하여 다가와 거짓 교훈을 전합니다. 때문에 우리는 사람의 말보다는 하나님의 말씀에 따라 살아가는 습관을 길러야 합니다.

'편지로' 란 말은 교인들 중에서 바울의 편지 내용을 잘못 이해하였거나 또는 거짓 교사들의 위조 편지를 받고 오해하여 교회를 소란하게 하는 사람들이 있다는 것입니다.

이처럼 이단이 다양한 방법으로 데살로니가 교인들을 미혹했으므로 바울은 그들에게 올바른 재림관을 주지시켜야 했습니다. 그는 먼저 데살로니가 교인들에게 '그리스도의 강림하심' 과 '모임' 에 관하여 주의를 환기시키고자 하였습니다.

재림 때는 주께서 호령과 천사장의 소리와 하나님의 나팔로 친히 하늘로부터 강림하시게 됩니다(살전 4:16). 이때 예수님께서는 우리를 불러 모으실 것입니다. 여기서의 강림은 공중 재림이며 성도들의 휴거를 의미합니다. 이는 그리스도의 신부들을 위해서 마련된 것입니다. 기름을 준비한 다섯 처녀들이 신랑을 맞이했듯이 성령 충만한 그리스도인들은 신랑 되신 예수님을 맞이하여 공중으로 휴거됩니다.

반면 휴거되지 못하고 이 땅에 남아 있는 사람들에게는 말할 수 없는 환난이 다가오는데 이것이 7년 환난입니다. 7년 환난 끝에 공중에서는 혼인 잔치가 베풀어집니다. 그 후에 예수님께서 성도들과 함께 지상으로 재림하십니다. 이것이 바로 지상 재림입니다. 공중 재림은 휴거된 백성들을 위해 상급 심판이 예비된 날이고 지상 재림은 불신자들을 위해 진노의 심판이 예비된 날입니다.

예수님은 반드시 오십니다. 그러나 재림에 관한 성경의 말씀을 잘 알고 있지 않으면 인간적인 두려움과 불안으로 인해 미혹하는 이단에 빠질 수 있습니다. 마음이 흔들리거나 두려워하는 것은 주위 환경을 자신이 감당할 수 없을 때 생기는 것입니다. 그러나 하나님의 말씀에 뿌리를 내리고 마음에 담대한 믿음을 갖고 있으면 두려움은 떠나갑니다. 그러므로 진리에 기초를 두고 흔들리지 않는 믿음을 소유함으로써 거짓 교훈을 물리치고 지혜로운 다섯 처녀와 같이 재림을 기다려야 하겠습니다.

## 2. 모습을 드러내는 적그리스도(2:3-5)

**3. 누가 어떻게 하여도 너희가 미혹되지 말라 먼저 배교하는 일이 있고 저 불법의 사람 곧 멸망의 아들이 나타나기 전에는 그날이 이르지 아니하리니 4. 그는 대적하는 자라 신이라고 불리는 모든 것과 숭배함을 받는 것에 대항하여 그 위에 자기를 높이고 하나님의 성전에 앉아 자기를 하나님이라고 내세우느니라 5. 내가 너희와 함께 있을 때에 이 일을 너희에게 말한 것을 기억하지 못하느냐**

**3-4절** 누가 어떻게 하여도 너희가 미혹되지 말라 먼저 배교하는 일이 있고 저 불법의 사람 곧 멸망의 아들이 나타나기 전에는 그날이 이르지 아니하리니 그는 대적하는 자라 신이라고 불리는 모든 것과 숭배함을 받는 것에 대항하여 그 위에 자기를 높이고 하나님의 성전에 앉아 자기를 하나님이라고 내세우느니라

본 절에서 바울은 그리스도의 재림에 관한 분분한 이견에 쐐기를 박는 단호한 입장을 취합니다. 그것은 바로 그리스도의 재림 전에 반드시 있게 될 세상의 사건에 관한 것입니다. 이는 이미 예수님께서 예언하신 바 있습니다. 세상 끝 날의 징조를 묻는 제자들에게 예수님께서는 먼저 "미혹을 받지 않도록 주의하라"(마 24:4)고 하시면서 세상에 일어날 여러 징조들에 관하여 말씀하셨습니다(마 24:5-14).

먼저 교회 안에서 그리스도를 배교하는 사람들이 있게 될 것입니다. 배교한다는 것은 죄를 대속하시기 위해 십자가 위에서 피 흘려 돌아가신 그리스도의 구속 사건을 무효화하는 행위입니다. 신앙의 연수가 길든 짧든 우리는 늘 이러한 배교의 위험성을 안고 살아가고 있습니다. 예수님의 수제자였던 베드로조차 배교했던 전과가 있었습니다. 때문에 우리는 신앙에 자신하며 교만해야 할 이유가 하나도 없습니다. 다만 깨어 기도하면서 성령의 도우심을 받도록 간구해야 할 것입니다. 교회는 이렇게 해서 알곡 신자와 쭉정이 신자로 구분됩니다.

'불법의 사람' 은 '멸망의 아들' 과 동격으로서 적그리스도를 말합니다. 적그리스도는 하나님을 대적하며 스스로 하나님이라고 하는 자입니다. 하나님께서 모세를 통하여 내려 주신 십계명의 첫째 계명은 "너는 나 외에는 다른 신들을 네게 두지 말라"(출 20:3)입니다. 그것은 하나님께서 사람에게 주신 가장 단호한 명령입니다. 따라서 적그리스도가 우리로 하여금 자신만을 숭배하기를 강요하며 성전에 앉아 있는 것은 참으로 가증스런 행위입니다. 그렇기 때문에 예수님께서는 적그리스도를 가리켜 '멸망의 가증한 것' (마 24:15)이라고 말씀하셨습니다.

적그리스도는 최고의 정치적 지위로도 만족하지 않고 모든 인류로부터 최고의 숭배 대상이 될 것을 고집할 것입니다. 그래서 자기 외에 어떤 신이나 그 어떠한 것도 숭배의 대상이 되는 것을 싫어합니다. 자신만이 첫째가 되어야 하는 것입니다. 그는 자기가 하나님이라고 노골적으로 자처하면서 하나님의 성전에 앉아 있을 것입니다.

바울은 믿는 자들의 배교와 적그리스도의 출현을 통해 그리스도의 강림의 때를 알 수 있다고 말했습니다. 그러므로 우리는 이단의 속삭임이나 성경적인 근거가 없는 주장에 현혹되지 말고 예수님께서 말씀하신 그 때의 징조를 눈여겨보아야 하겠습니다.

**5절** 내가 너희와 함께 있을 때에 이 일을 너희에게 말한 것을 기억하지 못하느냐

바울은 데살로니가 교인들의 기억을 새롭게 되새기고 있습니다. 전에 바울이 실루아노와 함께 데살로니가에서 사역할 당시 그들에게 말한 것을 상기시키고 있는 것입니다. 우리는 흔히 기억해야 할 것은 잊고 기억하지 말아야 할 것은 되새김질하며 연연합니다. 데살로니가 교인들 중에도 적그리스도에 대한 바울의 바른 가르침은 잊어버리고 쓸데없는 거짓 교훈을 믿고 교회 내에서 소동을 피웠던 자들이 있었습니다.

이 문제에 대해 바울은 책망의 어조로 "내가 너희와 함께 있을 때에 이 일을 너희에게 말한 것을 기억하지 못하느냐"라고 말했던 것입니다. 말씀을 많이 아는 것도 중요하지만 그 말씀을 지켜 행하는 것은 더욱 중요합니다. 데살로니가 교인들은 들은바 말씀을 지켜야 했습니다. 그래서 바울은 훗날 사랑하는 제자 디모데에게 "우리 안에 거하시는 성령으로 말미암아 네게 부탁한 아름다운 것을 지키라"(딤후 1:14)고 당부했던 것입니다.

## 3. 적그리스도의 유혹(2:6-10)

6. 너희는 지금 그로 하여금 그의 때에 나타나게 하려 하여 막는 것
이 있는 것을 아나니 7. 불법의 비밀이 이미 활동하였으나 지금은
그것을 막는 자가 있어 그 중에서 옮겨질 때까지 하리라 8. 그때에
불법한 자가 나타나리니 주 예수께서 그 입의 기운으로 그를 죽이시
고 강림하여 나타나심으로 폐하시리라 9. 악한 자의 나타남은 사탄
의 활동을 따라 모든 능력과 표적과 거짓 기적과 10. 불의의 모든 속
임으로 멸망하는 자들에게 있으리니 이는 그들이 진리의 사랑을 받
지 아니하여 구원함을 받지 못함이라

**6-7절** 너희는 지금 그로 하여금 그의 때에 나타나게 하려 하여 막는 것이 있는 것을 아나니 불법의 비밀이 이미 활동하였으나 지금은 그것을 막는 자가 있어 그 중에서 옮겨질 때까지 하리라

'주의 날' 이 하나님의 정하신 때에 임하게 되듯이 불법의 사람이 일어날 '그의 때' 도 하나님의 섭리 가운데 있게 됩니다. 결국 하나님의 주권하에 그 모든 일들이 이루어집니다. 그리고 그 모든 일은 하나님의 속성인 공의와 사랑의 법을 기초로 하고 있습니다.

적그리스도조차 스스로 자신의 때를 계획할 수 없습니다. 성령께서는 적그리스도가 마음대로 일을 벌여 놓지 못하도록 막고 계십니다. 활동을 이미 시작하였으나 성령의 제재로 드러나게 행동하지 못하는 것입니

다. 악을 행함에 있어서 못할 것이 없을 것같아 보이는 사탄도 하나님의 주권 하에 움직인다는 것을 알 수 있습니다.

사탄의 세력이요, 영향력을 가리키는 '불법의 비밀' 은 아직 노골적으로 진리를 대적하지 못합니다. 성령이 풀어 주실 때까지 불법자를 통해 진리로 위장하고 은밀하게 그리스도인들에게 접근하여 택하신 하나님의 백성들을 할 수 있는 한 미혹하여 넘어지게 하는 것입니다.

'옮겨질 때' 란 말은 성령께서 교회를 안고 옮겨질 때를 의미합니다. 오늘날도 정치적, 사회적, 종교적으로 불법이 나타나서 일하고 있지만 성령께서 임하여 계시기 때문에 적그리스도가 나타나지 못합니다. 그리스도의 공중 재림 때 성령의 품에 안겨 교회가 옮겨지면 그제야 비로소 적그리스도가 본격적으로 활동할 것입니다. 이것이 바로 7년 환난의 시작입니다.

**8절** 그때에 불법한 자가 나타나리니 주 예수께서 그 입의 기운으로 그를 죽이시고 강림하여 나타나심으로 폐하시리라

바울이 말하는 '그때' 란 하나님의 예정된 계획에 의한 때를 말합니다. 다시 말해서 '막는 자' 가 옮겨진 때입니다(7절).

불법자는 성령의 제재 하에 은밀하게 활동하다가 결국 제재가 풀릴 그 때가 되면 드러나게 활동을 시작합니다. 이렇게 되면 세상은 불법이 극에 달하는 상태가 될 것입니다. 교회와 신자들이 극심한 환난을 겪어야 합니다.

이때 환난을 당하는 교회는 성령 없는 교회입니다. 성령 없는 신자들이 환난을 만납니다. '막는 자가 옮겨진 때', 즉 성령께서 옮겨가실 때 성

령이 있는 사람, 성령이 있는 교회는 같이 옮겨갑니다. 그러나 형식적으로 예수님을 믿고 입술로만 '주여, 주여' 외치던 사람들은 실제로 거듭나지 못하였으므로 환난을 통할 수밖에 없습니다. 그러나 그 상태가 영원히 지속되지는 않습니다. 7년이 끝나는 날 주님께서 지상 강림하시면 끝이 납니다.

예수님께서는 나타나셔서 '그 입의 기운', 즉 놀라운 권능으로 심판하십니다. 그 입의 기운은 극렬히 타는 용광로의 불꽃보다도 강렬합니다. 불법자는 예수님의 입김에 순식간에 멸망당하여 불과 유황으로 타는 못에 던짐을 받게 됩니다.

본 절은 7년 환난의 끝에 예수 그리스도께서 지상 강림하셔서 적그리스도를 폐하실 때의 일을 묘사한 말씀이기도 합니다.

**9-10절** 악한 자의 나타남은 사탄의 활동을 따라 모든 능력과 표적과 거짓 기적과 불의의 모든 속임으로 멸망하는 자들에게 있으리니 이는 그들이 진리의 사랑을 받지 아니하여 구원함을 받지 못함이라

'악한 자'는 사탄의 조종을 받는 자로서 사탄의 일을 하기 위해 사탄의 능력을 힘입은 자입니다. 그래서 그는 '모든 능력과 표적과 거짓 기적'을 가지고 임하게 되는 것입니다.

본 절에서 바울은 불법자의 활동에 관해 더 자세하게 언급하고 있습니다. 불법자의 활동 방식은 사탄의 방식인데 불법자는 능력 있는 기적을 행할 것입니다. 사람들을 속이기 위해 모든 방법을 동원하며 목적을 이루기 위해 사탄이 제공하는 온갖 무기로 무장할 것입니다. 그러나 아무

리 놀라운 기적을 행한다 할지라도 사탄이 행하는 기적은 예수 그리스도께 영광을 돌리지 않습니다. 하나님이 주시는 기적은 예수 그리스도의 이름으로 나타납니다. 예수님의 영광을 드러내고 복음을 통해 나타나는 것입니다. 그러므로 우리는 초자연적인 현상이 눈앞에 벌어질 때 그 기적이 예수님과 관련이 있는지의 여부를 살펴봄으로써 기적의 출처가 하나님인지, 마귀인지 분별할 수 있습니다.

그러나 많은 사람들이 불법의 사람의 능력과 그가 행하는 초자연적인 기적을 보고 그를 환영하고 떠받들고 추종할 것입니다. 그 추종자들의 결국은 멸망입니다. 그들이 멸망하는 이유는 '진리의 사랑' 을 받아들이지 않았기 때문입니다. 진리의 사랑을 받아들이지 않았다는 것은 진리인 예수 그리스도를 영접하지 않았다는 것을 말합니다. 독생자를 아끼지 아니하시고 그를 통해 멸망에서 생명의 길을 제시하신 그 크신 하나님의 사랑을 외면한다면 영원한 멸망의 길로 들어설 수밖에 없습니다.

## 4. 불의한 자들의 심판(2:11-12)

**11. 이러므로 하나님이 미혹의 역사를 그들에게 보내사 거짓 것을 믿게 하심은 12. 진리를 믿지 않고 불의를 좋아하는 모든 자들로 하여금 심판을 받게 하려 하심이라**

**11-12절** 이러므로 하나님이 미혹의 역사를 그들에게 보내사 거짓 것을 믿게 하심은 진리를 믿지 않고 불의를 좋아하는 모든 자들로 하여금 심판을 받게 하려 하심이라

바울은 근본적인 죄에 대하여 이야기한 다음 그 죄에 대한 심판과 형벌을 설명하고 있습니다. 이 두 가지는 하나님의 공의가 수반되는 사항으로서 심판과 형벌은 불가피한 것입니다.

인간이 하나님의 뜻을 등지고 창조주 대신 피조물을 경배하고 섬길 경우, 이러한 사람들을 불법의 사람이 유혹하도록 하나님께서 그들을 내버려 두시므로 그들이 거짓을 믿게 됩니다. 바울은 로마서를 기록하면서 "썩어지지 아니하는 하나님의 영광을 썩어질 사람과 새와 짐승과 기어 다니는 동물 모양의 우상으로 바꾸었느니라 그러므로 하나님께서 그들을 마음의 정욕대로 더러움에 내버려 두사 그들의 몸을 서로 욕되게 하게 하셨으니"(롬 1:23-24)라고 말한 바 있습니다. 진리 대신 불의를 따르는 자들에게 임하는 하나님의 형벌인 것입니다. 따라서 신실한 그리스도인들은 불의를 좋아하는 자들이 이 세상에서 남을 박해하여 득세하고 이기는 것에 대하여 분노할 필요가 없습니다. 왜냐하면 그들의 종국은 심판의 길이기 때문입니다.

하나님은 배교하는 자, 즉 불의를 좋아하는 모든 자를 심판하십니다. 이들의 외형은 그리스도인인 것처럼 사칭할 수 있으나 그들의 내면은 불의한 일들로 가득 차 있습니다. 그들은 복음을 거짓이라고 배격했습니다. 복음을 들었음에도 그리스도를 영접하지 않고 등을 돌린 것입니다. 따라서 진리를 믿지 않는 자들, 즉 불의를 좋아하는 자들은 하나님의 심

판을 받을 수밖에 없습니다.

## 5. 형제를 위한 감사(2:13-14)

**13. 주께서 사랑하시는 형제들아 우리가 항상 너희에 관하여 마땅히 하나님께 감사할 것은 하나님이 처음부터 너희를 택하사 성령의 거룩하게 하심과 진리를 믿음으로 구원을 받게 하심이니 14. 이를 위하여 우리의 복음으로 너희를 부르사 우리 주 예수 그리스도의 영광을 얻게 하려 하심이니라**

**13절** 주께서 사랑하시는 형제들아 우리가 항상 너희에 관하여 마땅히 하나님께 감사할 것은 하나님이 처음부터 너희를 택하사 성령의 거룩하게 하심과 진리를 믿음으로 구원을 받게 하심이니

바울은 데살로니가 교인들을 "주께서 사랑하시는 형제들아"라고 부름으로써 그들이 주님 앞에서 얼마나 귀한 존재인가를 설명해 주고 있습니다. 알파와 오메가요, 처음과 나중이 되시며, 하늘과 땅의 모든 권세를 가지신 예수님의 사랑을 받고 있으니 얼마나 마음이 든든하고 좋습니까. 믿는 자는 누구나 예수님의 사랑 위에 자신의 정체성을 세워야 합니다.

비록 현재 데살로니가 교인들이 잘못된 재림관으로 혼란에 빠지고 이단에 의해 흔들리고 있지만 바울은 그들을 선택하시고 구원하신 이가 하나님이심을 명확히 하고 있습니다. 그들이 하나님의 예정하신 섭리 가운데 있는 자들임을 감사했습니다.

하나님의 선택하심은 구원에 있어서 기본이 되며 이것은 하나님의 절대적인 주권에 속한 영역입니다. 여기에 성령께서 관여하셔서 진리를 마음에 받아들이고 거룩하게 하십니다.

성령께서 교회를 잉태하게 하신 분이며 구원 사역의 주체가 되십니다. 따라서 성령 없는 교회나 그리스도인은 진정한 교회도 그리스도인도 될 수 없습니다.

**14절** 이를 위하여 우리의 복음으로 너희를 부르사 우리 주 예수 그리스도의 영광을 얻게 하려 하심이니라

바울은 하나님께서 데살로니가 교인들을 구원하기 위해 부르셨다고 했습니다. 그런데 그 구원의 방법은 바울 일행이 전한 진리의 복음을 받아들이는 것이었습니다. 하나님은 전도를 통하여 택한 사람들을 부르십니다. 그러므로 우리는 열심히 전도해야 합니다. 우리가 전하는 복음을 듣고 하나님께 돌아올 사람들을 위해 쉬지 말고 전도에 힘써야 하는 것입니다.

또한 구원받은 사람들은 그리스도의 영광을 위하여 살아야 합니다. 그리스도의 영광을 위해 사는 삶은 피조물이 창조주에게 드리는 가장 숭고한 삶입니다. 그리스도의 영광을 위해 사는 사람들은 결국 그리스도의 영광에 동참하게 되는 복을 누리게 될 것입니다.

## 6. 견고한 신앙(2:15)

**15. 그러므로 형제들아 굳건하게 서서 말로나 우리의 편지로 가르침을 받은 전통을 지키라**

**15절** 그러므로 형제들아 굳건하게 서서 말로나 우리의 편지로 가르침을 받은 전통을 지키라

바울은 "너희가 주 안에 굳게 선즉 우리가 이제는 살리라"(살전 3:8)고 말씀하면서 믿음에 굳게 설 것을 권면한 바 있습니다. 사도 바울은 데살로니가 교인들에게 예수님께서 오시기 전, 배교가 성행하고 적그리스도가 출현할 때 바울의 가르침 위에 항상 굳건하게 서서 흔들리지 말라고 했습니다. 믿음은 우리 마음의 선택입니다. 이미 주님께서 주신 믿음을 견고하게 지키느냐, 그렇지 않느냐는 자신의 의지에 달려 있습니다. 그러므로 주님께서 우리에게 마음을 지키라고 명령하셨던 것입니다.

예수님께서는 반석 위에 집을 지은 사람을 가리켜 지혜로운 사람이라고 하셨습니다(마 7:24). 만세 반석이신 예수님께 견고히 붙여 있을 때 비로소 참다운 신앙인의 모습이 우러나와 많은 사람들을 주께로 인도할 수 있게 되는 것입니다. 지혜 있는 사람은 받은 것을 지킬 줄 아는 사람입니다.

바울은 본 절에서 믿음에 있어서 청지기의 임무를 설명하고 있습니다. 그것은 '가르침을 받은 전통' 을 잘 관리하여 지키는 것입니다. 여기서 '전통' 이란 바울이 전하여 가르친 복음 또는 따르는 세부적인 교훈 등을 말합니다.

## 7. 데살로니가 교인을 위한 기도(2:16-17)

**16. 우리 주 예수 그리스도와 우리를 사랑하시고 영원한 위로와 좋은 소망을 은혜로 주신 하나님 우리 아버지께서 17. 너희 마음을 위로하시고 모든 선한 일과 말에 굳건하게 하시기를 원하노라**

**16절** 우리 주 예수 그리스도와 우리를 사랑하시고 영원한 위로와 좋은 소망을 은혜로 주신 하나님 우리 아버지께서

본 절은 환난 받은 데살로니가 교인들을 위한 바울의 중보 기도입니다. 여기서 바울은 성자 예수 그리스도와 성부 하나님께서 그리스도인들의 기도 대상이 되시는 분임을 언급하고 있습니다. 바울은 성부와 성자 두 위를 말하고 있지만 결국 성부와 성자는 한 분이신 하나님이십니다.

하나님은 우리의 간구와 기도를 들으시고 응답하시는 분이십니다. 하

나님께서는 결코 데살로니가 교인들의 아픔과 고통을 외면하시거나 방관하지 않으실 것입니다. 데살로니가 교인들을 사랑하시기 때문입니다.

또한 하나님께서는 하나님 나라의 백성에게 영원한 위로와 좋은 소망을 은혜로 주시는 분이십니다. 때문에 하나님 나라의 백성은 세상 일로 인해 쉽게 낙심하거나 미혹당하지 않습니다. 이처럼 든든한 하나님께서 자녀 된 백성들을 후원해 주시기에 우리는 종국적인 승리를 확신할 수 있습니다.

**17절** 너희 마음을 위로하시고 모든 선한 일과 말에 굳건하게 하시기를 원하노라

솔로몬은 '생명의 근원' 이 마음에서 비롯된다(잠 4:23)고 했고 바울은 마음가짐에 따라 의와 구원에 이르게 됨을 말하였습니다(롬 10:10). 이처럼 마음은 이 세상 그 어느 것보다 잘 간직해야 할 가장 귀중한 것입니다.

바울은 하나님께서 '보혜사' 성령을 통하여 환난으로 인해 찢겨지고 상처받은 데살로니가 교인들의 마음을 위로하실 것을 기도했습니다. 그 위로는 영혼의 만족과 기쁨을 가져다줄 것입니다. 마음에 평강과 기쁨이 넘칠 때 믿는 자들은 다가오는 환난과 고난을 능히 극복할 수 있습니다. 하나님께서 내 편이시라는 믿음을 통해 용기를 가지고 나아가는 것입니다.

또한 바울은 하나님께서 그들의 마음을 위로하실 뿐만 아니라 그들의 언행 심사까지도 지켜 주실 것을 기도하고 있습니다. '선한 일과 말' 은 그리스도인이라면 누구나 유념해야 할 사항입니다. 선한 일과 말이 생활 가운데 확고부동하게 자리를 잡게 될 때 비로소 그리스도인들은 세상의

빛과 소금의 역할을 감당하게 되는 것입니다.

바울은 데살로니가 교인들에게 편지를 띄우면서 수차례에 걸쳐 '굳건하게' 라는 단어를 사용했습니다(살전 3:2,13; 살후 2:15,17; 3:3). 재림을 기다리는 그리스도인들이라면 누구나 진리 안에 굳건하게 서 있어야 할 것입니다.

우리는 은혜로 구원받은 사람들입니다. 자만하고 교만해야 할 아무런 이유가 없습니다. 단지 재림의 그날이라 할지라도 하나님의 도우심이 없다면 우리는 넘어질 수밖에 없는 존재입니다. 따라서 우리들이 할 수 있는 가장 큰 일은 진리의 복음에 굳건하게 서는 것입니다.

# 제 3 장

# 사도 바울의 권면

A COMMENTARY ON THE
SECOND EPISTLE TO THE
THESSALONIANS

**바울은** 지금까지 데살로니가 교인들에게 재림에 관한 바른 신앙을 가르쳤습니다. 그는 먼저 환난 가운데 있는 그들에게 위로와 소망의 말씀을 주었습니다. 그 후에는 삶에 있어 잘못된 신앙을 바로잡아 주고 그들에게 하나님의 영광을 위해 살 것을 권면했습니다.

1장과 2장이 권면과 재림에 대한 교리적인 가르침이었다면 본 장은 그리스도인의 삶의 자세에 대한 가르침입니다. 특히 바울은 종말을 핑계로 규모 없이 행하며 문제만 야기하는 자들을 경고하면서 그리스도인의 윤리적인 실천과 사회적 책임을 강조하고 있습니다.

## 1. 기도의 요청(3:1-2)

**1. 끝으로 형제들아 너희는 우리를 위하여 기도하기를 주의 말씀이 너희 가운데서와 같이 퍼져 나가 영광스럽게 되고 2. 또한 우리를 부당하고 악한 사람들에게서 건지시옵소서 하라 믿음은 모든 사람의 것이 아니니라**

**1-2절** 끝으로 형제들아 너희는 우리를 위하여 기도하기를 주의 말씀이 너희 가운데서와 같이 퍼져 나가 영광스럽게 되고 또한 우리를 부당하고 악한 사람들에게서 건지시옵소서 하라 믿음은 모든 사람의 것이 아니니라

기도는 전능하신 하나님의 손길을 움직이게 합니다. 이러므로 사도 바울은 데살로니가 교인들에게 자신들을 위해 기도해 줄 것을 부탁했습니다. 기도는 예수 믿는 사람에게 있어서 가장 중요한 부탁입니다. 기도를

통해 하나님께서 우리를 붙들어 주시는 길을 놓을 수 있기 때문입니다.

먼저 바울은 당시 데살로니가 지역에서 말씀이 누룩처럼 퍼져 나가 복음이 흥왕하였듯이, 현재의 사역 가운데서도 그러한 역사가 계속되어 많은 사람들이 구원받고 영광스럽게 될 수 있도록 기도해 줄 것을 당부했습니다. "주의 말씀이 너희 가운데서와 같이 퍼져 나가"라는 말씀은 복음이 데살로니가에서 급속도로 전파되어 역사하였음을 의미합니다.

이와 같은 바울의 기도 제목은 오늘날 우리의 기도 제목이 되어야 합니다. 복음 전파와 하나님의 영광은 직결됩니다. 우리가 열심히 복음의 씨앗을 뿌리고 최선을 다하면 이것은 곧 하나님께 큰 영광이 됩니다.

바울이 부탁한 두 번째 기도 제목은 복음 전파를 방해하는 악한 사람들이 자신들 일행을 해치지 못하도록 해 달라는 것이었습니다. 그동안 바울이 복음을 전파하면서 얼마나 많은 반대에 부딪혀 왔는가를 짐작하게 해 주는 말씀입니다.

복음을 비방하는 사람들은 비이성적이고 불법적인 일을 마다하지 않습니다. 복음을 전파하는 개인의 인신공격으로부터 시작해서 온갖 부당한 말로 복음 전파를 방해합니다. 언제나 배후에 서서 모함하고 시기하고 질투하고 분노하고 중상모략을 일삼습니다. 복음 전하는 사람을 낙심하게 만들어서 아예 주저앉게 만드는 것입니다. 그들 중에는 거듭나지 아니한 그리스도인들도 포함됩니다. 이들은 말로만 믿음을 내세우며 믿음에 관해서 운운합니다. 이러한 자들이 있기에 바울은 "믿음은 모든 사람의 것이 아니니라"고 말했습니다.

## 2. 인내하는 신앙(3:3-5)

**3. 주는 미쁘사 너희를 굳건하게 하시고 악한 자에게서 지키시리라 4. 너희에 대하여는 우리가 명한 것을 너희가 행하고 또 행할 줄을 우리가 주 안에서 확신하노니 5. 주께서 너희 마음을 인도하여 하나님의 사랑과 그리스도의 인내에 들어가게 하시기를 원하노라**

**3절** 주는 미쁘사 너희를 굳건하게 하시고 악한 자에게서 지키시리라

바울은 하나님이 어떠한 분이신가를 실생활을 통해 철저히 깨우침받은 자였기 때문에 하나님이 어떠한 분이신가를 다시 한번 데살로니가 교인들에게 확인시켜 주고 있습니다. 만약 바울이 하나님을 만나지 못했다면 그는 계속 그리스도인을 죽이며 예수님을 박해했을 것입니다(행 9:4). 그는 단순히 소문이나 사람들의 권면을 듣고 예수님을 따른 것이 아니라 다메섹 도상에서 직접 주님을 만나 땅에 엎드려졌습니다. 그 이후로부터 줄곧 주님은 바울을 '택한 그릇' (행 9:15)으로 사용하셨습니다.

이처럼 바울은 주님을 만나는 체험을 했기 때문에 그의 신앙은 논리적이거나 추상적이지 않습니다. 그가 체험한 하나님은 신뢰할 수 있는 언제나 성실하시고 믿을 수 있는 미쁘신 하나님이시요, 백성들의 믿음을 굳게 하시는 하나님이시며 악한 자에게서 지켜 보호하시는 하나님이십니다. 지팡이와 막대기로 자녀들을 지키시고 항상 함께하십니다(시

23:4). 양을 위하여 목숨을 버리신 선한 목자 되시는 분이십니다. 바울은 자신이 체험한 이러한 하나님을 확신을 가지고 소개했던 것입니다.

**4절** 너희에 대하여는 우리가 명한 것을 너희가 행하고 또 행할 줄을 우리가 주 안에서 확신하노니

신실하신 하나님 앞에서 백성들의 삶의 모습은 실천적이어야 합니다. 즉, 그리스도인들은 하나님께 대하여 행함 있는 믿음을 보여야 하는 것입니다. 야고보는 "행함이 없는 믿음은 그 자체가 죽은 것이라"(약 2:17)고 했습니다. 행함은 바로 믿음의 표현입니다.

바울은 데살로니가 교인들이 복음에 대해 열린 자세를 취했던 것을 잘 알고 있었습니다. 어렵게 복음의 씨앗을 뿌렸지만 데살로니가에서의 반응은 좋았습니다. 그래서 바울은 데살로니가 교인들을 생각할 때마다 하나님께 감사를 드렸습니다(살전 1:2-3; 2:13; 살후 1:3; 2:13).

또한 그는 "우리가 주 안에서 확신하노니" 란 말과 같이 데살로니가 교인들이 바울 일행의 명한 대로 행할 것을 확신했습니다.

**5절** 주께서 너희 마음을 인도하여 하나님의 사랑과 그리스도의 인내에 들어가게 하시기를 원하노라

바울은 데살로니가 교인들이 하나님의 사랑을 체험하고 그리스도의 인내에 들어갈 것을 간구했습니다.

하나님의 사랑을 체험해 본 사람은 그리스도께서 당하신 고난을 생각하고 인내할 수 있게 됩니다. 베드로는 하나님의 사랑을 깊이 체험했기에 십자가에 거꾸로 매달려 순교할 수 있었습니다. 진정한 그리스도인은 하

나님의 사랑을 받는 것만으로 만족하지 않습니다. 그는 마땅히 감당해야 할 일을 그리스도께서 당하신 고난을 생각하며 인내함으로 감당합니다.

오늘날 그리스도인들 중에 반쪽 신앙인들이 많이 있습니다. 사랑받는 것만 좋아할 뿐 그 외의 일은 무관심으로 일관합니다. 바울은 데살로니가 교인들이 반쪽 신앙만 갖고 살아가는 것을 원치 않았습니다. 권리를 주장하면서도 의무를 다할 줄 아는 신앙인이 되기를 원했습니다.

## 3. 악에서 떠나라(3:6-9)

**6. 형제들아 우리 주 예수 그리스도의 이름으로 너희를 명하노니 게으르게 행하고 우리에게서 받은 전통대로 행하지 아니하는 모든 형제에게서 떠나라 7. 어떻게 우리를 본받아야 할지를 너희가 스스로 아나니 우리가 너희 가운데서 무질서하게 행하지 아니하며 8. 누구에게서든지 음식을 값없이 먹지 않고 오직 수고하고 애써 주야로 일함은 너희 아무에게도 폐를 끼치지 아니하려 함이니 9. 우리에게 권리가 없는 것이 아니요 오직 스스로 너희에게 본을 보여 우리를 본받게 하려 함이니라**

**6절** 형제들아 우리 주 예수 그리스도의 이름으로 너희를 명하노니 게으르게 행하고 우리에게서 받은 전통대로 행하지 아니하는

## 모든 형제에게서 떠나라

바울은 데살로니가 교인들에게 보다 강력한 뜻을 전달하고자 할 때마다 '명한다' (살전 4:11; 5:27; 살후 3:10-12)는 표현을 사용했습니다. 본 절에서도 바울은 군대에서 상관이 부하에게 하듯 데살로니가 교인들에게 명령했습니다.

데살로니가 교인들은 모집된 주의 군사(딤후 2:4)였으며 그들을 통솔하는 영적 지휘관은 바로 바울 자신이었습니다. 그러나 그와 같은 명령을 내리는 최고 사령관은 예수 그리스도이십니다.

바울은 그리스도의 이름으로 데살로니가 교인들에게 명령했습니다. 그것은 예수님께서 주신 약속의 말씀에 근거한 것입니다. 즉, 예수님께서는 "내 이름으로 무엇이든지 내게 구하면 내가 행하리라" (요 14:14)고 하셨습니다. 바울을 비롯한 많은 사도들이 예수 그리스도의 이름으로 침례를 주었고 귀신을 쫓았으며 능력을 행하였습니다. 특히 바울은 "누구든지 주의 이름을 부르는 자는 구원을 받으리라" (롬 10:13)고 하여 주의 이름의 권세와 능력을 전했습니다.

데살로니가 교인들 중에는 '게으르게 행하고 우리에게서 받은 전통대로 행하지 아니하는 자들' 이 있었습니다. 게으름은 황폐한 미래를 가져옵니다.

내가 어릴 때 우리 집에 있던 소작인들 중에 신손이라는 사람과 음손이라는 사람이 있었습니다. 신손은 술을 먹고 놀기를 좋아해서 소를 말뚝에 묶어 놓고 사흘씩 물도 안 주고 놀이에 빠져 사는 사람이었습니다. 건강한 신체에 성격도 좋았지만 게을러서 결국 부인과 이혼하고 자식들도 병들어 죽었습니다. 나중에는 술에 취해 길거리에서 생을 마감했습니다.

반대로 음손이라는 사람은 어찌나 부지런한지 아침에 일찍 일어나고 밤에 늦게 누우며 열심히 일했습니다. 집안이 반질반질하도록 끊임없이 손을 놀려서 밭이며 논을 잘 돌보았습니다. 훗날 그 집안의 자손들은 모두 대학을 졸업해 교수가 되고 의사가 되어 출세를 했고, 그도 자녀들의 효도를 받으며 잘 살았습니다.

두 사람 모두 우리 집에서 소작을 치던 소작농이었는데 한 사람은 게으름으로 인해 패망하고 한 사람은 부지런함으로 인해 중산층 이상으로 잘살게 된 것입니다. 이처럼 게으름은 패망을 가져올 뿐입니다.

'전통대로 행하지 아니하는 모든 형제' 는 주의 약속의 말씀과 믿음의 생활에서 벗어나 제멋대로 살아가는 자들이었습니다. 사도 바울이 말과 편지로 가르쳤던 것을 무시하고 잘못된 가르침을 따르던 자들이었습니다. 이에 사도 바울은 데살로니가 교인들에게 자신들로부터 받은 예수 그리스도의 전통을 순종하지 않는 자들에게서 떠나 교회의 순수성을 지켜 나갈 것을 간곡히 당부했습니다.

**7-9절** 어떻게 우리를 본받아야 할지를 너희가 스스로 아나니 우리가 너희 가운데서 무질서하게 행하지 아니하며 누구에게서든지 음식을 값없이 먹지 않고 오직 수고하고 애써 주야로 일함은 너희 아무에게도 폐를 끼치지 아니하려 함이니 우리에게 권리가 없는 것이 아니요 오직 스스로 너희에게 본을 보여 우리를 본받게 하려 함이니라

복음의 사역자들은 자신의 성도들에게 본이 되어야 합니다. 바울 일행은 데살로니가에서 복음을 전할 때 말로만 하지 않았습니다. 데살로니가 교인들은 영적으로 유약하였기 때문에 단단한 음식을 먹을 수 없었습니다. 따라서 바울 일행은 그들에게 삶의 모범을 보여 주어야 했습니다.

'어떻게 우리를 본받아야 할지' 란 바로 바울 일행이 데살로니가에 머무는 동안 보여 준 모범된 삶을 의미합니다. 자신을 본받으라고 말할 정도로 생활에 대하여 자신을 갖기란 결코 쉬운 일이 아닙니다. 그러나 바울은 자신이 먼저 그리스도를 본받는 생활을 했습니다. 그래서 "내가 그리스도를 본받는 자가 된 것같이 너희는 나를 본받는 자가 되라"(고전 11:1)고 할 수 있었던 것입니다.

또한 사도 바울은 "우리가 너희 가운데서 무질서하게 행하지 아니하며"라는 말로 자신들이 복음 사역 중 시간을 무익하게 낭비하지 않았음을 증언했습니다.

사도 바울은 데살로니가에 머무르며 복음을 전하는 동안 일을 하여 스스로 생계를 책임졌습니다. 복음을 전하면서 일을 한다는 것은 몹시 힘든 일입니다. 나도 불광동에서 개척했을 당시 사례비를 받지 않고 목회를 했습니다. 생계는 심방을 다니면서 부동산을 소개해 주는 것으로 해결해야 했습니다. 그 외에도 나는 피아노를 사고파는 중개를 했으며 아내는 피아노 레슨을 했습니다. 이렇게 벌어온 돈으로 온 가족이 먹고 살았습니다. 그때를 생각하면 굉장히 힘이 들었던 기억이 납니다. 이처럼 목회와 직업을 병행하는 것은 쉽지 않은 일입니다. 그럼에도 불구하고 바울이 일을 했던 것은 데살로니가 교인들에게 자신의 생계비를 부담시키지 않으려 했기 때문입니다.

물론 바울은 복음 전파를 위해 하나님께서 부르신 귀한 그릇이었기 때문에 생계를 데살로니가 교인들에게 의탁할 수 있었습니다. 고린도 교회에 보낸 서신에 보면 "복음 전하는 자들이 복음으로 말미암아 살리라" (고전 9:14)고 하였고, 갈라디아 교인들에게는 "가르침을 받는 자는 말씀을 가르치는 자와 모든 좋은 것을 함께 하라" (갈 6:6)고 권면했습니다. 바울은 마땅히 누릴 수 있는 권리를 포기하고 복음의 온전한 전파를 위해 자신을 희생했던 것입니다.

바울이 데살로니가 교회에서 그처럼 행한 또 하나의 이유는 본문에 나와 있는 것처럼 교인들 중에 있는 나태한 자들에게 근면의 모범을 보이기 위함이었습니다. 바울은 "모든 것이 내게 가하나 다 유익한 것이 아니요 모든 것이 내게 가하나 내가 무엇에든지 얽매이지 아니하리라" (고전 6:12)고 말함으로써 그리스도인들이 하나님 앞에 열린 자세를 가져야 할 것을 가르쳤습니다. 오늘날 그리스도인에게 요청되는 자세가 바로 이러한 것입니다.

## 4. 게으른 자에 대한 책망(3:10-12)

**10. 우리가 너희와 함께 있을 때에도 너희에게 명하기를 누구든지 일하기 싫어하거든 먹지도 말게 하라 하였더니 11. 우리가 들은즉 너**

**희 가운데 게으르게 행하여 도무지 일하지 아니하고 일을 만들기만 하는 자들이 있다 하니 12. 이런 자들에게 우리가 명하고 주 예수 그리스도 안에서 권하기를 조용히 일하여 자기 양식을 먹으라 하노라**

**10-12절** 우리가 너희와 함께 있을 때에도 너희에게 명하기를 누구든지 일하기 싫어하거든 먹지도 말게 하라 하였더니 우리가 들은즉 너희 가운데 게으르게 행하여 도무지 일하지 아니하고 일을 만들기만 하는 자들이 있다 하니 이런 자들에게 우리가 명하고 주 예수 그리스도 안에서 권하기를 조용히 일하여 자기 양식을 먹으라 하노라

일할 수 없는 자들에게 자비를 베푸는 것은 그리스도인이 할 수 있는 아름다운 사랑의 행위입니다. 그러나 일할 수 있는 사람들에게는 스스로 일할 수 있도록 돕는 것이 보다 아름다운 사랑의 행위입니다. 남을 진정 사랑하는 자는 어려운 형편에 있는 사람을 그때그때 도와주는 것으로만 만족하지 않습니다. 오히려 당장은 야속하게 보일 수 있으나 문제를 근본적으로 해결할 수 있도록 도와줍니다.

바울은 데살로니가 교인들이 전천후적인 신앙 자세를 소유하기 원했습니다. 교인들이 어려운 상황에 빠질 때 순간순간 위기를 모면하게 하는 것도 중요합니다. 그러나 보다 중요한 것은 한 번의 모범된 가르침을 통해 지속적으로 위기를 대처해 나가도록 하는 것입니다.

당시 데살로니가 교인들 중에 예수님의 재림이 가까웠다는 핑계로 일하지 않고 놀고먹는 자들이 있었습니다. 그들은 생계를 위해 일하는 것

조차 쓸데없는 것으로 생각했습니다. 그래서 일하지 말고 재림을 준비하라고 사람들을 선동하고 온갖 유언비어를 살포하며 돌아다녔습니다. 이처럼 규모 없이 게으르게 살아가는 자들은 교회와 사회에 심각한 문제를 야기시킵니다.

우리 그리스도인들은 이 세상에 만연되어 있는 거짓 교훈들을 멀리 하여야 합니다. 그러기 위해서는 먼저 말씀에 바로 서서 그 말씀을 온전히 깨달아야 합니다. 또한 게으르게 살다가 실패한 자들을 적대시해서는 안 됩니다. 형제와 같이 따뜻하게 대해 주면서 무절제한 그들의 생활을 경고해 주어야 합니다. 그들로 하여금 죄와 부끄러운 수치를 일깨워 의무를 다하는 그리스도인이 되도록 해야 하며 그래도 듣지 않을 때 그를 떠나 돌아서야 합니다. 성경은 진주를 돼지에게 주는 행위를 어리석은 일로 규정하고 있습니다(마 7:6).

바울은 게으르고 일만 만드는 자들에게 명하여 말하기를 "일하여 자기 양식을 먹으라" 고 명령합니다. 자신이 보여 주었던 것처럼 자기 손으로 돈을 벌어 스스로 생계를 책임지고 다른 사람에게 폐를 끼치지 말라는 것입니다. 이 말은 일할 수 있는 능력을 소유한 모든 그리스도인에게 해당됩니다.

## 5. 불의한 자에 대한 경계(3:13-15)

**13. 형제들아 너희는 선을 행하다가 낙심하지 말라 14. 누가 이 편지에 한 우리 말을 순종하지 아니하거든 그 사람을 지목하여 사귀지 말고 그로 하여금 부끄럽게 하라 15. 그러나 원수와 같이 생각하지 말고 형제같이 권면하라**

### 13절 형제들아 너희는 선을 행하다가 낙심하지 말라

바울은 그리스도인의 덕목을 데살로니가 교인들에게 전했습니다. 그것은 "선을 행하다가 낙심하지 말라"는 것이었습니다. 바울은 이와 같은 말을 훗날 갈라디아 교인들에게도 했습니다(갈 6:9).

세상은 선을 행하는 사람들을 가만히 내버려 두지 않고 어떻게 해서든지 넘어뜨려 낙심하게 만듭니다. 그러나 하나님의 백성들은 그와 같은 상황 속에서도 요동하지 말고 오직 예수 그리스도의 십자가만 바라보고 그것을 향하여 나아가야 합니다. 하나님은 안 보시는 것 같으나 모든 것을 보고 계산하고 계십니다. 하나님의 때가 이르면 거둘 수 있게 하십니다. 아침이 오기 전의 새벽이 가장 어둡습니다. 신앙에서도 마찬가지입니다. 우리에게 하나님의 때가 임하기 이전이 가장 괴롭고 견디기 힘듭니다. 그 고비를 잘 넘겨야 합니다. 오직 예수님만 바라보고 고비를 넘어가면 하나님의 응답과 찬란한 영광을 맛볼 수 있습니다.

그리스도인들에게 있어 '선' 이라 함은 모든 삶의 현장에서 하나님의 뜻에 합당한 일을 행하며 모범이 되는 삶을 의미합니다. 바울은 박해 속에서도 쉽게 좌절하지 말고 꿋꿋하게 살아갈 것을 데살로니가 교인들에게 권면합니다. 왜냐하면 선한 일을 행할 때 성령께서 항상 동행하셔서 도와주시기 때문입니다. 따라서 우리는 어떠한 장애가 있더라도 담대히 물리치고 나갈 수 있습니다.

**14-15절** 누가 이 편지에 한 우리 말을 순종하지 아니하거든 그 사람을 지목하여 사귀지 말고 그로 하여금 부끄럽게 하라 그러나 원수와 같이 생각하지 말고 형제같이 권면하라

사도 바울은 데살로니가 교인들에게 진리의 말씀대로 살지 않는 교인이 있으면 그에게 그의 잘못을 말해 주며 시정할 것을 권면하고 그래도 듣지 않으면 그와의 교제를 끊으라고 했습니다. 악은 누룩과 같이 공동체에 영향을 미칩니다. 그 누룩이 퍼지기 전에 공동체에서 분리시키는 것이 중요합니다. 또한 그렇게 함으로써 잘못된 사람이 자신의 잘못을 깨닫고 고칠 수 있습니다.

그런데 그에게 권면할 때 원수같이 대하지 말고 예수님의 사랑으로 권면하라고 했습니다.

사도 바울은 교인들 간에 서로 사랑하고 인내하고 권면하고 용서하며 살기를 간절히 바랐습니다.

# 6. 사도 바울의 마지막 인사(3:16-18)

**16. 평강의 주께서 친히 때마다 일마다 너희에게 평강을 주시고 주께서 너희 모든 사람과 함께하시기를 원하노라 17. 나 바울은 친필로 문안하노니 이는 편지마다 표시로서 이렇게 쓰노라 18. 우리 주 예수 그리스도의 은혜가 너희 무리에게 있을지어다**

**16절** 평강의 주께서 친히 때마다 일마다 너희에게 평강을 주시고 주께서 너희 모든 사람과 함께하시기를 원하노라

사도 바울은 데살로니가 교인들에게 평강이 있기를 위해 기도하고 있습니다. 그는 자신의 복음 사역과 교인들을 위해 기도했습니다.

여기서 '평강'은 안녕과 질서를 의미하는데 이것은 인간이 노력해서 얻을 수 있는 것이 아닌 오직 하나님께로부터 오는 선물입니다. 더욱이 평강은 그리스도인들이 하나님을 신뢰함으로 느끼게 되는 기쁨이기도 합니다.

러시아의 문호 톨스토이가 명사요, 문호로 이름을 날리던 때의 일입니다. 사회적으로 인정을 받고 명예도 소유했지만 마음이 늘 평안하지 않았습니다. 마음의 죄책이 사라지지 않고 불안하고 고통스러웠습니다. 그러던 중 하루는 시골길을 가는데 한 농부가 노래를 부르면서 일을 하는 모습이 눈에 띄었습니다. 그 농부의 모습이 어찌나 평화롭게 보이던지

톨스토이는 자신도 모르게 그에게 다가가 물었습니다.

"노인장, 당신은 이렇게 힘든 농사를 지으면서 무엇이 그리 즐거워 노래를 부릅니까?"

이 말에 그 농부는 대답했습니다.

"나는 예수님을 마음에 모시고 삽니다. 예수님께 기도하고 내 짐을 다 맡기고 예수님과 함께 일하니 마음이 그렇게 평안하고 좋을 수가 없소이다."

톨스토이는 그 농부의 말에 큰 충격을 받았고 훗날 그는 이 일을 계기로 기독교인이 되었습니다.

하나님이 주시는 평강은 인간의 환경이 가져다주는 편안함과 다릅니다. 바울은 이러한 평강이 데살로니가 교인들에게 때마다 일마다 임하기를 간구했습니다. 즉, 임마누엘의 하나님이 그들 속에 역사하시기를 기원한 것입니다. 이것은 교인들이 하나님의 은혜 아래 있기를 바라는 영적 지도자의 간절한 소망이기도 합니다.

### 17절 나 바울은 친필로 문안하노니 이는 편지마다 표시로서 이렇게 쓰노라

바울은 본 서가 자신의 친필에 의한 것임을 말하고 있습니다. 이미 앞장에서 밝혔듯이(2:2) 데살로니가 교회 내에는 거짓된 교리가 만연되어 있었고 이에 대하여 바울은 본 서신의 진정성을 강조해야 했습니다. 즉, 바울은 자신이 쓴 편지가 당시 거짓 교사들이 작성한 위조 편지와 혼선을 빚는 사례를 염려했던 것입니다.

이처럼 바울이 친필로 문안한 것은 진리를 보호하며 성도들이 미혹되지 않도록 하려는 세심한 배려라고 볼 수 있습니다.

**18절 우리 주 예수 그리스도의 은혜가 너희 무리에게 있을지어다**

바울은 마지막으로 데살로니가 교인들을 위해 축도를 합니다. 이 축도를 통해서 바울은 데살로니가 교인들을 향한 사랑을 표현하고 있습니다. 여기에는 바울이 말하지 못한 모든 간구가 응축되어 있습니다. 그것은 '그리스도의 은혜' 란 말씀을 통해 알 수 있습니다. 이 세상에서 그리스도의 은혜보다 더 큰 복의 표현은 없습니다.

먼저 보낸 서신의 축도(살전 5:28)와 다른 점은 '무리' 라는 말이 더 첨가되었다는 사실입니다. 바울은 무리라는 낱말을 더 추가시킴으로 데살로니가 교회 공동체에 대한 의미를 한층 더 부각시키고 있습니다.

그 공동체는 예수 그리스도를 머리로 한 하나의 지체입니다. 바울은 한편으로 그러한 신앙 공동체를 통하여 '그리스도의 은혜' 가 확산되어 나갈 것을 기대하면서 축도로 서신을 끝맺고 있습니다.

성역50주년기념 신약성경강해전집

# A COMMENTARY ON THE EPISTLES TO THE GALATIANS AND TO THE THESSALONIANS